·OLIMPO·

Mitología Griega

· *Mitología e historia* ·

Mitología Griega

Francesc Ll. Cardona

MITOLOGÍA GRIEGA

Edita: Olmak Trade S.L.
C/ Roca Plana 1
08110 - Montcada i Reixac
Barcelona (España)

www.olmaktrade.com
info@olmaktrade.com

Impreso en España / Printed in Spain

I.S.B.N: 978-84-10109-91-9
Depósito Legal: B 22586-2024

ESTUDIO PRELIMINAR

¿Qué es la Mitología? La palabra *mitología* es de origen griego, pues no en vano fue la civilización de la antigua Grecia la que mayor cantidad de fuentes documentales nos ha legado sobre su origen, formación y desarrollo. Etimológicamente significa «tratado de los mitos o ciencia que se ocupa de los mismos», entendiendo por *mito* cualquier relato o historia en la que son protagonistas dioses o héroes, pertenecientes en general al acervo religioso de los pueblos. Esta intervención más o menos sagrada, es la que diferencia al mito de la pura leyenda o cuento, concediéndole personalidad propia. Por eso hablamos del mito de Zeus, del de Apolo; la leyenda del Rey Arturo y los cuentos de *Las mil y una noches*. Sin embargo, para el gran mitólogo Pierre Grimal, el mito no tiene porque ser necesariamente religioso, sólo se puede aplicar este calificativo cuando haya generado un culto y un ritual popular dedicado a sus protagonistas, tal como desarrollaremos en este estudio preliminar.

Importancia de la Mitología griega. Aunque de cada pueblo o civilización podemos rastrear, reconstruir y analizar su mitología particular o propia, es indudable que el mundo helénico aportó tal cantidad de fuentes para el estudio y recopilación de su mitología que ésta, al igual que toda la cultura griega, alcanzó el apelativo de *clásica,* es decir, se transformó en la mitología modelo por excelencia, así como motivo de inspiración para la romana. Los nombres de sus protagonistas en versión helénica o latina nos son tan familiares y vivos, que se diría que caminamos por un escenario que parece nuestro sino actual y permanente.

¿Quién no se vale en la actualidad de un *cronómetro* para controlar el paso del tiempo, no sabe qué es *geografía*, o no ha empleado o escuchado en alguna ocasión frases como: «tiene una fuerza *hercúlea*»; «se mostró tan colérico que parecía una *furia*»; «era hermosa como una *venus* o tan varonil como un *apolo*»; «el argumento estaba cargado de erotismo»; los *cereales* son la base de la alimentación humana y tantas otras?

Pero aún hay más. Si observamos el firmamento que nos envuelve, a nuestra mente acudirán nombres de los astros que podemos distinguir a simple vista o mediante telescopio que recuerdan las diversas divinidades del panteón grecorromano y a los que están consagrados algo tan cotidiano como los meses del año, los días de la semana, las horas o los signos del zodíaco.

Incluso la ciencia, tan opuesta a la mitología, ha encontrado en la helénica motivo de inspiración para mencionar algunos fenómenos. Así por ejemplo, la psicología habla de los complejos de Edipo o de Electra, referidos al conflicto que puede presentarse en cierta etapa infantil del desarrollo humano como respuesta a las relaciones entre hijos y padres, que recuerdan aquellos míticos seres víctimas de su dramático destino.

Si todas las mitologías han dejado sus huellas en los campos de las Bellas Artes a lo largo de la historia, la influencia de la griega, de cuyo mundo somos sus herederos más directos, ocupa el primer lugar: arquitectura, escultura, pintura, música, poemas épicos, novela, teatro, cinematógrafo, televisión, etc., han plasmado con la imagen y la palabra todo ese hábitat fantasmagórico de dioses, héroes y monstruos en abigarrado contraste.

En la actualidad numerosos cines, teatros o centros culturales y artísticos llevan el nombre de Apolo (y hasta un proyecto espacial) o de algunas de sus compañeras, las «Nueve Musas». Se continúa hablando de la incidencia de las *enfermedades venéreas* o de las *veneras* de Santiago Apóstol, sin que frecuentemente la gente sepa el porqué. Por último, faceta tan relevante de nuestra sociedad de consumo como la publicidad generadora de los más modernos mitos, incita también desde el consumo del vino en nombre del dios Baco, hasta presenciar los Juegos Olímpicos de la época presente.

Sin desdeñar pues las restantes mitologías (a las que en su día procuraremos dar cabida en esta colección), de una importancia también relevante para otras culturas, la griega asimilada y transformada por el genio romano es quizá la más trascendental para nuestro escenario Mediterráneo y la que sigue estando más vigente como uno de los elementos moldeadores de nuestra forma humanística occidental. Sin embargo, no siempre ha sido bien conocida o puesta al alcance del pueblo. Es eso lo que nos ha movido a sacar a la luz este compendio, para que el lector pueda disfrutar una vez más, de la forma más amena posible, no reñida con la más profunda erudición, con las aventuras de Zeus, la desgracia del sacrificado Prometeo a las hazañas de *Heracles* [Hércules].

Para mejor comprensión, al lado del nombre original griego y entre paréntesis colocaremos (la primera vez que se mencione) su equivalente romano o latino, cuando exista, por ser en general el más divulgado. Al final de la obra figurarán cuantos organigramas y esquemas-resumen consideremos necesarios.

Pero antes debemos plantearnos las raíces de la Mitología en general, así como de la griega en particular o lo que es lo mismo: ¿cuándo y porqué surgen los mitos? Interpretaciones y escuelas. Significado de la mitología helénica: orígenes y fuentes para su estudio. Clasificaciones más importantes.

Raíces de la Mitología ¿Cuándo y por qué surgen los mitos? Las raíces de la Mitología y de los mitos hay que buscarlas cuando el hombre primitivo, iniciado el desarrollo de sus facultades superiores que lo distingue de los demás animales, se llenó de estupor o temor al enfrentarse con el medio hostil y los variados fenómenos de la naturaleza, sintiendo necesidad de ampararse en la imaginación para intentar explicarse los orígenes del mundo y todo lo que le acompaña. Así H.J. Rose escribirá: «El mito es el resultado de la operación de la imaginación ingenua sobre los hechos de la experiencia, es decir, la puesta en movimiento de la imaginación del hombre (de casi todas las épocas y lugares) ante un objeto que aparece como maravilloso e intrigante».

¿Por qué la noche sucede al día? ¿por qué calienta e ilumina el sol? ¿por qué la luna sustituye al sol por la noche? ¿qué hay más allá de donde alcanza la vista? ¿quién provoca la lluvia, el rayo o el trueno? ¿quién mueve las olas del mar?... Y en definitiva: ¿quiénes somos, de dónde venimos y a dónde vamos?.

El período que prehistoriadores y arqueólogos han bautizado en el Viejo Mundo como Paleolítico se halla prácticamente desprovisto de mitos. El rudimentario culto a los muertos que se practicaba no ofrecía un mayor horizonte, a no ser que se intente atisbar en las pinturas rupestres del denominado Paleolítico Superior y más concretamente en el clasificado como *estilo levantino*, pero el verdadero mito era la lucha por la existencia.

Con el Neolítico y la configuración de los primeros poblados organizados, la situación cambia. Paulatinamente, los hombres fueron rellenando el vacío a las incógnitas, no solamente sobre su ámbito próximo, sino sobre el espacio infinito e indeterminado que les rodeaba. Aparecieron así los mitos *populares*. Paralelamente se forjaron los mitos *sabios*, creados o recogidos por un poeta o un pensador (que frecuentemente se basó en los primeros), de forma que casi todos los relatos mitológicos que el pueblo iba guardando con atención, respeto y cariño, poseyeron adecuada réplica en imperecederas obras artísticas y literarias de todo el orbe. A tal respecto, valga como reflejo la novela *Ulises,* del irlandés James Joyce (1882-1941), epopeya cotidiana de un hombre de nuestro tiempo, inspirada en el astuto héroe aqueo destructor de Troya y protagonista de la *Odisea*.

Así pues, los mitos más valiosos y trascendentales son precisamente los *populares* y anónimos surgidos y transmitidos por tradición oral, y en este aspecto no se diferencian de las otras leyendas. En su origen, *mito* significa también *palabra, discurso*, sólo con el tiempo llegó a ser, hasta cierto punto, sinónimo de leyenda al oponerlo al concepto de *logos* (entendido como relato confirmado por testimonio). Por otra parte, es necesario no confundir *Mitología*, ciencia de los mitos, pero también arte de interpretarlos, con *Mitografía*, reservando esta acepción para la actividad que realizaron los compiladores helénicos, en especial alejandrinos (siglos III-I a.C.) y romanos, que se ocuparon de reunir los mitos de Grecia y Roma.

¿Los mitos «creadores» de los dioses? Genealogías. Mito y sociedad. ¿Pero, quién podía ser capaz de mover o de estar detrás de las impresionantes fuerzas de la naturaleza o de elementos tan gigantescos como los astros, sino eran seres infinitamente superiores a los humanos cuya cólera era conveniente aplacar? De aquí a identificarlos como dioses media únicamente un pequeñísimo paso.

La representación más fácil para el hombre de esos dioses era, lógicamente, como consecuencia de su mentalidad todavía pobre y limitada la forma humana (antropomorfismo), en cuya concepción los griegos y sus herederos los romanos fueron maestros (etimológicamente antropomorfismo deriva del griego *ántropos* = hombre, y *morfé* = forma, es decir creencia en la existencia de seres superiores o divinidades con forma humana). Se invertían así los términos bíblicos: «Hagamos al hombre a nuestra imagen y semejanza, dijo Yahvé» (Libro del Génesis, I-26). A partir de esta inversión se atribuyeron a los dioses, además de la inmortalidad, hechos y formas de vida similares a las de los humanos, con virtudes, vicios y pasiones en grado superlativo y una trasposición divina de la familia mundana, así como sus relaciones y conflictos. El soberano o caudillo de un grupo social buscó «sacralizar» su poder con la creación de una *genealogía* cuyo ascendiente más remoto era un dios, mientras que los conductores de pueblos o fundadores de ciudades-estado se transformaron por tradición en los primeros *héroes* y sus compañeras o figuras femeninas relevantes en *heroínas.*

Mito, creencia y religión. Al considerar la Mitología como un conjunto de relatos protagonizados por dioses y héroes según una de las concepciones más aceptadas, es necesario establecer los límites exactos entre *mito* y *creencia*, tarea nada fácil, confusa y hasta cierto punto casi imposible. Salomon Reinach, en su obra *Orfeo*, afirma que en el lenguaje corriente se confunden los conceptos de *creencia* y *mitología*, confusión natural porque, como hemos citado, en el fundamento de toda mitología hay religión, cosa que debe evitarse cuando se habla desde el punto de vista científico, empresa ardua puesto que al evocar, por ejemplo, la religión de la Grecia clásica, ¿no pensamos todos en las poéticas historias que los escritores helénicos dejaron sobre sus dioses y héroes? Por su parte, el mitólogo francés Decharme, en su *Mythologie de la Grèce,* nos dirá que «la mitología y la creencia o religión, aunque hayan vivido juntas, son en realidad dos cosas distintas, y a veces contradictorias, que deben de ser consideradas por separado». Otros tratadistas coincidirán en afirmar que «la religión deriva del sentimiento y la mitología de la imaginación, pero ambas nunca dejan de poseer un fondo común que informa sus creaciones». Un mito puede transformarse en dogma y adoptar la forma de leyenda, pero parece erróneo pensar que todas las creencias primitivas son mitología y que de ésta se origine la religión, gracias al progreso.

Desde el punto de vista antropológico, Malinovski nos hará notar que, para abordar el estudio de las religiones primitivas, no se puede dejar de un lado un mito, puesto que éste relaciona al hombre primitivo con el rito y con la vida moral. Para el primitivo, el mito viene a tener un valor equivalente al que posee la Revelación para el cristiano: constituye un punto de referencia para codificar la creencia y se establece como un orden ético de conducta individual. Así pues, cuando los mitos se relacionan o generan cierto ritual religioso entonces es cuando se produce la conexión estrecha entre mito y religión, y sólo de esta forma, para Malinovski, adquieren verdadera importancia.

Mito y magia. Frecuentemente se ofrece también una relación entre mito, magia y algunos tipos de sacrificio. Así los multitudinarios sacrificios humanos de los aztecas de México no podrían ser explicados sino acudiendo al mito que relataría la eterna lucha diaria entre la divinidad solar y las tinieblas de la noche dirigidas por los dioses contrarios. Pero, según los aztecas, la naturaleza de la energía solar se alimentaba de sangre humana, única fuente capaz de darle fuerza para derrotar a sus enemigos. Si el sol no disponía de dicha sangre sería vencido en poco tiempo. Por eso era necesario el masivo sacrificio de guerreros más vigorosos. De esta forma, se garantizaba día a día el retorno victorioso del sol, que a su vez infundía vida a plantas y animales para que alimentara a los hombres.

El mundo debía pues su existencia al constante holocausto humano, cuya sangre nutría a la divinidad solar. El mito del eterno retorno de la vida no se concebía sin el rito mágico del sacrificio masivo y esta continuada ejecución a lo largo del transcurso de un año o ciclo solar no podía justificarse sin aquél. De esta forma, el mito no podía considerarse como una fantasía, ni como una especulación intelectual, sino como santificador de un ritual, proporcionándole, además, una suficiente base de antigüedad y veracidad que daba lugar a la vida cotidiana azteca.

Mito y cuento. El cuento es un relato paralelo al desarrollo de la humanidad, pero sin notaciones sagradas. Quizá no exista ningún pueblo que no los posea y no los utilice como parte de las representaciones públicas cuyo objetivo es el entretenimiento. Su carácter es festivo frecuentemente y posee un significado ritual muy débil. Más que una expresión colectiva, es personal y pertenece al mundo del arte. Como relato no provoca conflicto con cualquier otro y como fuente poética de inspiración no supone la destrucción de la verdad afirmada por otra persona y mucho menos manifiesta, cosa que no sucede con el mito, la explicación o el intento de explicación de algo trascendente, aunque muchos de aquéllos tengan una indudable raíz popular anónima.

ALGUNAS INTERPRETACIONES SOBRE LA FORMACIÓN DE LOS MITOS

I. *Hipótesis del simbolismo sideral*

Si detrás de las fuerzas naturales solamente podía detectarse la presencia de un dios, como afirmaba entre otros el profesor italiano Gubernatis: «Las fuerzas de la naturaleza han sido siempre el punto de partida. Los primeros hombres atribuyeron un alma y una voluntad a los astros, a los fenómenos metereológicos, luz, tinieblas, aurora, crepúsculos, nubes, lluvia, viento, etc. Esta fuerza se encarnaba y personificaba en los rasgos de un héroe, el cual se idealizaba y resolvía en una divinidad». Es decir, tras la fase humana venía la metafísica, y no es de extrañar que algunos autores tomaran los mitos en los que intervenía el Sol o los astros como elementos principales, haciendo derivar de éstos a todos los demás.

Ciñéndonos a esta hipótesis, en la mitología griega *Zeus* sería el *cielo* y los fenómenos celestes; *Hera*, su esposa legítima, dominaría el *aire* (*aer* en griego); *Afrodita* [*Venus*] se escondería tras el principio húmedo de la naturaleza. Los viajes de *Dionisos* [*Baco*], los *Doce trabajos de Hércules* y la *Expedición de los Argonautas* serían otros tantos cantos alegóricos de la revolución solar; las nubes empujadas por los vientos hacia las elevadas cumbres y rechazadas por éstas serían simbolizadas por el intento de escalar el *Olimpo* (morada de los dioses) por los *titanes. Hefesto* [*Vulcano*] poseería el secreto del fuego y su descubrimiento por el hombre sería explicado por el mito de Prometeo. La luz del Sol y la de los dos crepúsculos, matutino y vespertino, tendrían por protagonistas a *Apolo, Cástor y Pólux*, mientras que los rayos del astro rey se personificarían en los centauros.

En la época moderna, el más famoso representante de esta concepción mitológica es F. Max Müller, extraordinario estudioso del sánscrito. Sin embargo, Moreau de Jonnés, en su gran obra *Los tiempos mitológicos,* rechaza tal doctrina, afirmando: «Aun refrendada la autoridad de eminentes autores que han renovado dicha teoría fortaleciéndola con nuevos aportes, se plantea la cuestión de si el inmenso acervo de poemas y leyendas acumulado por los pueblos más civilizados (y en nuestro caso el griego), puesto con todo respeto como principio de su historia, no habrá tenido en realidad otra significación que la impresión producida en su fantasía por la salida y la puesta del Sol y por la marcha de los astros. De uno a otro extremo de nuestro hemisferio, ¿no habría cesado de guiar su pensamiento cautivo durante siglos en este estrecho círculo de un naturalismo estéril y, luego, poseído de un capricho inexplicable, se habría impuesto la misión de transformar estos fenómenos en personificaciones y en sucesos humanos? Desplegando entonces una repentina y fertilísima capacidad de invención, llenaría el mundo de épicas hazañas enfrentando a gigantes contra dioses, solamente como expresión de las nubes estrellándose contra las cumbres y el paso de las estaciones del año.»

II. *El evemerismo y su trascendencia posterior*

Intentando una aportación más aclaratoria que la criticada hipótesis del simbolismo sideral, se forjó la «teoría de la mitificación», es decir, la creación de una leyenda para explicar el origen de los mitos. El primero que la formuló fue *Evemero* (de aquí el derivado *evemerismo* para calificar esta tendencia), escritor del que poseemos muy pocos datos, que se desenvolvió en la época de Casandro (siglo III a.C.), sucesor en Macedonia de Alejandro Magno. El soberano macedónico, muy amigo de las letras, le autorizó para que realizara un viaje de exploración a tráves del Mar Rojo y costas meridionales asiáticas.

A su regreso, Evemero relató en forma de verdadero mito, en una obra que tituló *Historia Sacra*, el descubrimiento en una extraña isla que denominó *Panchaia*, en pleno océano Índico, de un templo cuyas inscripciones le dieron la clave del origen de los dioses y de los cultos. El explorador, con aguda perspicacia de cortesano observador, dándose cuenta de que si muchos hombres son «grandes» dependen del realce que les den los demás, llegó a la conclusión de que los dioses no habían sido jamás tales dioses, sino hombres, príncipes, guerreros, filósofos, personajes ilustres, etc., seres mortales en definitiva, a quien el temor, la gratitud o la admiración de sus contemporáneos había deificado. De esta manera, Zeus se convirtió en un antiguo rey de la isla de Creta que destronó a su padre Cronos, el soberano anterior.

La teoría de Evemero gozó de un gran predicamento posterior. Así los primeros escritores cristianos aplaudieron con entusiasmo una doctrina gestada en fuentes paganas según la cual los dioses de la mitología grecorromana no eran sino seres humanos de carne y hueso. Durante las Edades Media y Moderna, la tesis de la mitificación continuó siendo desarrollada en leyendas y crónicas, y por autores como Boccaccio en *Genealogía de los dioses*; Gyraldy, *Historia de los dioses paganos*; Noel Conti, *Mitología*; Bacon, *De Sapientae veterum*, etc. Hasta que Otfried Muller, con sus *Prolegómenos a una mitologia científica*, aparecidos en 1825, interrumpió la cadena formulando que la mitología podía ser no ya una exclusiva invención artificial de los poetas, sino la obra ingenua e inocente de la humanidad en su infancia. Finalmente, Herbert Spencer (1820-1903) modificó la teoría, afirmando que el culto a los dioses surgió del miedo a los espíritus.

Sin embargo, las dos posturas pecan, a nuestro juicio, de ser extremistas. Pudieron existir héroes o personajes deificados, pudieron algunos mitos ser en su origen retazos históricos en sus balbuceos, pero ni todos los dioses de los diversos pueblos fueron hombres mortales en un principio, ni todos los «panteones» (conjunto de dioses) de los diferentes pueblos primitivos se basan en hechos. No debe descartarse, de ninguna forma, el papel jugado por la imaginación de los poetas.

III. *Divinización de los animales. Metamorfosis*

Junto a las concepciones mitológicas siderales, hay que situar la identificación de las divinidades o de los hombres con los animales, hasta el punto que uno de los temas más repetidos ha sido la transformación del hombre o de los dioses en animal u otro elemento (*metamorfosis*), de la cual autores como Apolodoro (siglo II o I a.C.) y Ovidio (43 a.C.-18 d.C.) hicieron extraordinarios abusos. Inversamente, dicho simbolismo condujo a la divinización de los animales, de la que la mayoría de las religiones primitivas o de los «pueblos clásicos» no pudieron sustraerse, ofreciendo a los poetas una fuente de inspiración de primer orden a la que no pueden ser ajenos los tratadistas.

IV. *El alegorismo*

Es una doctrina muy antigua que identifica a los mitos como *alegorías*. Entendiendo por *alegoría* una ficción en virtud de la cual una cosa representa o significa otra diferente. De esta forma, los mitos como las alegorías ocultarían cierto significado profundo, elevado o moralizador, que la prudencia de los sabios primitivos les hacía esconder mediante esta estratagema, con el fin de evitar que verdades consideradas como importantes pudieran ser recogidas por personas no preparadas o demasiado impías para recibir convenientemente su mensaje o haría caso omiso del mismo.

V. *El simbolismo*

Interpretación ligada con el alegorismo desde tiempos remotos y vigentes a lo largo de la Edad Media hasta su modernización y modificación por Friedrich Creuzer en el siglo XIX. Según éste, los antiguos egipcios, indios, griegos, romanos, etc., no podían concebir una filosofía completa, pero sí una noción difusa, pero al propio tiempo grandiosa, de ciertas verdades religiosas fundamentales y, en especial, del monoteísmo. Los sacerdotes expusieron estas verdades en una serie de símbolos, permaneciendo en su mayor parte inalterables para todos los pueblos, aunque desgraciadamente fueron mal interpretados con el correr de los tiempos. Por eso, Creuzer recomendaba la conservación y análisis de los mitos más antiguos, por absurdos que parecieran, e intentar desvelar, a través de ellos, las primeras creencias de la humanidad. A este respecto Luis Rosales manifestará: «El mito es la antesala del símbolo, como el símbolo es la antesala de la abstracción y el concepto».

VI. *La teoría racionalista*

Cuyas raíces se hunden también en el más remoto pasado. Pretende mostrar que los mitos reflejados en las historias fantásticas son el resultado de una falsa interpretación realizada a sabiendas o de una equivocación inconsciente. Sin embargo, tal teoría no posee una consistencia firme, pues como señala H. J. Rose, cualquier grupo de individuos que fuera tan ciego para los hechos reales como para convertirlos en fábulas maravillosas, creería fácilmente en toda clase de fantasías y las inventaría libremente, sin necesitar ningún estímulo que excitara la imaginación o interpretando conceptos o relatos de forma errónea.

El proceso de formación de los mitos descansa en el desarrollo de la imaginación que, en gran manera, formula deseos en contradicción con la realidad, la cual se halla también patente en la temática del mito. La imaginación proporciona exageración y fantasía a la realidad cotidiana de nuestra experiencia. Así hace que los animales hablen, «crea» monstruos, metamorfosea a los seres, inventa objetos que aterrorizan al pueblo, etc. Así pues, si rechazamos el elemento de la imaginación, las dificultades para la interpretación de los mitos serán casi insalvables.

VII. *La interpretación psicoanalítica*

Se inicia con los estudios del padre del psicoanálisis, *Sigmund Freud* (1856-1939), y de uno de sus discípulos heterodoxos, *Carl Gustav Jung* (1875-1961). Freud interpreta el relato de Edipo como un modelo arquetípico de odio al padre, amor a la madre y aversión a las demás mujeres, o porque cualquier contacto sexual sería imagen del incesto, o porque todo el sexo femenino se ha envilecido en la figura maternal entregada al rival. Los casos se repiten: *Teseo* odia subconscientemente a *Egeo,* porque lo engendró ebrio y causa su muerte sin pretenderlo; *Hipólito* aborrece a su progenitor por hacerlo bastardo y sufre la intemperancia paterna; *Sicrofón* aborrece a *Periandro* por haber dado muerte a su madre; *Prometeo* roba el fuego a *Zeus* para dárselo a los hombres, lo que le acarreará el castigo.

La situación se invierte si analizamos la dependencia materna, *Perseo* casi cohabita con su madre en un arca; *Aquiles* consulta constantemente a Tetis; *Hipólito,* invoca una y otra vez a la que le dio el ser, posee su mismo genio salvaje y tiene su mismo nombre (la madre de Hipólito según el mito, era la amazona *Hipólita*); pero hay también esposas o amantes que actúan como madres: *Medea* con respecto a *Jasón; Yocasta,* la «maternal» esposa de *Edipo,* etc.; e incluso madres adoptivas: la anciana *Hécale,* salvadora de *Teseo.*

Según la escuela psicoanalítica, la consecuencia inmediata es la *misoginia* (o aversión por las demás mujeres) por parte de los afectados; así *Penteo* y las *Ménades*; *Perseo* matando a la *Gorgona; Hipólito* se mantiene virgen pese a las acechanzas de su madrastra; la historia de *Eteocles*, etcétera.

Los sexos se invierten cuando la «psiconalizada» es una mujer y entonces se produce el odio a la madre, amor al padre y aversión a los demás hombres, por idénticas razones pero puestas al revés. Nos encontramos aquí con lo que Freud denominó *Complejo de Electra,* aunque al parecer no le gustara el nombre, quizá porque la heroína hermana de *Orestes*, aunque venera la memoria del padre y maldice a su madre por el horrendo crimen cometido, termina por casarse sin resistencia. Otros casos son más claros: las *Danaides* e infinidad de mujeres míticas que acaban siendo castigadas por Afrodita (Venus) por intentar burlar la ley natural de matrimonio.

La variante se manifiesta cuando se analiza a *Orestes,* admirador de su padre, aborrecedor de su madre y por extensión del sexo femenino, entonces Egisto asume el papel del padre odiado.

Pero ni los psicoanalistas ni sus interpretaciones terminan ahí. De esta forma Karl Abraham clasifica los mitos como formas de pensar elaboradas por el sueño colectivo de un grupo humano. Mediante aquél, el guerrero acorralado por el enemigo y en trance de morir se convierte en un ser invisible para salvarlo de una muerte que, de otro modo sería inevitable, la imaginación provoca así un profundo deseo de salvar al héroe y entonces recurre a protegerlo con ardides atribuidos como cualidades propias.

Sea como fuere, la corriente psicoanalítica, además de proporcionarnos la atrayente teoría de los complejos aplicada a la mitología, ha servido para fijar otros términos, como temperamento *apolíneo* o *dionisíaco* (ambos derivados respectivamente de los dioses griegos *Apolo* y *Dioniso* [Baco]) para significar, el primero, la belleza equilibrada, la proporción la medida, el *canon* de las formas clásicas tanto físicas como intelectuales o del espíritu; mientras que el segundo caracteriza lo desmesurado, lo desequilibrado, el desorden (Dioniso era el dios protector de la vid y por ende de su estimulante derivado: el vino). Apolo es frío, calculador, demasiado orgulloso de su belleza... Dioniso es temperamental, más popular, romántico o barroco. La trascendencia de estos símbolos opuestos de la mitología en el devenir de los períodos y formas artísticas, es pues evidente.

VIII. *Otras interpretaciones*

Junto a antropólogos como Levi Strauss, Malinovski, Mircea Eliade, etc., filósofos, psicólogos, o filólogos, se han alineado últimamente otros especialistas que han intentado una aproximación a los mitos desde otros ángulos, como por ejemplo a partir de la *semántica* (ciencia que estudia el significado de una lengua) o de su pariente la *semiótica* (ciencia que estudia los signos de una comunidad). Ambas, como se ve, relacionadas con la filología y la lingüística, por lo que «nada nuevo hay bajo el sol», como no sea ayudarse en el desciframiento de los mitos pasados o todavía presentes en muchos pueblos, con las últimas técnicas de las computadoras y sistemas audiovisuales.

¿Cuál es la escuela que nos ha legado una interpretación más verosímil del gigantesco acervo mítico y la que cuenta con mejores armas para continuar su tarea? Nosotros creemos que todas han aportado su granito de arena, inclinarse por una o por otra nos dará una visión demasiado parcial y quizás equivocada. En la ciencia del mito han de intervenir arqueólogos, historiadores, filólogos, antropólogos, psicólogos, especialistas en religiones comparadas, etc., sólo así se podrá llegar, quizás, al entendimiento de cómo el hombre, por hombre, se postra ante el más allá.

CLASIFICACIÓN DE LOS MITOS

En sentido amplio y por lo que respecta a una Mitología General, los mitos acostumbran a clasificarse atendiendo a su contenido o variantes en: *cosmogonías* que hacen referencia a la creación del mundo o del universo; (del griego *cosmos* = conjunto, de todo lo creado, mundo, universo y *agonía* = lucha, en el sentido de que toda creación o nacimiento es una lucha); *teogónicos*, cuando se ocupan del origen de los dioses (del gr. *teos* = dios); *antropogónicos,* que tratan de la aparición del hombre (del gr. *antrhropos* = hombre); *etiológicos*, que intentan explicar el porqué de ciertas instituciones políticas, sociales o religiosas (también del gr. *etiología* = tratado de las causas); *escatológicos*, que pretenden imaginar la vida de ultratumba o el fin del mundo; *morales*, que exponen la lucha entre principios contrarios como el bien y el mal, ángeles y demonios, etcétera.

Dentro de uno u otro apartado, pueden considerarse los mitos que relatan edades que se pierden en el fondo de los tiempos y que mencionan paraísos perdidos, épocas doradas pobladas de dioses, de fabulosos animales; hazañas épicas de héroes de pueblos o que hicieron progresar las formas de vida de su grupo; históricas, que mantienen vivo el recuerdo de gigantescas inundaciones, catástrofes sísmicas, cataclismos naturales, incendios devoradores, sequías devastadoras portadoras del hambre, enfermedades aniquiladoras; mitos *totémicos* u originadores de *tabúes* que provocaron prohibiciones con matiz religioso o sagrado, o también narraciones de comportamientos equivocados que condujeron a la pérdida de la inmortalidad y al drama inexorable de la muerte.

Estilísticamente, los mitos, por regla general, adoptan la forma de una narración, pero a veces se presentan también bajo fórmulas reiterativas de un ceremonial religioso o mágico, y otros se esconden tras elucubraciones más o menos profundas que pretenden la explicación de un enigma. Las narraciones poseen el carácter de memorias dramatizadoras del grupo humano para glorificar a héroes autóctonos y son generadoras de fantasías étnicas. Sin embargo, éstas no acostumbran a ofrecer explicaciones acerca de cualquier práctica o hábito, sino que se limitan a exponerla y relacionarla con un pasado social difuso y poco coherente.

Por el contrario, el pasado se llena, recrea y cobra sentido cuando a los mitos se les une el adecuado ceremonial que significa en realidad una representación de sus orígenes. En busca de su eficacia se recurre en ocasiones a la magia, con el fin de que la naturaleza se muestre favorable y dé cumplida satisfacción a las necesidades humanas. Citemos, como ejemplo, los ritos repetitivos de fertilidad, sin los cuales los mitos de dicha naturaleza no poseen en sí un valor eficaz; ritos imitativos, porque la repetición es un símbolo de regularidad.

Los mitos explicativos se erigen como una forma de autoridad que les confiere la tradición oral en la búsqueda de la solución de un problema, conduciéndoles a lo irreal o abstracto por el camino de la fantasía. En ellos cabe todo tipo de imaginación y es lógico en su contexto que ofrezcan transformaciones de hombres en animales o la aparición de sirenas o centauros.

FUENTES PARA EL ESTUDIO DE LA MITOLOGÍA GRIEGA

En primer lugar mencionaremos *Los trabajos y los días* y la *Teogonía,* obras atribuidas por la generalidad de eruditos al poeta *Hesíodo,* cuya vida se suele situar entre los siglos VIII y VII a.C., y que pretendió narrar con encendidos versos los orígenes de los dioses y de los hombres a semejanza de inspiradas sinfonías dedicadas a Zeus como padre y jefe de dioses y mortales. A Hesíodo se le otorga también la paternidad del poema incompleto *Catálogo de las mujeres,* así como del *Escudo de Heracles,* relato este último de las hazañas del popularísimo superhéroe.

A continuación hay que colocar los dos grandes poemas épicos, la *Ilíada* y la *Odisea* cuya última redacción (en especial el último) parece ser de la mano del poeta *Homero* (su nombre recuerda probablemente la condición de «ciego», en griego *o meros* = «el ciego»), siglo VIII a.C. Sin embargo, su gestación, particularmente la de la *Ilíada* habría que situarla hacia el año 1000 a.C.

La redacción definitiva de los poemas citados son fiel reflejo de una cultura superior que hace pensar en un larguísimo período de elaboración, cuyas raíces se han situado hacia el tercer milenio antes de Cristo en la isla de Creta. Por aquel entonces la isla estaba habitada por gentes del tipo mediterráneo, originariamente de Asia Menor, que se mezclará con grupos indoeuropeos.

Estos pueblos habían irrumpido en Creta divididos en clanes al mando de sus jefes respectivos, pero paulatinamente el soberano de Cnosos dominó a todos los demás, tomando el nombre genérico de *Minos* o soberano, del que derivará el nombre genérico de su cultura: *minoica.*

Hacia el año 1750 a.C., una invasión en mayor o menor grado indoeuropea terminó con este primer período cultural; pero superados los efectos destructores, advino la época de mayor apogeo, tal como lo reflejan las posteriores leyendas mitológicas, como la del héroe ateniense Teseo, vencedor del Minotauro, que expondremos en su lugar correspondiente. Sin embargo, alrededor del siglo XV a.C., el empuje de los aqueos ya plenamente arios o indoeuropeos trae como consecuencia la caída definitiva del poderío cretense.

De la síntesis de ambos elementos, el cretense y el indoeuropeo, surgió la cultura micénica (nombre derivado de la ciudad de Micenas, que con la de Tirinto, ambas en la zona actual de Morea, al sur de Grecia, serán los focos principales de la misma), cuya religión tomó de Creta el culto de los héroes y la configuración del mundo infernal, en el que destaca *Minos,* poderoso juez, hijo de *Zeus,* divinidad indoeuropea, y de *Europa*, princesa procedente de Asia que raptada por aquél consumaría su unión precisamente en la isla de Creta.

Durante el siglo XIV a.C. los aqueos acentuaron su presión por las costas de Asia Menor, y una de estas expediciones de conquista es la famosa «guerra de Troya», inmortalizada en los ya citados poemas homéricos de la *Ilíada* y la *Odisea.*

A finales del siglo XIII y a lo largo del XII a.C., asolaron los territorios en donde dominaba la civilización micénica nuevas hordas de indoeuropeos, los *dorios*, los cuales, una vez asentados, configuraron la definitiva población del mundo helénico junto con sus hermanos *jonios* y *eolios* (establecidos anteriormente y arrinconados ya por los aqueos). La invasión doria ha sido identificada por los mitólogos con la leyenda del regreso de los descendientes de *Heracles* (los *Heráclidas*) al Peloponeso (Morea). Desde el último cuarto del siglo XIX los grandes hallazgos arqueológicos en todo aquel apasionante mundo: Creta, Micenas, Tirinto, Troya, que han inmortalizado nombres como Evans, Schliemann, Dörpfeld y las investigaciones más recientes de M. Ventrix y J. Chadwick, van constatando que los relatos mitológicos encierran un fondo de verdad histórica puesta cada día más al descubierto.

Sea como fuere, de las invasiones dorias y su establecimiento puede decirse que en general los temas tratados por la mitología griega se agotan y que su acervo de tradiciones y fábulas quizá se hubiera perdido sin Hesíodo y Homero, arquitectos del edificio olímpico que se mantendría inconmovible en el transcurso de los tiempos. Valorando su importancia, el historiador *Herodoto*, cuatro siglos y medio antes de nuestra era, escribió: «Los griegos han ignorado siempre el origen de los dioses, su figura, su naturaleza y si habían existido siempre. Sólo es de ayer, por decirlo así, lo que se sabe de Homero y Hesíodo, que vivieron solamente cuatrocientos años antes que yo. Ellos son los primeros que han escrito en verso la *Teogonía* y nos han enseñado los nombres de los dioses, su culto, sus funciones, así como nos han trazado su imagen».

Tras estas grandes fuentes básicas, debemos situar cronológicamente los denominados *Himnos homéricos,* treinta y tres poemas conservados, compuestos en honor de los diversos dioses, escritos quizás entre fines del siglo VIII o comienzos del VII a.C. el más antiguo, y el siglo V o IV a.C. (en griego-ateniense) el último, y colocados (lógicamente no por su paternidad, sino por su influjo) bajo la «advocación» del gran y controvertido poeta-rapsoda.

A continuación, los poetas posteriores no tuvieron más que acudir al caudal mitológico conservado y exponer los viejos mitos con un nuevo lenguaje, más popular y asequible y menos sacralizado.

Hacia el siglo VI a.C., desarrolló su obra el que se considera el más grande poeta lírico de la Grecia clásica: *Píndaro*. Sus *Odas* o poemas, dedicados a los vencedores de los Juegos Olímpicos, se hallan llenos de relatos mitológicos o alusiones a los mismos. Muchos mitólogos consideran a Píndaro tan relevante en este campo como el propio Hesíodo.

Importante es también la transposición mítica realizada por las excepcionales figuras de la tragedia griega que se mueven entre los siglos VI y V a.C.; *Esquilo* (contemporáneo de Píndaro), *Sófocles* y *Eurípides*.

Asimismo, ofrece frecuentemente referencias a los mitos el forjador de la comedia ateniense: *Aristófanes* (siglos V y IV a.C.) y lo propio realizan el ya citado *Herodoto* («padre de la historia») y el filósofo *Platón* (427-347 a.C.).

Durante el período denominado helenístico, surgido a la muerte de Alejandro Magno con los generales sucesores que se repartieron su vasto imperio (siglos III-I a.C.), aparecen recopilaciones de relatos mitológicos en forma de resúmenes. La más importante es la parte conservada con el nombre de la *Biblioteca,* atribuida a *Apolodoro*, gramático ateniense cuyas actividades se sitúan para unos a mediados del siglo II a.C. y para otros en el siglo I a.C. o incluso lo «modernizan» y lo hacen desempeñar su actividad entre los siglos I o II d.C. La redacción actual de la *Biblioteca* que ha llegado hasta nosotros parece ser obra de un abreviador posterior a la primitiva.

Paralelamente se desarrolló la poesía alejandrina, por haberse desplazado el centro cultural de Grecia a Alejandría, en Egipto. Apolonio, procedente de la isla de Rodas (en donde se formó otro interesante foco cultural), junto con una pléyade de poetas alejandrinos y mitógrafos nos ha transmitido los mitos por temas. Entre otros sobresalen: *Eratóstenes de Cirene, Partenio de Nicea, Conon, Teócrito, Dión, Mosco,* etcétera.

No podemos dejar de señalar la aportación del

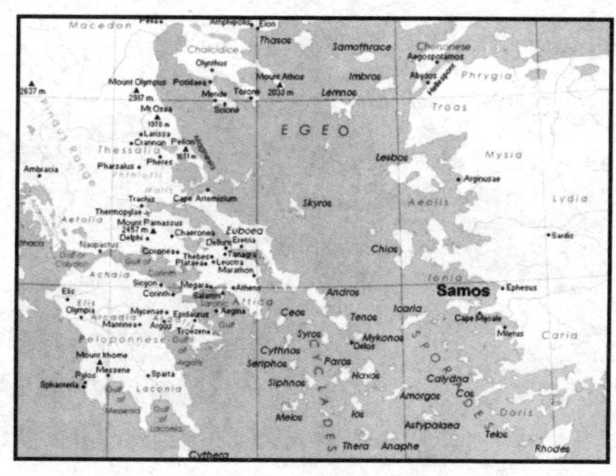

Escenario geográfico de la Mitología Griega, con los principales centros espirituales, así como las ciudades griegas más importantes fundadas y o, gobernadas por sus héroes

ya citado Evemero, inaugurador de una forma de interpretar los mitos que contó con numerosos seguidores y de cuya trascendencia ya hablamos anteriormente.

Finalizaremos este repertorio recordando a *Pausanias* (siglo II. d.C.), incansable viajero y autor de la primera «guía turística» que con toda justicia puede recibir tal nombre. En ella nos relata las leyendas conservadas de los lugares que visitó, con una seriedad tan absoluta que nos hace dudar de la credibilidad en ellas por parte del propio autor.

A partir de aquí, las fuentes mitológicas cruzan la frontera de lo helenístico para adentrarse en el mundo romano. Pero esto ya es otra historia.

INVOCACIÓN

Ayúdanos ¡oh Musas! al lector y a mí, a trasladarnos con la imaginación, en el espacio y el tiempo, a la falda del monte Olimpo, máxima elevación de Grecia al oeste del golfo de Salónica, para que podamos entender cómo, inspirados en sus cumbres de casi 3000 metros de altura frecuentemente nevadas, los diversos pueblos que se agruparon bajo el nombre de helenos, habitantes de aquel singular escenario peninsular e insular, pudieron concebir en forma de mitos la morada y los orígenes de los dioses, de los hombres y de todo el universo en suma, varios siglos antes de nuestra Era.

El azul brillante del cielo, todavía más en aquella época en la que no cabalgaba el moderno jinete del Apocalipsis al que hemos bautizado como Contaminación, el límpido mar abrazando los más íntimos recovecos de unas articuladísimas costas continentales y salpicado de islas muy cercanas entre sí, las agrestes sierras nos espolearán en nuestra ardua tarea como espolearon al griego antiguo cuando, embriagado de sol y reseco el semblante, se formulaba una pregunta fundamental: Pero.... ¿cómo empezó todo?

Mitología Griega

MITOS DE LA CREACIÓN

Para una mentalidad realista y racional como la helénica resultaba muy difícil la comprensión de la eternidad y del vocablo infinito; era más lógico pensar que todo había tenido un principio, incluso los dioses. Si acaso hay «algo» que, en la mayoría de los relatos mitológicos sobre la creación parece preexistente, es el *Caos*, abismo sin fondo, espacio abierto sumido en la oscuridad en donde andaban revueltos todos los elementos: el agua, la tierra, el fuego y el aire. Nada tenía en él forma fija y durable, todo estaba en constante movimiento con inevitables choques, los elementos congelados contra los abrasadores, los húmedos contra los secos, los blandos contra los duros y los pesados contra los ligeros.

Es decir el Caos es el Vacío primoridal, pero concebido como un enorme recipiente para albergar elementos en forma desordenada. *Caos* es a la vez *Nada* y *Algo*, ¿materia y antimateria o en realidad un primer dios? Pronto se produciría lo que empleando, términos actuales sobre el origen y expansión del Universo, llamaríamos el Big-Bang, la gran explosión que arruinaría al caos y provocaría lo que en el Génesis[1] se relata como Creación por obra de Yahvé, único Ser Supremo.

Veamos las diversas versiones helénicas:

La creación según Hesíodo

Es el relato más conocido, el que ha quedado como clásico, por ello lo colocamos en primer lugar, dada su importancia. Sin embargo, ahondaremos en otras narraciones, no por menos conocidas también muy atractivas.

Según Hesíodo, en un principio sólo existía el *Caos*. Después emergió *Gea* (la tierra) de ancho pecho, morada perenne y segura de los seres vivientes, surgida del *Tártaro* tenebroso de las profundidades, y *Eros* (el Amor), el más bello de los dioses.[2]

Del Caos nada podía esperarse, hasta que de la acción de Eros, principio vital, salieron *Erebos* (las tinieblas), cuyos dominios se extendían por debajo de Gea en una vasta zona subterránea, y *Nix* (la oscuridad o la noche). Erebos y Nix tuvieron amoroso consorcio y originaron al *Eter* y *Hemera* (el Día), que personificaron respectivamente la luz celeste y terrestre.

Con la luz, Gea cobró personalidad, pero como no pudo unirse al vacío Caos, comenzó a engendrar sola y así mientras dormía surgió *Urano* (el Cielo Estrellado), un ser de igual extensión que ella, con el fin de que la

1. Véase en cualquier Biblia el capítulo I del Génesis (es decir el Libro I de la misma)
2. Elemento primordial que no hay que confundir con Eros o Cupido, hijo de Afrodita.

cubriese toda y fuera una morada celestial segura y eterna para los dioses bienaventurados. También produjo las altas montañas, para albergue grato de las divinales *Ninfas,* que escogieron para ello frondosos bosques.

Urano contempló tiernamente a su madre desde las elevadas cumbres y derramó una lluvia fértil sobre sus hendiduras secretas, naciendo así las hierbas, flores y árboles con los animales y las aves, que formaron como un cortejo para cada planta. La lluvia sobrante hizo que corrieran los ríos y al llenar de agua los lugares huecos se originaron así los lagos y los mares, todos ellos deificados con el nombre de *Titanes*: *Océano, Ceo, Crío, Hiperión, Cronos;* y *Titánidas: Temis, Rea, Tetis, Tea, Mnemosine* y *Febe;* de ellos descendieron los demás dioses y hombres. Pero como si Urano y Gea quisieran demostrar que su poder estaba por encima de todo, crearon otros hijos de horrible aspecto: los tres *Cíclopes* primitivos, llamados *Arges, Astéropes* y *Brontes,* quienes tenían un solo ojo redondo en medio de la frente y representaban respectivamente el rayo, el relámpago y el trueno y eran inmortales (uno de los descendientes fue astutamente engañado por *Ulises,* tal como nos lo cuenta la *Odisea),* y muchos de éstos ya mortales fueron muertos por Apolo para vengar —como veremos— la violenta desaparición de Asclepio del mundo de los vivos (sus espíritus habitaban las cavernas del volcán Etna en Sicilia). Finalmente, engendraron a los *Hecatónquiros* o *Centimanos,* tres hermanos con cincuenta cabezas y cien brazos cada uno que se llamaron *Coto, Briareo y Giges.*

Por su parte la Noche por sí sola había engendrado a *Tánatos* (la muerte), a *Hipno* (el sueño) y a otras divinidades como las *Hespérides,* celosas guardianas del atardecer cuando las tinieblas empiezan a ganar la batalla de la luz diurna, fenómeno que se repite cada día; las *Moiras* (Parcas), defensoras del orden cósmico, representadas como hilanderas que rigen con sus hilos los destinos de la vida; *Némesis,* la justicia divina, perseguidora de lo desmesurado y protectora del equilibrio.

DESTRONAMIENTO DE URANO

Hasta aquí todo «casi» perfecto, el Universo, los astros, nuestro planeta, las tierras, las nubes, la lluvia, los mares, los ríos, las plantas, los animales… ¡los dioses! La pareja primigenia, el Cielo y la Tierra, es propia de muchas mitologías y se encuentra en lugares tan remotos como Nueva Zelanda, donde aparecen respectivamente como *Rangi* y *Papa,* y el relato sigue una línea semejante al de Hesíodo.

Entonces Urano se arrepintió de haber engendrado a seres tan monstruosos como los cíclopes y, sin decir nada a su esposa, los fue aprisionando y arrojando a los abismos tenebrosos del *Tártaro,* situado en los infiernos, tan distantes de la tierra como ésta del cielo.

Gea no quería que el fruto de sus entrañas, por monstruoso que fuera, tuviera tan horrible destino, y tramó una conspiración, harta ya de ser fecundada por Urano, a quien había elevado al gobierno del Universo y cuyas crueldades aumentaban, pues temeroso de ser destronado se dedicó a encerrar a sus hijos en el vientre de su compañera (es decir los aprisionó en el seno de la tierra). A tal fin, Gea produjo una especie de mineral del que salió un material blancuzco (el hierro) con el que construyó una gran hoz, y llamó a sus hijos, exhortándoles a vengar el ultraje criminal de un padre descastado.

Sólo Cronos, el hijo menor, se presentó a las súplicas de su madre, pero dejemos al propio *Hesíodo* que nos cuente con dramáticos acentos el desenlace:

«El gran Urano llegó seguido de la Noche y animado de deseo amoroso se tendió cuan largo era sobre la tierra. Entonces Cronos, saliendo del lugar donde se había emboscado, agarró a su padre con la mano izquierda y, empuñando con la derecha la gran hoz de afilados dientes, le cortó en un instante las partes viriles y las arrojó detrás de sí, al azar. Pero no fue un despojo inútil lo que soltó su mano, porque las gotas de sangre que de aquél se derramaron las recibió la Tierra, fecundándola nuevamente y dando a luz entonces a las robustas furias o *Erinias* (seres vengadores de horripilante aspecto con la misión de castigar a los parricidas), a los enormes *Gigantes,* que vestían lustrosas armaduras y manejaban grandiosas lanzas, y a las ninfas *Melias.*

»Y las partes viriles que Cronos cortó con la guadaña y arrojó desde el continente al proceloso mar, fueron flotando de acá para allá hasta que de la carne inmortal salió una blanca espuma de la que emergió una bellísima deidad que se dirigió primero a la sagrada Citera y luego a Chipre, situada en medio de las olas del mar. Al tomar tierra brotó la hierba por donde ponía sus plantas y fue llamada Afrodita, la diosa del Amor.»

Aunque la alegoría parece ver en Urano la creación del Cielo después de la confusión del Caos, algunos autores lo han identificado con un soberano activo e ilustre. Así lo creyó Lactancio[3] y así lo refiere Diodoro Sículo, cuando asegura que Urano fue el primer monarca que reinó sobre los hombres y que sus súbditos eran los *Atlantes,* pueblo civilizado en el que nacieron los dioses, rodeado de gentes bárbaras. Urano reunió a las familias errantes por los bosques y llanuras y les enseñó a eregir ciudades, a cultivar la tierra y a conocer el curso de los astros. Fue venerado por los hombres que había civilizado, recibió el título de rey eterno y en vida se le otorgaron honores divinos *(apoteosis).*

3. Filósofo cristiano que vivió entre los siglos III y IV d.C.

Sea como fuere, este mito patriarcal de Urano fue el que terminó por prevalecer y se incorporó al sistema religioso oficial helénico, que recibió el nombre de *Olímpico* (derivado del monte Olimpo). Robert Graves, el gran creador británico de novelas históricas famosas como *Yo Claudio* y *Claudio, el dios*, investigador también de la Mitología, ha identificado a Urano con el dios pastoral *Varuna,* uno de lo que constituyen la trinidad del tronco ario o indoeuropeo al que pertenecen los pueblos helénicos, aunque masculinizado, porque la transcripción griega sería *Urana*. ¿Reflejo de la lucha entre una concepción matriarcal de los pueblos primitivos que habitaron el escenario helénico y la idea patriarcal de los invasores?

OTROS MITOS DE LA CREACIÓN EN EL ESCENARIO HELÉNICO

El primero de ellos se atribuye a los *pelasgos,* uno de los pueblos primitivos que según la tradición habitaron Grecia, en él se advierte una evidente postura matriarcal basada en la concepción primigenia de una Diosa Madre, que se generalizaría en el mundo mediterráneo Oriental, dice así:

En el principio *Eurínome,* la Diosa de todas las cosas, surgió desnuda del *Caos*, pero no encontró nada sólido en que apoyar los pies y, a causa de ello, separó el mar del firmamento y danzó solitaria sobre sus olas en dirección sur, y el viento Norte llamado también *Boreas,* puesto en movimiento tras ella, le sugirió que sería un buen instrumento para iniciar una obra creadora. Eurínome se dio entonces la vuelta y se apoderó de aquél y lo frotó entre sus manos hasta que dio origen a la enorme serpiente *Ofión.*

A continuación la diosa, que tenía frío, bailó para calentarse cada vez más agitadamente, despertando el deseo carnal en Ofión, quien sin pensarlo tres veces se enroscó en el cuerpo de Eurínome y la poseyó con lujurioso deleite. Así fue como Eurínome quedó encinta.

Después se transformó en paloma y se posó sobre las olas y a su debido tiempo puso el *Huevo Universal.* A petición suya Ofión se enroscó siete veces alrededor del huevo hasta que se empolló y dividió en dos. De él salieron todos los seres y elementos que componen el Cosmos: el sol, la luna, las estrellas, la tierra con sus montañas, ríos, mares y lagos, sus árboles, hierbas y criaturas vivientes.

Eurínome y Ofión fijaron su morada en el monte Olimpo. Cuando Ofión irritó a su compañera, arrogándose el título de autor del Universo, ésta le pegó tan tremendo puntapié que le arrancó los dientes y lo arrojó a las oscuras cavernas situadas bajo la tierra.

Seguidamente la diosa creó siete potencias planetarias y colocó una

Titánide y un *Titán* en cada una: *Tía* e *Hiperión* para el Sol; *Febe* y *Atlante* para la Luna; *Dione* y *Crio* para el planeta Marte; *Metis* y *Geo* para Mercurio; *Temis* y *Eurimedonte* para Júpiter; *Tetis* y *Océano* para Venus; *Rea* y *Cronos* para Saturno. Guardadores todos de la sucesión del tiempo.

Sin embargo, en esta armoniosa «creación» faltaba el hombre, y entonces apareció *Pelasgo*, brotado de los dientes de Ofión enterrados en los abismos de Arcadia[4] y precursor de otros que lo aclamaron como jefe culturizador, pues de él aprendieron a construir chozas, a alimentarse de bellotas y a coser túnicas de piel de cerdo.

Dioses y hombres se hallaban sometidos a sus oponentes sexuales femeninos y todos, en definitiva, rendían culto a la Gran Diosa Madre. La mujer constituía así el sexo dominante y el hombre aparecía como su víctima asustada. Semejante concepción mitológica debía ser imaginada por una sociedad matrilineal en la que se atribuía el papel engendrador, no al varón, sino al viento o a la ingestión de habichuelas por la futura madre o bien a la deglución de un insecto. En este caso Eurínome actúa como Creador, a semejanza de Yahvé en el Génesis, sólo que aquí en lugar de un *Dios* asexuado único y supremo es una *diosa*. Por su parte las culebras, símbolos de Ofión, son consideradas como reencarnaciones de los muertos.

Homero consideraba que todos los dioses y seres vivientes surgieron del Océano que circunda el mundo y que Tetis fue la gran madre universal. Por su parte, los helenos iniciados en los *misterios órficos*[5] creían que la noche de las alas negras, diosa por la que incluso Zeus, el futuro padre de los dioses helénicos clásicos, sentía un temor reverente, fue seducida por el Viento y puso un huevo de plata en el seno de la Oscuridad del que salió *Eros* o *Fanes* (el sol), que impulsó el movimiento del Universo. Eros tenía cuatro cabezas (las cuatro estaciones), alas doradas y doble sexo. A veces rugía como un león, mugía como un toro, balaba como un carnero o silbaba como una serpiente. Vivía en una cueva junto con la Noche que se manifestaba en forma de tal, del Orden o de la Justicia. Rea era la madre universal que tenía como misión tocar un tambor de latón para que los hombres se sintieran atraídos a la consulta de los oráculos de la diosa. Eros creó el cielo, el sol y la luna, pero su gobierno perteneció a la diosa hasta que Urano la destronó.

Finalmente señalaremos dos mitos a los que el citado Robert Graves consigna con el apelativo de filosóficos, el primero basado en *La Teogonía*

---

4. Región de la Grecia continental situada en el Peloponeso (actual subpenínsula de Morea, en realidad una isla por hallarse abierto el istmo de Corinto por el estrecho de este nombre).

5. Secta misteriosa que recibe su nombre del mito de Orfeo, del que hablaremos más adelante.

de Hesíodo se nos muestra confuso, pues mezcla abstracciones con seres concretos: *Nereidas, Titanes, Gigantes,* y el segundo, forjado ya en una época helenístico-romana (siglo II a I d.C.), recuerda al *Génesis* y a tradiciones babilónicas-mesopotámica, como el poema épico de Gilgamesh que menciona a *Utanapistim,* el «Noé sumerio». Helos aquí:

«Algunos dicen que al principio reinaba la *Oscuridad* y de la Oscuridad nació el *Caos*. De la unión entre la Oscuridad y el Caos nacieron la *Noche*, el *Día*, el *Erebo* y el *Aire*.

La unión de la Noche y el Erebo provocó el *Hado* (el destino), la *Vejez*, la *Muerte*, el *Asesinato*, la *Continencia*, el *Sueño*, los *Desvaríos*, la *Discordia*, la *Miseria*, la *Vejación, Némesis* (la Justicia distribuida según las acciones), la *Alegría*, la *Amistad*, la *Compasión*, las tres *Parcas* y las tres *Hésperides*.

La unión del Aire y el Día originó la *Madre Tierra*, el *Cielo* y el *Mar*.

De la unión del Aire y la Madre Tierra surgieron el *Terror*, la *Astucia*, la *Ira*, la *Lucha*, las *Mentiras*, los *Juramentos*, la *Venganza*, la *Intemperancia*, la *Disputa*, el *Pacto*, el *Olvido*, el *Temor*, el *Orgullo*, la *Batalla* y también *Océano* y *Metis,* y los otros *Titanes*, *Tártaros* y las *Tres Erínias* o *Furias*

De la conjunción del Mar con sus ríos salieron las *Nereidas.*»

Veamos ahora el segundo:

«El Dios de todas las cosas que algunos llaman Naturaleza apareció de pronto en el Caos y separó la tierra del cielo, el agua de la tierra y el aire superior del inferior. Después de desenredar los elementos, los ordenó tal como aparecen en la actualidad. Dividió la tierra en zonas, unas muy calurosas, otras muy frías y algunas templadas; moldeó después las llanuras y montañas e hizo crecer los árboles y las plantas. Sobre la tierra colocó el firmamento en constante movimiento, lo llenó de innumerables estrellas y designó las posiciones de los cuatro vientos. Pobló también las aguas de peces, la tierra de animales y el cielo con el sol, la luna y los cinco planetas y finalmente creó al hombre.»

Como puede observarse este último relato es el menos mitológico en el sentido que estamos acostumbrados, aunque no por ello es el menos alegórico, con el objetivo central de cantar las glorias de un Ser Supremo y Creador. Reanudemos a continuación el hilo de la narración «clásica».

LA SEGUNDA DINASTÍA DE DIOSES: CRONOS Y REA

Apartado Urano del poder del Universo, Gea dio paso a la dinastía de su hijo Cronos, que aunque menor que Titán había sido el héroe de la lucha contra su padre. Ambos llegaron a un pacto secreto, Cronos sería considerado como soberano, pero a condición de que devorase a todos los hijos varones que pudiera engendrar. Así la sucesión pasaría a la rama primogénita de Titán. Cronos comienza pues su reinado con la misma obsesión que su padre; eliminar su descendencia.

Cronos [Saturno] devorando a uno de sus hijos de Goya (Museo del Prado, Madrid)

Cronos eligió como esposa a su hermana *Rea*. Su padre, probablemente para vengarse de haber quedado inútil, le profetizó que a su vez sería desposeído del trono por sus hijos. Entonces se transformó en un monarca mucho más despótico que lo había sido el propio Urano. A fin de conjurar la predicción, cumplió tan exageradamente el pacto con su hermano mayor, que fue devorando sucesivamente a sus hijos —sin distinción de sexos— habidos con su esposa a medida que ésta los iba alumbrando: *Hades* y *Poseidón* varones, *Deméter, Hera, Hestia,* hembras. Al nacer Zeus, su madre indignada, en vez de dárselo para que se lo engullera, le entregó una piedra envuelta en pañales y él, sin pensarlo, se tragó el engaño, cayendo inmediatamente postrado con agudos dolores de vientre.

Zeus creció en un paraje oculto (del que las distintas versiones conservadas —como veremos— no se ponen de acuerdo, ni en el nombre del lugar, ¿en una cueva de la isla de Creta?, ni en la forma como fue criado: ¿con la leche de la cabra Amaltea?, con cuya piel se fabricó un escudo protector o *égida*) y con la ayuda de cierto bebedizo Cronos devolvió la piedra y todos los hijos que había devorado.

Zeus, ya adulto, entabló contra sus hermanos una guerra conocida como la *Titanomaquia,* de la que existen varias versiones. La más conocida relata que en su bando militaban sus hermanos y la Océanide *Estigia* (una de las tres mil hijas del titán Océano y su hermana *Tetis*), que gobernaba sobre una extensa laguna subterránea. Los titanes y parte de sus hijos se alinearon del lado de Cronos. En esta lucha monstruosa y sin cuartel temblaron el cielo, la tierra y el mar. Los titanes fueron vencidos y arrojados al Tártaro y Cronos pudo ser desterrado a Italia gracias a la ayuda que prestaron a Zeus y a sus hermanos los *Cíclopes* y los *Hecatónquiros* o *Centimanos*, que ofrecieron a las divinidades, por haberlos liberado, terribles armas forjadas por ellos en su encierro: a Hades le dieron un sólido casco, a Poseidón le armaron con el tridente y a Zeus con el rayo.

Los dioses vencedores ocuparon desde entonces el Olimpo y los más importantes, que describiremos después, recibieron la denominación conjunta de *dioses olímpicos,* que reconocieron a Zeus como jefe.

LA *GIGANTOMAQUIA*

Dueño del poder, Zeus lo compartió con sus hermanos, Poseidón y Hades, a quienes dio respectivamente el dominio de los mares y el de las mansiones subterráneas. Pero entonces fueron los gigantes nacidos de la sangre que brotó de la herida infligida a Urano los que quisieron escalar el Olimpo.

Los gigantes tenían espesa cabellera, barba hirsuta y cuerpo de serpiente, su talla era extraordinaria y su fuerza monstruosa. Ante su presencia palidecieron las estrellas, retrocedió el sol y la Osa se hundió en el mar. Para asaltar la morada de los dioses colocaron unas montañas sobre otras: Athos, Osa, Pelión, Ródope (topónimos plenamente helénicos, es decir, montañas que existen en Grecia todavía en la actualidad con este nombre), y desde la cúspide atacaron con furia, utilizando como proyectiles rocas y troncos de árboles inflamados. Los dioses huyeron aterrorizados y muchos de ellos, adoptando la forma de diversos animales, se refugiaron en Egipto hasta que el peligro hubo pasado.

Sin embargo, aunque de origen divino, a los gigantes se les podía dar muerte a condición de que lo hicieran a la vez un dios y un mortal. Como existiera una hierba mágica producida por la Tierra capaz de hacerlos invulnerables a las heridas de los mortales, Zeus recogió esta planta antes que alguien hubiese podido apoderarse de ella y para ello prohibió al Sol, la Luna y la Aurora que brillasen; de este modo, nadie tuvo luz necesaria para buscarla antes de haberla encontrado él.

No todos los dioses se acobardaron, muchos de ellos se agruparon en torno a Zeus e iniciaron la contraofensiva por su supervivencia. La valerosa Estigia fue la primera en prestar su auxilio acompañada de sus hijos: la *Victoria*, el *Poder*, la *Emulación*, y la *Fuerza*. Agradecido Zeus por su diligencia, dispuso que en adelante fuesen inquebrantables los juramentos que se hiciesen por ella. Por esto los dioses acostumbraron a jurar por la laguna de Estigia (o Estige) y en muchas obras clásicas puede leerse tal expresión.

Tras Estigia acudieron *Ares* (Marte) y *Atenea* (Minerva). Pero era imprescindible encontrar rápidamente al mortal que, según la tradición, debía contribuir a la victoria de los olímpicos y ese ser privilegiado no fue sino *Heracles* [Hércules], tal como le descubrió a Zeus Atenea, a la postre hijo del padre de los dioses.

Heracles, desde el carro paterno, derribó con una flecha a *Alcinoeo*, el caudillo de los gigantes, pero aunque cayó a tierra se levantó de ella vivificado porque aquella era su tierra natal, de Flegras, en la Tracia, y según la leyenda los gigantes no podían ser muertos en el lugar en que hubieran venido al mundo. «¡Rápido noble Heracles!», clamó Atenea. «¡Arrástralo a otra región!» Heracles tomó a Alcinoeo a cuestas y le arrastró hasta el otro lado de la frontera de su país natal y allí lo remató con una maza.

Luego *Porfirión* saltó al cielo desde la gran pirámide de montañas realizadas por él y sus compañeros y, no pudiendo sorprender a Atenea, ante la arrogante actitud defensiva de ésta, se lanzó contra *Hera,* la divina esposa de Zeus, a la que intentó estrangular. Entonces Eros le lanzó una saeta y le hirió en el hígado, cambiando la ira del gigante por una lascivia desenfrenada. Ávido de lujuria, Porfirión rasgó la túnica de la diosa. Zeus, al ver que su esposa iba a ser ultrajada, aprovechó el enajenamiento de su enemigo para herirlo con un rayo. Finalmente Heracles, que regresaba victorioso, terminó por matarle con una flecha.

Mientras tanto *Efialtes,* otro gigante, había obligado a Ares a arrodillarse ante él, pero Apolo le hirió en el ojo izquierdo y Heracles, clavándole otra flecha en el derecho, fulminó a Efialtes. Porque era Heracles, tal como el oráculo había profetizado, el que tenía que terminar con los monstruosos seres. Así sucedió cuando *Dioniso* [Baco] derribó a *Eurio* o *Hécate,* chamuscó a *Clito* con sus antorchas, *Efesto* [Vulcano] escaldó a *Mimante* con su caldero hirviente de metal o *Atenea* aplastó al lascivo *Pelante* con una piedra cuando pretendía forzarla.

Ante el contraataque de los dioses, los gigantes supervivientes se desanimaron y se batieron en retirada perseguidos por los olímpicos. Atenea terminó entonces con *Encélado,* aplastándolo con la isla de Sicilia. Posidón arrancó una parte de la isla de Cos con su tridente y lo arrojó contra Políbotes, originándose así el islote volcánico de Nisiros o Nisro, bajo el cual yace enterrado el gigante.

Los restantes seres monstruosos organizaron una desesperada resistencia en Batos, cerca de la Arcadia Trapezunte, donde la tierra aparece calcinada y los labradores desenterraron según la leyenda durante mucho tiempo enormes seres antropomorfos. Hades prestó a *Hermes* [Mercurio] el yelmo de la invisibilidad y mató a *Hipólito,* y *Artemis* [Diana] derribó a *Gratión* de un flechazo. Por su parte, las *Moiras* [o Parcas], armadas con sus mazos de bronce, rompieron las cabezas de *Agrio* y *Toante,* y los que quedaron fueron alcanzados por los rayos de Zeus y la lanza de Ares, los cuales llamaban a Heracles para que rematara a cada gigante. El escenario del gran combate era ubicado unas veces cerca de Tracia, en la península de Pelene, otras en Arcadia, junto al río Alfeo, y otras en los Campos Flegreos, no lejos de Cumas, en Italia. Pero de la sangre derramada por los gigantes se engendró una raza de hombres perversos, fiel reflejo de la tradición universal sobre este fenómeno (igualmente la pareja superviviente, considerada justa a los ojos de los dioses, se salvó gracias a la construcción de un arca).

Esta grandilocuente lucha conocida como la *Gigantomaquia* (batalla o lucha contra los gigantes), aunque posterior a la creación del hombre, la hemos colocado aquí por ser la confirmación del poder de Zeus y sus compañeros. En ella no faltó lo anecdótico y lo imprevisto, como cuando algunas versiones cuentan que al aparecer los gigantes se asustó el asno del «sátiro» *Sileno*[6] y sus rebuznos fueron tan enormes que impidieron el primer asalto de aquéllos, ya que quedaron perplejos ante los extraños sonidos, creyendo que provenían de algún terrible animal. Otras terribles narraciones cuentan que no fue el asno de Sileno sino el de Dioniso, mientras que otras refieren que este suceso ocurrió cuando Tritón empezó a hacer sonar su trompa marina.

Sea como fuere, aunque salta a la vista la ingenuidad de tales relatos como un intento de explicar una fantástica derrota, en Mitología (y la griega no es una excepción) hemos de acostumbrarnos a encontrar lo grandioso y lo terrible mezclado con lo infantil, reflejo subsconciente del modo de ser de los pueblos antiguos creadores de los mitos.

La *Gigantomaquia* fue un tema favorito de la plástica, y así podemos contemplarla en muchos frontones conservados de los templos clásicos (algunos de los cuales son guardados celosamente en los museos más importantes del mundo). Los cuerpos de los monstruos, rematados en serpientes, se prestaban admirablemente a rellenar los ángulos de los frontispicios y terminar así artísticamente una composición.

El combate contra Tifoeo (Tifón)

Cuando Zeus hubo vencido a los gigantes, la Madre Tierra, disgustada por su destrucción y deseosa de venganza, se unió amorosamente con el

6. Como explicaremos más adelante, Sileno no era exactamente un sátiro.

Tártaro y poco tiempo después parió a su hijo menor *Tifoeo* (Tifón), el monstruo más grande que jamás haya existido. Según Hesíodo, los brazos de este robusto dios eran aptos para los mayores esfuerzos y alcanzaban centenares de leguas en cada dirección, siempre dispuestos para entrar en combate, y en vez de dedos tenía cien cabezas de dragón. De cintura para abajo estaba rodeado de víboras. Con su cabeza principal, horrible, de asno monstruoso, tocaba el cielo. Sus enormes alas oscurecían el Sol, arrojaba fuego por los ojos y escupía rocas inflamables de todas las espantosas cabezas de sus extremidades, ora profería el lenguaje de los dioses, ora resoplaba como un toro furioso, o semejaba el grito de unos perros o emitía silbidos cuyo eco resonaba por los altos montes.

Según una antigua versión, cuando los dioses vieron que este ser quería apoderarse del Olimpo, corrieron a refugiarse en Egipto (este relato se confunde con el de los gigantes), en donde se ocultaron en el desierto adoptando formas de animales: Apolo se convirtió en milano, Hermes en ibis, Ares en pez, Dioniso en macho cabrío, al igual que el propio Zeus. Sólo Atenea no se acobardó y llegó a afear de tal modo su conducta a su padre que éste, recobrando su verdadera forma, se dispuso a combatir.

Así pues Zeus, haciendo acopio de sus fuerzas cogió sus armas, el trueno, el relámpago y el ardiente rayo y saltando desde lo alto del Olimpo atacó a Tifoeo con la misma hoz con que Crono había castigado a Urano. Pero Tifoeo, huyendo hasta el monte Casión en los confines de Siria, se revolvió de improviso y en un momento de descuido arrebató a Zeus la terrible hoz, paralizándolo con sus millares de enroscamientos y acto seguido le cortó los tendones de manos y pies. Inmovilizando Zeus, fue encerrado en la Cueva Coricia (en Cilicia), mientras Tifoeo ponía a buen recaudo los tendones divinos colocándolos bajo la guardia de su hermana *Delfine,* monstruoso ser mitad serpiente, mitad mujer.

La noticia de la derrota de Zeus corrió más veloz que el rayo, de confín a confín del Olimpo, y los dioses quedaron consternados. Sin embargo, Hermes y Pan no se amilanaron y lograron recuperar los tendones divinos engatusando a Delfine (otra versión afirma que fue Cadmo el que los consiguió, disfrazado de pastor tras distraer la atención de Tifón con las notas de un caramillo).

Zeus volvió al cielo en un carro alado, cogió de nuevo sus rayos y persiguió a Tifoeo esta vez hasta el monte Nisa. Allí las Moiras le engañaron ofreciéndole carne de mortales, alegando que con ella recuperaría las fuerzas, pero sucedió lo contrario. Todavía Tifoeo resistió en Tracia y el monte Hemo (los Balcanes) recibió este nombre de la sangre (derivado de *haima* = sangre en griego) derramada allí por Tifoeo. El monstruo pudo huir hasta Sicilia, donde Zeus logró sepultarlo (ya que como era dios no podía matarlo) bajo el volcán Etna, que desde entonces vomita fuego hasta la actualidad.

La lucha contra los aloadas

Los *Aloadas* van a protagonizar el último intento de apoderarse del Olimpo y destronar a Zeus. Según Homero se llamaban *Oto* y *Efialtes* y eran hijos de Posidón y de la esposa de *Aloeo, Ifimedia,* quien enamorada del dios vertía continuamente las olas del mar en su seno, en sus paseos cotidianos por la playa, hasta que Posidón cedió a sus requerimientos y engendró en ella a los dos citados gemelos.

Su estatura era gigantesca, pues a los nueve años alcanzaban ya diecisiete metros de altura por cuatro de anchura y crecían a razón de metro por año. Pronto resolvieron guerrear contra los dioses e intentaron escalar el Cielo, colocando, tal como habían hecho anteriormente los gigantes, las montañas unas encima de las otras, al tiempo que anunciaban que secarían el mar y lo trasladarían a donde hasta entonces había estado la tierra. Finalmente, mientras Efiliates declaró que no cejaría hasta poseer a Hera, Oto afirmó otro tanto de Artemis.

Iniciaron su ataque en Tracia, desarmando nada menos que al dios de la guerra, Ares, y tras hacerlo prisionero lo ataron y lo encerraron en una vasija de bronce que escondieron durante trece meses en casa de su madrasta Eribea, pues Ifimedia había muerto, hasta que Hermes logró liberarlo cuando el dios se hallaba ya en un estado lamentable.

Formalizado el cerco al Olimpo, Apolo sugirió a Artemis una estratagema. Hizo que ésta enviara un mensaje a Oto en el que le indicaba que se le ofrecería en la isla de Naxos, a condición de que levantara el asedio. Envidioso Efialtes porque no había recibido de Hera una misiva semejante, discutió con su hermano, alegando que por ser el mayor tenía que forzar primero a Artemis. En esta discusión y cuando ambos se hallaban ya en Naxos, apareció una gama blanca que no era sino la propia Artemis. Los dos gemelos intentaron demostrar su destreza con la jabalina y, al lanzarla contra ella, lo único que hicieron fue atravesarse mutuamente. Así perecieron, cumpliéndose el oráculo que anunció que no los matarían ni los hombres ni los dioses. El castigo por su osadía prosiguió en los infiernos: fueron atados a una columna con muchas cuerdas nudosas de víboras vivas. Allí se hallan sus espíritus, espalda contra espalda, y una lechuza los atormenta con sus incesantes gritos.

Las diferentes versiones confunden a veces los relatos sobre los Titanes, los Gigantes, Tifón y los Aloadas, en especial estos últimos, son mencionados como gigantes y la forma de escalar el Olimpo es la misma para ambos. Incluso los Hecatónquiros o Centimanos son frecuentemente añadidos a esta confusión, aunque en general se muestran amigos de Zeus.

¿Qué interpretaciones podemos dar a todos estos relatos? Desde la lucha entre las fuerzas malignas y las más benignas de la naturaleza, pasando por los que creen ver el triunfo del panteón de los nuevos pueblos invasores sobre las creencias de los pueblos primitivos, hasta los que alegóricamente ven en ellos la constante guerra entre el Bien y el Mal. ¿No habla la Biblia de la batalla entre los ángeles buenos y malos, en la que Lucifer quiso apoderarse del Cielo destronando a Dios? Y ¿no narrará más tarde la mitología germánica el «Crepúsculo de los dioses», cuando Loki el dios del mal terminará por incendiar la Walhalla o Cielo germánico, aunque más tarde surgirá otro mejor?, crepúsculo que Wagner cantará con épicos acentos en una ópera inmortal.

ORGANIZACIÓN DEL OLIMPO

Por fin Zeus, cuya última evolución de las creencias lo identifican con la potencia universal que encarna el Cosmos (no en vano en la declinación helénica el genitivo de Zeus es Dios y en la mitología germana anterior a Wotan u Odin se halla *Ziu*, el dios padre indoeuropeo [*Daius Pitar* = Dios Padre]), pudo dedicarse a organizar su reino, terminadas las grandes guerras contra titanes y gigantes.

Se relata que en la morada terrenal del Olimpo y en la cúspide de tan alta montaña erigió el «padre de los dioses» una ciudadela. Los mitólogos historicistas quieren ver en Zeus a un rey helénico o indoeuropeo, quien apostado con sus súbditos en la fortaleza olímpica rechazó varios asaltos de pueblos invasores, así como de malvados bandidos. Intentan dar así una explicación real y humana, en especial a la *Gigantomaquia*.

Los poetas y escritores helénicos cuentan que los vientos, la lluvia, las nubes no osaban acercarse a la cima del Olimpo, morada de eterna primavera. A propósito de este lugar, Solino escribe lo siguiente:

«El punto más elevado se llama cielo y en él hay un altar consagrado a Zeus. Las entrañas de las víctimas allí sacrificadas se resisten al soplo de los vientos y a la impresión de las lluvias, de suerte que al otro año se encuentran en el mismo estado en que se dejaron. Lo que una vez se consagró al dios queda en todas las épocas al abrigo de las impresiones del aire. Las letras impresas en la ceniza permanecen sin borrarse hasta que se repiten las ceremonias al año siguiente.»

El nombre de Olimpo no solamente se dio a la parte del Cielo donde Zeus estableció su morada y al monte tantas veces mencionado, sino también en sentido más metafórico a la reunión de dioses que deliberaban en asamblea. Los dioses estaban sujetos como los hombres a la necesidad de alimentarse, pero no con los mismos elementos. En el banquete divino se servían como manjar la ambrosía y el néctar como bebida, ambos destilados de los cuernos de la cabra Amaltea, que alimentó a Zeus cuando era niño. Los dos elementos recreaban los sentidos, embalsamaban el ambiente, otorgaban la juventud y la dicha y aseguraban la inmortalidad. La ambrosía era nueve veces más dulce que la miel, de forma que comiendo miel se prueba la novena parte del placer que se sentiría tomando ambrosía. Según Homero, el néctar era de color rojo y no menos aromático y grato al paladar.

Las dinastías de Urano y Cronos significaron la época de los grandes cambios y trastornos en la naturaleza, período de formación de los elementos en que nada podía ser estable ni duradero. El gobierno de Zeus —tercera dinastía divina— es el período de la estabilización. La Tierra ha alcanzado la madurez y el aire y el mar han llenado los espacios vacíos dando a la naturaleza los principios vitales, germen de nuevos seres que habían de poblar el mundo terrestre. Pero Zeus no puede con todo y decide el reparto del Universo. Dos son los hermanos que más han ayudado al triunfo final: Posidón, a quien cederá el gobierno del mar, y Hades, al que confiará las profundidades terráqueas. La nueva organización está ya en marcha y ya nadie podrá destruir el mito del invencible Zeus, de sus hermanos y de los olímpicos: Hera, Atenea, Apolo, Artemis, Hermes, Hefesto, Hestia, Leto, Deméter, Ares y Afrodita… además de Dioniso, divinidad errante terrestre.

ZEUS, EL DIOS SUPREMO

Ya hemos visto como Zeus, tras su accidentado nacimiento y luchas posteriores, se convirtió en la divinidad suprema del Olimpo, dios de la luz del día, del cielo y de los fenómenos atmosféricos, soberano de dioses y de hombres, que lo conoce todo, tanto el presente como el porvenir. Es todopoderoso, sabio, justo y bueno. Establece el destino del Universo, él mismo se halla sometido a aquél para que esta especie de humillación se tome como ejemplo de humildad, aunque en realidad el Destino es una emanación del propio Zeus. Íntimamente relacionado con esta cualidad se hallan las Moiras o Parcas.

Una angustiosa predestinación basada en una fuerza fatalista envuelve toda la Mitología y la mayor parte de las grandes obras literarias helénicas. Todo ello puede resumirse en: «lo sucedido es porque estaba escrito», ante la disyuntiva de cambiar el curso de los acontecimientos Zeus se inhibe, aunque no sea ello un sentimiento de impotencia. ¿No consiente el mal o lo permite el Dios de los cristianos y según sus teólogos Él sabe por qué lo hace?…

Aunque Hesíodo nos relata que Zeus nació en la isla de Creta (tal como ya hicimos mención, en el monte Lictos), otros autores discrepan y aseguran que su cuna estuvo en el monte Dicteo o en el Ida, por el que tanta preferencia sentía Homero, según puede leerse en muchos pasajes de la *Ilíada*, el gran poema que como veremos narra la guerra de Troya. Los beocios creían que el soberano de los dioses había nacido en Tebas, su ciudad más importante (no confundirla con la Tebas de Egipto); los aqueos en Eges, una de sus principales poblaciones; los etolios en Oleno; los mesonios en Mesenia; los arcadios en el monte Liceo…

Así pues, cada pueblo helénico lo hizo compatriota suyo, cosa comprensible y lógica y fenómeno que ha sucedido siempre en todos los tiempos y lugares con personalidades tanto divinas como históricas. Sin embargo, era casi creencia común que la primera infancia del dios se desarrolló en el escenario de la alargada isla de Creta, al sudeste de la Grecia continental y bañada por el mar Egeo, en donde había florecido una refinadísima civilización mucho antes de las invasiones propiamente históricas de pueblos helénicos. Allí según la tradición, su madre Rea lo confió a las *Ninfas* y a los *curetes*, habitantes de aquellos parajes; a los que pidió que bailasen sus ruidosas danzas guerreras a fin de que la criatura divina no delatase con sus gritos su presencia a Cronos, deseoso de devorarlo. Su nodriza fue la ninfa (o, según algunos relatos, la cabra) *Amaltea,* que le dio su leche. Al parecer al morir esta cabra, tal como ya esbozamos, Zeus se hizo una armadura con su piel que se conoció con el nombre de *égida* y cuya potencia pudo comprobar en los combates ya narrados contra los titanes y los gigantes.

Estatua de Zeus (Júpiter). Escultura romana. Obsérvese la serena majestad del «Padre de los dioses»

El niño divino fue también alimentado con miel que destilaron expresamente las abejas del monte Ida (la palabra miel proviene de la voz griega *melita* = abejas, es decir, la fabricadora de miel, el escenario mediterráneo con su «monte bajo» amante de la sequedad: romero, tomillo, espliego, menta... es ideal para la obtención por insectos tan laboriosos de producto tan dulce y nutritivo). Según los tratadistas de mitologías comparadas, existieron unos trescientos dioses en los panteones de los pueblos que pueden identificarse con el Zeus helénico. Los cretenses, ya en la antigüedad, no se contentaban con mostrar el lugar donde según ellos, había nacido el padre de los dioses, sino que también mostraban la «tumba de Zeus» en Cnossos con la inscripción *Ci git Zan* (aquí yace *Zan* = Zeus), lo que producía una gran curiosidad entre la mayoría de gentes que iban a visitarla y un gran escándalo para los mitógrafos y poetas.

Teniendo en cuenta esta importancia, se comprenderá que quizá los fragmentos mitológicos helénicos más extensos se hallen dedicados a la figura de Zeus, que aparece en casi todos los relatos. De éstos probablemente los más conocidos sean las innumerables aventuras amorosas que tuvo con sus esposas y amantes, unas divinas y otras mortales. El número de sus hijos legítimos o ilegítimos se evalúa en unos ciento cincuenta.

La procreación aparece en Zeus como manifestación de una acción providencial y no debemos escandalizarnos como hicieron los primeros escritores cristianos ante aquellos relatos, pues hay que penetrar antes en el mundo sociocultural de las gentes que crearon aquella mitología, lo cual no quiere significar que los griegos (aunque con una conducta muchísimo más laxa que la moral estricta cristiana) siguieran habitualmente los ejemplos que mostraban cotidianamente sus dioses. Para explicar los orígenes del mundo y su desarrollo y poblamiento era necesario el que se permitieran uniones sin excesivo prejuicio e incluso muchas de ellas terminarían siendo castigadas.

Así pues los poetas y mitógrafos se esforzaban por reconocer las profundas razones que llevaron especialmente a Zeus a dar hijos a los mortales. Así explicaban el nacimiento de Helena por el deseo de disminuir la población excesiva de Grecia y Asia, provocando un conflicto sangriento. El nacimiento de Heracles por la intención de suscitar a un héroe invencible capaz de librar a la tierra de monstruos maléficos. Es el superhéroe fraguado constantemente por la mentalidad humana en todo tiempo y lugar y en todas las literaturas y mitologías, quijotesco caballero intachable cuyo reflejo es el *Superman* de los cómics juveniles o algún ser de otra galaxia o un poderoso arcángel de las creencias cristianas, lo cual confirma la ilusión de que el «retorno de los dioses» ha comenzado.

Primeros matrimonios divinos de Zeus y nacimiento de Atenea

La primera esposa (o según algunos mitólogos amante) de Zeus con carácter divino fue *Metis*, hija de Océano y de Tetis, y encarnación de la Prudencia o la Sabiduría (y en el mal sentido de la Perfidia). Ella fue quien le proporcionó la droga que obligó a Cronos a devolver todos los hijos que se había tragado. Algunos tratadistas opinan que Metis sólo estuvo asociada a Zeus para el mejor gobierno del mundo, ¿y por qué no pensar que ésta, como el Destino es también solamente una emanación del Dios padre? Lo propio puede decirse, como veremos, de la unión con *Temis* (la Justicia) y de la propia hija de Zeus y Metis, *Atenea* (la Sabiduría).

Pero volvamos a nuestro relato, sea como fuere, la asociación de Metis con Zeus debió ser muy íntima, porque aunque la diosa se resistió a las acechanzas de su augusto colega, adoptando diversas formas, terminó por quedar embarazada de éste. Entonces Urano y Gea, llenos de envidia, anunciaron que si Metis daba a luz un hijo varón, éste un día destronaría a Zeus, como había sucedido con Urano y Cronos.

El padre de los dioses no lo pensó dos veces, cogió a Metis y se la tragó junto con el ser que tenía dentro de sus entrañas. Esta divina antropofagia permitió a Zeus asimilar toda la sabiduría y la prudencia (según el relato tradicional se trataría pues no de una emanación sino de una absorción, creencia corriente en muchos pueblos primitivos y no tan primitivos, como por ejemplo, los aztecas, que consistía en sacrificar al enemigo o a una víctima propiciatoria, guerrero o caudillo propio, y comérselo todo o en parte, en especial vísceras o entrañas, como una especie de comunión para adquirir sus cualidades).

Cuando llegó la hora del parto, un violentísimo dolor de cabeza atacó a Zeus, tan atrozmente que mandó a su hijo *Hefesto* [o Hefaistos], encargado de forjar las armas divinas en una fragua situada en las entrañas de la tierra, que le propinase un hachazo en el punto en donde le dolía. Obedeció Hefesto y de la brecha que le produjo salió una joven ya adulta de serena belleza, completamente armada, lanzando jubilosos gritos de victoria y blandiendo una jabalina. Fue la diosa Atenea [o Minerva], diosa de la inteligencia y del ingenio y protectora de los guerreros (semejante a lo que después serían las walquirias germánicas), además de erigirse más tarde como patrona de Atenas.

Zeus amó después a *Temis* (al igual que sucede con Metis hay mitólogos que niegan el casamiento y afirman que Temis sólo fue acompañante de Zeus, tal como hemos citado como diosa de la Justicia). De esta unión conyugal o tan sólo íntima tuvo varias hijas: las *Estaciones* [las Horas], llamadas respectivamente: *Eirene* o *Irene* (Paz), *Eunomía,* (Disciplina) y *Dike* (Justicia). Luego las *Moiras* ya mencionadas como agentes del

Destino. Este matrimonio o unión con Temis representa la encarnación del Orden Eterno y de la Ley, posee un indudable valor simbólico y quiere mostrarnos como Zeus, comprometido en no torcer el Destino, ha de ser también guardador de la Ley, la debe cumplir y hacer cumplir, porque es la Ley misma.

Amores de Zeus con otras diosas

Pero la carrera amorosa de Zeus no había hecho más que empezar. Eran tantas las diosas de singular belleza que tenía a su alrededor, y le costaba tan poco expresar su deseo amoroso para verse complacido… que era muy difícil sustraerse a la apasionada llamada de Eros… y es que si el ser humano «no es de piedra», los dioses griegos… mucho menos, y Zeus no constituyó ninguna excepción, muy al contrario, dio ejemplo, corregido y aumentado, de lo que en los demás era cosa normal y corriente, y además estaba «justificado»…

Así pues, pronto se unió con *Eurínome* o Eurimedusa, hija también del Océano y Tetis, mitad ninfa, mitad pez de cuya unión nacieron las tres Gracias (en griego *Cárites*), llamadas *Aglae, Eufrosine* y *Talía,* que eran originariamente espíritus de la vegetación o de los árboles (recordemos que en catalán el fruto de los robles y encinas, la bellota se traduce por *aglá,* voz que recuerda una de las «Gracias»). De *Mnemosine*, otra titánide que simboliza la Memoria, tuvo al cabo de un año a las *Nueve Musas*, todas de una vez, porque según la leyenda Zeus hizo el amor con Mnemosine en Pieria durante nueve noches seguidas. Las nueve Musas presiden el pensamiento en todas sus formas y luego forman el cortejo de Apolo (como veremos más adelante).

Con otras de sus hermanas, *Deméter* [Ceres], engendró a *Perséfone* [Proserpina], cuya atrayente pero trágica odisea explicaremos también en otro lugar.

Según Hesíodo, hasta este momento no hay que situar la boda sagrada con Hera, su propia hermana. Dado su importancia y trascendencia, le dedicaremos un apartado.

Se había concertado ya su matrimonio con Hera y el inconstante Zeus se enamoró de *Leto* [Letona], hija del titán Ceo y de la titánida Febe, y de ella tuvo a *Apolo* [Febo] y Artemis [Diana].

Según una leyenda, cuando Leto se hallaba encinta de los dos gemelos divinos, la celosa Hera obtuvo de la Tierra la promesa de no dar albergue a su rival, de forma que ésta no podría dar a luz a sus hijos en ningún lugar donde brillasen los rayos del Sol. Por esto Leto andaba errante sin poder detenerse jamás. Afortunadamente, Posidón tuvo lástima de la gestante y, para complacer a Zeus, levantó las olas del mar, fabricando una especie de bóveda líquida por encima de las isla de Delos que hasta entonces había sido una isla flotante y estéril. Leto pudo esperar así el ansiado alumbramiento. Todas las diosas acudieron a asistirla, excepto Hera e *Ilitía*, la diosa que presidía los partos; su ausencia impedía que aquel acto se produjese. Finalmente, las demás diosas enviaron a *Iris* como mensajera, prometiendo a Ilitía un collar de oro y ámbar de nueve codos de longitud, y gracias a ello, acudió en auxilio de la desgraciada. Así pudieron nacer los dos bebés olímpicos.

Como recompensa, la isla de Delos dejó de ser errante y quedó fijada en el fondo del mar por cuatro columnas, que la sostenían sólidamente. Cambió de denominación, pues de llamarse primero *Ortigia,* se denominó a partir de entonces Delos, la brillante, por haber sido la cuna de Apolo, dios de la luz.

Zeus se unió también con Dione, otra de las titánidas, y según una versión que se aparta de la tradicional engendró en ella a Afrodita. Pero no paró ahí la cosa, pues tuvo otros amores «adulterinos» y fruto de ellos nacieron algunos dioses más. Así de *Electra,* hija del titán *Atlante,* tuvo a *Dárdano;* de *Maya,* otra hija de aquél, nació *Hermes* (Mercurio), el mensajero divino.

Zeus se une con Dánae en forma de finísima lluvia de oro

Táigete, también hija de Atlante, le dio a *Lacedemón* (y es que cuando le atraía un vástago femenino de una familia divina no paraba después hasta irse uniendo con el resto de hermanas, si las había). Táigete sólo se entregó al dios hallándose desmayada. Al volver en sí, avergonzada, fue a ocultarse en Laconia (Esparta), en la actual subpenínsula de Morea, al sur de Grecia, en el monte al que dio su nombre y desde el cual, según la tradición, los espartanos despeñaban a todo el que nacía deforme o con alguna tara física o psíquica, todo ello para preservar la pureza de la raza. Finalmente de *Perséfone,* a quien se unió en forma de serpiente, tuvo a *Zagreo.*

Amores de Zeus con las mortales

Zeus había acabado la lista de inmortales a quienes amar. Entonces pensó que las hijas de los hombres descendientes de *Pandora* (a las que nos referiremos más adelante) le podían proporcionar excitantes aventuras. Y como por algo era el Ser Supremo, aunque no necesitaba justificar sus actos, los mitólogos desearon hacerlo para que nadie pudiera acusarle de «abuso de poder». Fue entonces cuando, ante la maldad e injusticia que reinaba en el mundo o ante la gran cantidad de monstruos que asolaban los caminos y las ciudades ¿quién mejor que Zeus para procrear los héroes o semidioses necesarios para librar a la humanidad de tan indeseables plagas? Y si era a la humanidad, era lógico que contribuyera una mortal para agradecer así tan señalado favor. Guardando todos los respetos y sin el erotismo consiguiente ¿no se encarnará el Dios de los cristianos en una virgen?...

De esta forma, las «adulterinas» andanzas de Zeus con solteras o casadas de la tierra no se interpretarían como desahogos de la carne o materia inmortal del dios supremo, sino deseos nobles de contribuir a hacer el bien y perpetuar entre los mortales la especie divina. Así los maridos burlados, los padres ofendidos y las muchachas forzadas no tomarían a mal que el dios holgara con ellas, antes al contrario sería un honor y además le deberían estar agradecidos. Tal como ya citamos, de estas uniones ilícitas nacerían héroes (verdaderos «supermen» de la época) que asombrarían al mundo y a las generaciones venideras y todos contentos... Mejor dicho: todos no. La diosa Hera, su esposa legítima, no aceptaba tales explicaciones y persiguió con saña a sus rivales y a sus hijos, los semidioses que Zeus se sacaba de la manga con tanta facilidad, y si no pudo eliminarlos del todo, no sería por falta de ganas.

Para escapar de la ira de su esposa o para tener acceso libre a la mortal, Zeus empleó con frecuencia toda su astucia, presentándose bajo formas diversas: humanas, animales o naturales. Veamos a continuación algunas de las más significativas:

La primera de las aventuras fue con *Níobe,* hija de la ninfa *Laodice* (recordemos que las *ninfas* eran divinidades secundarias que poblaban los campos, el bosque y las aguas, personificando la fecundidad y la gracia de la riente naturaleza. En la época homérica pasaban por ser hijas del propio Zeus, con frecuencia formaban el séquito de una divinidad importante, especialmente de Artemis. Habitaban en grutas donde se entretenían hilando y cantando. Las ninfas de los Fresnos o Meliseas son hijas de Urano, no de Zeus. Divinidades populares juegan un papel parecido al de las hadas de las narraciones folclóricas) y de Foroneo, rey del Peloponeso, y con aquélla dio a luz un hijo llamado *Argos,* fundador de la ciudad que se lleva su nombre y cuyas ruinas todavía pueden contemplarse en la subpenínsula de Morea (antiguo Peloponeso); la ciudad dominaba sobre la región de la Argólida.

La ninfa *Calisto,* hija de Licaón, llamada también «la más bella», hizo voto de castidad, igual que su buena amiga la diosa Artemis, pero fue seducida por el incansable Zeus. Al advertir Artemis que Calisto iba a tener un hijo, se indignó extraordinariamente y no sólo arrojó de su lado a la infiel, sino que se quejó a Hera. Entonces Zeus transformó en osa a la ninfa, para que escapara a la venganza de su esposa. Sin embargo, el engaño no valió, porque fue muerta a flechazos por la propia Hera, aunque sólo la figura mortal de Calisto, mientras la parte inmortal se transformó en la Osa Menor. Poco antes la ninfa había dado a luz a *Arcas,* caudillo fundador del pueblo arcadio, gran agricultor, que a su muerte fue llevado junto a su madre, constituyendo la Osa Menor. Pero entonces la rencorosa Hera, que nunca daba su brazo a torcer, imploró del dios de las aguas Posidón que no permitiese a la madre ni al hijo reposar en los mares, y esto es la causa de porqué en nuestro hemisferio nunca se ven a las dos Osas trasponer el horizonte.

El río Asopo tenía veinte hijas con categoría semidivina, y dos de ellas, llamadas *Egina* y *Antíope,* sucumbieron a los deseos de Zeus, presentándose en forma de águila a Egina, de quien tuvo un hijo llamado *Eaco,* y en forma de sátiro (mitad macho cabrío, mitad hombre) a Antíope, quien dio a luz a los gemelos *Ceto* y *Arafión.* Zeus fue delatado a Asopo por *Sísifo,* el más astuto de los mortales, a cambio de que el dios río le hiciera brotar una fuente en la fortaleza de Corinto, de donde era rey, cosa que así hizo. Cuando Zeus se enteró de quien era el delator, castigó a Sísifo a subir eternamente una montaña empujando delante de sí una gran peña: apenas ésta llegaba a la cumbre, volvía a caer impelida por su propio peso y Sísifo tenía que empezar de nuevo. Algunas versiones transforman a Asopo en un soberano de Beocia. Zeus, para conseguir a Egina, esta vez se transformó en fuego. Como Antíope había huido, Asopo quiso descargar sus iras en

Egina, pero entonces Zeus la transformó en una isla del mar Egeo, donde continúa todavía.

Enamorado de *Io,* hija de *Inaco,* consiguió lo que deseaba de todas. Pero esta vez Zeus no esperó a que Hera adivinara lo ocurrido y persiguiera como era costumbre a su amante. Envolvió a Io en una nube y la metamorfoseó en una vaca, para que Hera no sospechara de ella y pudiera él seguir tranquilamente gozando de su amor. Pero Hera se dio cuenta de que algo pasaba entre su esposo y aquella extraña vaca por las atenciones que éste le prodigaba, y así rogó a su augusto esposo que le regalase tan singular animal. El señor del Olimpo, sintiéndose culpable, cedió a los deseos de Hera y le entregó a la desgraciada Io, a quien puso bajo custodia de Argos (descendiente del Argos anteriormente citado), monstruo de cien ojos, para que la vigilase. Entonces Zeus, acongojado por la infeliz suerte de su amante, envió a Hermes, hijo suyo y divino mensajero, para que adormeciera al monstruo guardián con los sones de su armoniosa lira, acto seguido le cortó la cabeza y liberó a la muchacha en forma de vaca.

Desde el Olimpo, Hera estaba presenciando lo ocurrido y como era una cosa corriente en ella (aunque además la provocaban), se encolerizó hasta extremos insospechados. Como no podía enfrentarse con su esposo ni con Hermes por ser divinos como ella, arremetió contra la pobre mortal, enviándole un tábano gigante que con sus picaduras la hizo huir hasta Egipto, en donde dio a luz a *Epafo;* el mar por donde atravesó a nado recibió el nombre de *Jónico* (derivado de *Io* o *Jo,* mar de Io o de Jo, como también se le conoce). Según la leyenda, Epafo fue el fundador de la ciudad de Menfis, primera capital del reino nilótico, y su madre Io daría lugar a *Isis,* la gran divinidad de la época faraónica.

Otra amante de Zeus que tuvo final desgraciado fue *Sémele,* hija de Cadmo y Harmonía. Hera se enfureció con el enésimo adulterio de su esposo y decidió que esta vez su rival no escaparía a su castigo. Se captó la confianza de Sémele, ofreciéndose como buena amiga, y la instó a conocer en toda su dimensión el poder de su amante. Zeus, en uno de sus transportes amorosos, había jurado conceder a su compañera cualquier deseo. Sémele, curiosa e instigada por Hera, solicitó a Zeus que se mostrara en toda su gloria. Zeus, horrorizado, comprendió de pronto la venganza de Hera, pero como no podía volverse atrás de su juramento, la desgraciada Sémele murió consumida por el rayo, manifestación suprema del padre de los dioses, que presenció la escena sin poder intervenir porque el Destino estaba por encima de él y acto seguido subió entristecido al Olimpo.

De esta unión nació *Dioniso,* quien cuando en una de sus hazañas mereció ser divinizado, bajó a los infiernos en busca de su madre y, tras resucitar su carne mortal, se la llevó al Olimpo, en donde la entronizó con el nombre de *Tione,* a pesar de la oposición de Hera.

En una nueva aventura, el dios supremo amó de forma espectacular a *Dánae,* hija del rey de Argos, cuyos orígenes hemos citado. Éste había conocido por un oráculo que su destino sería morir a manos de su nieto y, para evitarlo, encerró a Dánae, todavía virgen, en una cámara subterránea recubierta de bronce, un verdadero «bunker» de la época, con el fin de que no pudiera tener descendencia. Pero Zeus todopoderoso la vio y tras enamorarse de ella la poseyó, transformándose en una finísima lluvia de oro que descendió por el techo de la cámara y la dejó embarazada. Al conocer el rey de Argos, Acrisio, el estado de su hija, esperó a que diera a luz. Nació *Perseo,* entonces puso a ambos en una barca que hacía aguas y los abandonó a la corriente del río. Con la protección de Zeus, ambos llegaron a una isla llamada Serife, en donde un pescador, al parecer hermano del rey, los salvó y los presentó al monarca de la localidad, Polidectes, quien prendado de Dánae quiso casarse con ella, pero eso ya lo relataremos en la historia de Perseo…

Tiempo después (a escala divina es imposible saber cuánto) sintió Zeus una intensa pasión por *Alcmena,* hija de Electrión, rey de Tebas y nieta precisamente de Perseo. Esta princesa estaba casada con el argivo *Anfitrión,* rey de Tirinto (como puede verse, no hay nada de democrático en los devaneos de Zeus, pues las cortejadas son todas hijas de reyes, «princesas», ninfas, etc.). Anfitrión estaba empeñado en una larga guerra contra los familiares de su esposa, con la que se había casado pero respetaba su virginidad en tanto no hubieran terminado las hostilidades. En una de sus ausencias, Zeus contempló a Alcmena en la intimidad y naturalmente se enamoró de ella. Ante la resistencia de ésta y como el pretendiente al ser dios tenía que guardar las formas y no podía poseerla contra su voluntad, Zeus ideó una sutil estratagema. Tomó la forma de Anfitrión y, haciéndole creer que era su esposo que regresaba porque la guerra había terminado, se acostó varias veces con ella. Sin que ésta sospechara lo más mínimo. Con la llegada del verdadero Anfitrión, Alcmena se dio cuenta de que se hallaba embarazada. Comprendió lo que había pasado y se lo contó a su esposo, quien aunque en un principio quiso castigarla, aconsejado por el propio Zeus terminó por transigir, ya que en aquel tiempo el caso era frecuente…

Anfitrión había engendrado en Alcmena a *Ificles* y de Zeus tuvo ésta al gran *Heracles,* del que nos ocuparemos después. Basta decir ahora que el odio de Hera persiguió con saña tanto a la madre como al famoso héroe y semidiós. Recordemos también que en castellano culto, derivado del griego, nos ha quedado el concepto de anfitrión para designar a una persona que invita bien sea a una comida, a una fiesta, a su casa, etcétera.

En figura de blanco cisne Zeus pudo llegarse a *Leda,* esposa de Tíndareo y madre de Clitemnestra, futura esposa de Agamenón. Zeus vio a la mujer bañándose en el río Eurotas de Esparta, de donde Tíndareo era rey, y ordenó a Afrodita que se metamorfosease en águila perseguidora, para que Leda, asustada, acudiera a refugiarse entre el plumaje del hermoso cisne que «casualmente» había aparecido…

La mayoría de obras de arte: esculturas, cuadros, dibujos, etc., reflejan la escena de la unión carnal entre el dios y Leda con gran realismo, e incluso la poesía se ha ocupado de ella más de una vez. A los nueve meses, la esposa de Tíndaro o Tindároe, según el relato «parió dos huevos»: del primero salieron *Pólux* y la bella *Helena,* mientras que del segundo lo hicieron *Cástor* y *Clitemnestra.* Los dos primeros pasaron por ser hijos del dios y los otros dos de Tíndaro.

Sin embargo, a Cástor y a Pólux se les conoce también como los gemelos o *Dióscuros*, es decir literalmente hijos del dios. Así pues, ¿según la leyenda fueron los cuatro descendientes del padre de los dioses?

Las versiones se contradicen. Apolodoro narra que Zeus se enamoró de *Némesis,* hija de la noche, y se convirtió en cisne transformando a ella en ánade. Némesis entregó a Leda el huevo que había concebido y de él salieron los gemelos, mientras que del otro huevo nacieron los otros dos, verdadero hijos de Tíndaro. Así pues, Apolodoro cree en la inocencia de Leda. Sin embargo, una interpretación más maliciosa deja entrever que quizá Leda tuviera alguna aventura amorosa a orillas del Eurotas, en donde habrían muchos cisnes, y para salvar su honor y halagar a su esposo aseguró que había sido el propio Zeus que la había hecho madre. En aquella época, como al parecer según las creencias eso de tener las mortales relaciones íntimas con los dioses era cosa muy frecuente, tal afirmación era tomada muy en serio porque aseguraba una descendencia de héroes o semidioses.

Otro amor desgraciado de Zeus a causa de los celos de Hera, que no perdonaba aventuras ni devaneos de su esposo, fue el tenido con *Elara,* hija de Orcomenes y princesa de Orcomenia. Cuenta Apolodoro que cuando Hera se enteró de las nuevas relaciones de su cónyuge, concibió tal ira que para librar a su amante del castigo de la diosa, tuvo el *Tonante* (otro apelativo de Zeus significando el que produce el trueno) que esconderla en el interior de la Tierra, donde alumbró al gigante *Titio* y pereciendo acto seguido. Gea se encargó de alimentar al nuevo ser, de forma que otras versiones lo hacen hijo de ella. Ya mayor, Titio quiso forzar a Leto, por lo que fue fulminado por los hijos de ésta, Apolo y Artemis, con sus infalibles arcos. Dos buitres devoraron constantemente su hígado en los Infiernos, víscera que continuamente se regeneraba.

Con *Carme*, nieta del sacerdote cretense Carmanor, tuvo Zeus a otra ninfa predilecta de Artemis: la hermosa *Britomartis.* También tuvo el padre de los dioses relaciones ilícitas con *Día,* esposa de Ixión, rey de los lapitas, pueblo tesalio, de cuyos amores según los relatos nació *Pirítoo* (aunque otros dicen que éste fue hijo legítimo). Ixión, culpable de haber asesinado a su suegro, fue purificado por Zeus, que se apiadó de él, pero entonces se suscitó en él una pasión por Hera y trató de violentarla. Zeus o tal vez la propia Hera, formó una nube semejante a la diosa. Ixión se unió a este fantasma y engendró a Centauro, del que provenía el monstruoso pueblo que con el tiempo y según la leyenda lucharía con los lapitas. Zeus castigó a Ixión por la osadía atándolo a una rueda encendida que giraba sin cesar y lo lanzó por los aires. Y como al purificarle le había dado a probar la ambrosía que confería la inmortalidad, Ixión ha de sufrir su castigo eternamente.

De *Electra* (nombre muy corriente en la Mitología griega), hija de Atlante, nacieron *Dárdano,* fundador de Troya, *Yasión* y *Harmonía,* la futura esposa de Cadmo. Con *Lamia,* Zeus tuvo la sibila *Libia,* con la oceánida *Pluto* al desgraciado *Tántalo,* que por su orgullo o por haber revelado secretos de los dioses, acusado de haber inmolado a su propio hijo, fue condenado en los infiernos a una sed y un hambre terribles, teniendo cerca cuanta agua y comida podía desear, pero siéndole imposible alcanzarlas; con la ninfa *Sítnides* a *Mégaro,* fundador de Megara, con *Talía* hija de Hefesto a los gemelos *Palicos;* con *Garamántida* (que recuerda el pueblo norteafricano-sahariano de los garamantes) tuvo a *Yarbas* o Gerbas (que se conserva en la isla de su nombre, isla de Yerba junto a Túnez), etcétera.

El rapto de Europa

Últimamente el nombre de Europa está de actualidad por haberse creado instituciones que quieren contribuir a revalorizar el Viejo Continente, cuna desde Grecia de la civilización Occidental. Los proyectos de unidad europea, la creación y sucesivas ampliaciones del Mercado Común o Comunidad Económica Europea con la entrada final de España en dicho organismo (1º de enero de 1986)... el pueblo recuerda a Europa y muchas veces los que hablan de ella no saben el origen de este nombre... y no sospechan que Zeus se halla íntimamente ligado con su historia.

Una antigua tradición relata que dos mercaderes cretenses (recordemos que la isla de Creta había alcanzado una refinadísima civilización antes que las tierras continentales de Grecia) que traficaban en la costa del marinero pueblo fenicio bañado por el Mediterráneo (costa actual del desgraciado Líbano), vieron una joven de belleza singular llamada Europa y la raptaron, caso muy frecuente en aquella época (y en todas, porque desgraciadamente la «trata de blancas» es un mal endémico), para ofrecérsela a su rey, Artesio. Aparejaron un barco que llevaba un hermoso toro blanco en la proa; lo que no sabían es que éste era el propio Zeus, que había adoptado aquella forma para salvar a la joven y unirse con ella.

Sin embargo, el relato clásico más admitido es como sigue: Europa era hija de Agenor, rey de Fenicia, y hermana de Cadmo (fundador de Tebas, que casó con Harmonía). La muchacha era bellísima, pues de no serlo nadie se hubiera ocupado de ella, ni Zeus hubiera pretendido gozar de sus encantos. Su piel era blanquísima (y los expertos quisieron ver después en ello una alusión al color de la piel de los pueblos habitantes de ese Continente) y brillante y había hurtado a Hera los cosméticos con los que la diosa se embellecía, de forma que parecía una diosa siendo mortal.

Zeus, que por aquel entonces recorría infatigable todos los rincones de la Tierra en busca de «contactos» como un playboy cualquiera, la vio un día jugando con las arenas de la playa en candorosa desnudez. Pronto se inflamó el deseo del dios (no le costaba mucho el inflamarse) ante aquella aparición de tan hermosa doncella. Pero Zeus, siguiendo sus propios dictados, no quería nunca abusar de su poder ni precipitar los acontecimien-

He aquí una de tantas representaciones del rapto de Europa por Zeus

tos, de forma que prefería siempre que fueran ellas las que se entregaran, aunque fuera por seducción o engaño, pero nunca por la violencia, siendo necesario a veces la metamorfosis del dios en animal. Así acudió a ella y se transformó en un blanco y manso toro.

Con aire dulce y cariñoso avanzó por la hierba, dirigiéndose al prado en donde tras bañarse Europa había ido a jugar con sus amigas. Al verlo, las demás muchachas huyeron lanzando gritos de pavor. Únicamente Europa no demostró temor alguno. Cautivada por el hechizo de Zeus, acercóse al toro blanco, de mirada tan mansa y atrayente, que ella tendió la mano y le acarició la testuz. Puso entonces al cuello del magnífico animal una guirnalda de flores. Cuando vio que el toro se arrodillaba a sus pies, se montó en su lomo y acomodóse en él. Era el momento que esperaba Zeus, instantáneamente el toro salió corriendo y, ante la consternación de las amigas y de la propia Europa, saltó al mar con la doncella sobre él.

Pero el toro cabalgaba sobre las olas con tanta suavidad, que ningún mal aconteció a la muchacha. Finalmente llegaron a la orilla opuesta, que era la isla de Creta, en donde Zeus se le reveló en todo su esplendor y allí gozaron del amor, pues la joven debió aceptar complacida: ser amada por el padre de los dioses no debía ocurrir todos los días y como el idilio tuvo lugar bajo los plátanos, éstos obtuvieron el privilegio de no perder nunca las hojas. Europa dio tres hijos a Zeus: *Minos* y *Radamantis*, jueces del Infierno, y *Sarpedón,* muerto ante Troya. La casó después legalmente con el rey de Creta, Asterión, el cual no teniendo hijos adoptó los de Zeus. A su muerte, Europa recibió honores divinos. El toro cuya forma había adoptado Zeus se convirtió en una constelación y el continente al que la transportó se denominó Europa.

Una aventura homosexual de Zeus: Ganimedes

Como dice Bernard Sergent, en un lucido estudio sobre la homosexualidad en la Mitología griega, la relación homosexualidad/heterosexualidad en la Grecia antigua presenta una diferencia radical respecto de nuestra sociedad (quizá para mal o para bien cada vez más permisiva). En la Grecia antigua la homosexualidad, lejos de estar condenada o marginada, era una práctica de los medios civiles más selectos. Los motivos de esta conducta hunden sus raíces en la Mitología. Los mitos referentes a la pederastría o amor erótico de un adulto por un muchacho imberbe son numerosos. En todos ellos cabe distinguir: el hombre sexualmente activo, el erasta (es decir, el que ama en sentido erótico), siempre un maestro divino o heroico, y el *erómeno* (el que es amado), que es un adolescente impúber; su sujeción sexual termina precisamente con la aparición de la pubertad y la aptitud para el matrimonio.

De esta forma, en la sociedad griega la homosexualidad descansa sobre un origen de prácticas de iniciación a la vida, a semejanza de muchos pueblos primitivos.

Veamos ahora el mito de *Ganimedes*. Éste era un joven héroe que pertenecía a la casa real troyana descendiente de Dardano. Según unas versiones era el menor de los hijos de Tros y de Calírroe, según otros lo era de Laomedonte. Ganimedes era todavía imberbe y guardaba los rebaños de su padre en las montañas que rodeaban la ciudad de Troya. Pasaba por ser el más bello de los mortales, tanto que inflamó de amor al más poderoso de los dioses, harto de probar el manjar opuesto. Así pues se metamorfoseo en águila y un día en que el troyano cazaba en el monte Ida lo cogió en sus garras y se lo llevó por los aires. En compensación del rapto, Zeus regaló al

El hermoso efebo Ganimedes, tras ser raptado por Zeus, será el encargado de escanciar el almibarado néctar a los dioses del Olimpo

padre del muchacho unos caballos divinos o una copa de oro fabricada por Hefesto.

Y desde entonces Ganimedes pasó a ser en el Olimpo, además del *erómeno* de Zeus (pues se conservó eternamente efebo e inmortal), su copero, escanciador del néctar a los inmortales, cargo que antes habían tenido Hebe y Hefesto. Divinizado así Ganimedes, pasó a ser en el Zodíaco la constelación de Acuario.

La versión histórica relata el suceso, humanizándolo en forma más realista. Un soberano troyano denominado Tros (véase la similitud de este nombre con la denominación de Troya) envió a su hijo Ganimedes al vecino reino de Lidia, en Asia Menor, para ofrecer sacrificios a Zeus. Tántalo, soberano del país, creyó que el joven y sus acompañantes eran espías. Hizo prisionero a Ganimedes y le obligó a servir de copero en su mesa y de *erómeno* quizás. Este rapto provocó una larga guerra entre ambos reinos.

El copero de los soberanos siempre ha sido un cargo privilegiado (recordemos el copero del Faraón de Egipto en la historia bíblica de José). Reseñemos aquí también la relación muchacho-«caballero» del ejército espartano, o el famoso batallón tebano que tantas victorias cosechó en el siglo IV a.C., en el escenario helénico, gracias a luchar juntos «amante y amado», y en la Edad Media la relación escudero-caballero, en la que sin haber erotismo existía (como en todos los casos) un sentido de emulación, de estímulo, de llegar a ser un día como el maestro o incluso de superarlo… y es que además a veces en las sociedades más machistas es donde pueden desarrollarse más prácticas parahomosexuales (recordemos la Alemania nazi). (El que esto escribe ni defiende ni ataca este proceder, simplemente expone.)

Zeus el divino, su culto, conclusión

No existe apenas pueblo, ciudad o región alguna del mundo helénico que no se haya vanagloriado de los amores de Zeus. Del mismo modo, la mayor parte de las familias de las leyendas heroicas se vinculan al dios, incluso los mitólogos historicistas han establecido diversas genealogías divinas y heroicas y se han atrevido a dar cronologías de las mismas. Así por ejemplo, fijan los amores de Zeus con Io en el siglo XVIII o XVII a.C., los de Zeus y Egina y Zeus y Dánae en el siglo XIV a.C…

En cuanto a la descendencia, Aquiles y Ayax descienden del padre de los dioses por la ya citada Egina; los troyanos procedían de Dárdano, habido de Zeus y la pléyade Electra; los cretenses se decían sucesores de los hijos tenidos con Europa; los lacedemonios o espartanos se remontaban a los amores del dios con la ninfa Taigete; los aqueos provenían de Ptia, otra amante; los arcadios de Calisto y Zeus, de quien nació Arcas; los tebanos de Cadmo; y los argivos de Argos descendían como los pelasgos de Zeus y Níobe.

Zeus interviene también en la mayoría de leyendas heroicas. Así por ejemplo, en la *Iliada* asistimos a una conjura tramada contra él por su esposa Hera, que debía estar harta de sus infidelidades, Atenea y Posidón: una especie de golpe olímpico que tenía por objeto encadenarlo, y del que fue salvado por *Egeón*, de prodigiosa fuerza. Le vemos también actuar de mediador en las querellas entre los dioses, en los famosos trabajos de Heracles, etcétera.

Su culto fue fervoroso, al igual que el de los romanos a *Júpiter*, su versión latina. Le estaba consagrada la encina, porque según otra tradición había enseñado a los hombres a alimentarse con bellotas. Sus oráculos más célebres, en donde se le consultaba el porvenir, fueron los de Dodona en Grecia y Ammón en Libia. Abundaron sus santuarios y entre ellos el más famoso fue el de Olimpia o de Zeus Olímpico, que inauguró los juegos de este nombre en su honor el año 776 a.C.

Era representado por los artistas griegos con cabeza enérgica, larga cabellera y poblada barba, empuñando un cetro rematado por un águila, cubierto a veces con la piel impenetrable de la cabra Amaltea, la cual sembraba el espanto al agitarla, y enarbolando como arma principal el rayo que para él forjaron los Cíclopes cuando luchó contra los titanes.

Insistamos en que sus aventuras amorosas, así como las de sus «colegas», no deben escandalizarnos. A veces hemos introducido en ella un lenguaje actual, un poco para hacerlas más amenas, e incluso debemos arrepentirnos por haber en algún caso ironizado en aras de una mayor amenidad y comprensión. Pensemos que la mentalidad helénica era realista y racional y si imaginó una religión antropomorfa, lo más fácil para su entendimiento por lo que respecta a poblar el Universo y el mundo de seres no era crear, sino procrear, que es la única forma como los humanos podemos semejarnos al Creador.

Por otra parte, el erotismo de la Mitología griega nunca es ni chabacano ni pornográfico, la poesía que nos lo cuenta son piezas modelo dentro de la literatura universal, por eso han quedado como clásicas y el arte de todos los tiempos: pintura, escultura,… se ha inspirado continuamente en ella, comenzando con los amores de Zeus uniéndose a Dánae en forma de lluvía, a Leda como cisne, a Io envuelta en una nube, a Europa como un hermoso toro… y a Ganimedes en forma de águila.

HERA, LA CELOSA ESPOSA LEGÍTIMA DE ZEUS

Los diversos casamientos, aventuras y devaneos de Zeus no impidieron que escogiera esposa legítima para toda la eternidad. Una cosa era placer e incluso buscar justificación a sus actos y otra muy diferente el deber y la responsabilidad de gobernar el universo. Era necesario encontrar la diosa ideal que mejor simbolizara la vida familiar. Entre todas las aspirantes del Olimpo nadie mejor que Hera, su hermana, hija de Cronos y Rea. Estas uniones entre hermanos o familares parecen indicar, bien las costumbres existentes en los primeros tiempos de la humanidad, cuando a veces no se podía elegir por esposo sino a un miembro de la propia familia, bien tendencias de tipo ritual por las que era perentorio desposarse dentro de la misma familia o clan (endogamia) para guardar, según creencias a la inversa de la actualidad, la pureza de la sangre y que la herencia no se desperdigara: así por ejemplo, los faraones del antiguo Egipto.

Devorada por su padre Cronos, Hera se salvó por el brebaje de Metis. Su cuna, como en tantos otros dioses, se la disputan gran cantidad de pueblos. En Samos, los lugareños de la antigüedad mostraban un árbol a los visitantes, afirmando que bajo él había venido al mundo la diosa. En Argos, por su parte, sucedía otro tanto: Hera, desde los tiempos más remotos, aparece como la principal diosa de Argos, y cerca de esta austera ciudad coronada por la impresionante fortaleza pueden verse todavía las ruinas de su templo. Por eso algunos tratadistas interpretan que al sobrevivir la invasión aria de los aqueos, éstos se encontraron allí con un culto tan arraigado que no tuvieron más remedio que incorporarlo a su Panteón, casándola con Zeus, su dios principal. Así un primitivo culto a la diosa madre (matriarcado) sería absorbido por otro de ten-

Cabeza de Hera (Juno), la celosa esposa de Zeus protectora de la familia y el matrimonio

dencia viril o, en términos actuales, diríamos machista (patriarcado). La genealogía hace de Hera también hermana de Zeus, lo que según H.J. Rose podía muy bien representar un intento de combinar los cultos. Homero por su parte, en la *Ilíada*, afirma que fue criada por Océano y Tetis, mientras otras versiones dicen que la acogió en su niñez Temeno de Pelasgos.

Hera no se sometió nunca a la voluntad de Zeus y conservó siempre su altivo carácter independiente, que recordaba su antiguo origen por encima de dioses y hombres. Por eso fue siempre una diosa de las mujeres en sus tres atributos femeninos: como virgen, como esposa y simbólicamente como viuda (ya que en la realidad nunca podía poseer esta última característica por ser su esposo inmortal).

Si bien en alguna vesión se narra que Hera y Zeus ya habían gozado conjuntamente de pequeños los placeres del amor, la mayoría de relatos concuerdan en que fue la majestad de Hera y su orgullosa virtud las que espolearon el corazón de su divino hermano por conseguirla. Zeus se había casado realmente con Metis y con Temis. Hera se convirtió en su tercera esposa legítima y la última. ¿Cómo sucedió esto?

Al igual que había ocurrido tantas veces, Zeus insistió e insistió junto a Hera sin resultado, entonces recurrió a la metamorfosis, ya que siempre le había dado resultado. Cierto día, la altiva diosa paseaba por el monte Tornax en la isla de Creta y se rezagó del grupo que la acompañaba. De pronto se produjo una terrible tormenta, obra naturalmente del propio Zeus. Entre relámpagos, truenos y rayos el dios se transformó en un desvalido cuclillo y cayó acobardado y tiritando de frío a los pies de Hera, quien sin sospechar por el momento el engaño cogió al pobre pajarillo y lo guardó en su seno para reanimarlo con el calor… Al cabo de cierto tiempo una extraña sensación recorrió todo el cuerpo de Hera y entonces se dio cuenta de lo que estaba pasando…

Tan sólo después que Zeus hubo jurado por Estigia (juramento sagrado que ni el padre de los dioses podía romperlo) que la haría su legítima esposa, consintió Hera llegar hasta el final. A partir de entonces el monte Tornax se denominó «monte del cuclillo» y, en recuerdo de aquella primera vez, el cetro de Hera fue rematado por un cuclillo.

Las solemnes nupcias de los dos hermanos divinos se celebraron en el territorio cretense de Cronos. A ellas asistieron todos los dioses, convocados por Hermes, el mesajero divino. Gea regaló a la desposada el manzano de oro, del que las Hespérides fueron nombradas sus guardianas. También hubo una representación de humanos mortales. Una joven se atrevió a despreciar la invitación y a ridiculizar la fiesta. Hermes la castigó transformándola en tortuga y condenándola a arrastrar su casa lentamente; el nombre de la muchacha, Quelonea, sirvió después para identificar la familia de tan pesados y silenciosos animales quelonios.

Sin embargo, el insconstante Zeus se cansó pronto de su juramento de fidelidad conyugal y sus devaneos continuaron. La cólera de Hera se cebó en sus continuas rivales y en la descendencia de éstas. Con razón o sin razón, aunque Hera aparezca como víctima, sus castigos desproporcionados nos la hacen aparecer antipática y acre. Su propio matrimonio fue poco más que de conveniencia para legalizar un hecho ya casi consumado. En Argos, Hera solía bañarse todos los años en la fuente Canato y de este modo conservaba su virginidad.

Del matrimonio de Zeus con Hera nacieron tres hijos: *Ares* (Marte); *Hebe* (la Juventud), encargada de las faenas domésticas del Olimpo y hasta la llegada de Ganimedes la que servía el néctar a los dioses, casó con el famoso Heracles una vez divinizado; y finalmente *Ilitia*, la tercera: nadie podía dar a luz, diosa o mortal sin que ella se hallara presente.

Con el fin de controlar las andanzas de su voluble esposo, Hera contó con Argos (en la Mitología griega hay varios protagonistas con este nombre), un monstruo de cien ojos, símbolo alegórico de la vigilancia que realizan los celos. Tal como ya relatamos en el episodio amoroso de Zeus con Io, fue muerto por Hermes por mandato del padre de los dioses.

Ya mencionamos como los celos de Hera (que si entre mortales son terribles puede imaginarse el lector a escala divina las consecuencias de ellos) estuvieron a punto de terminar con el dominio del Olimpo por Zeus y es que entonces todavía no estaba suficientemente asentada su autoridad. Destronados Urano y Cronos, los conspiradores dirigidos por Posidón (hermano de Zeus) podían disputar en cualquier momento la supremacía de aquél, incluso su hija Atenea se jactaba de ser más sabia que su progenitor. De acuerdo con Hera, cierto día cargaron de cadenas a Zeus mientras descansaba y a partir de aquí todo podía ser posible.

Menos mal que la Nereida Tetis, que estaba muy agradecida al dios padre por haber concertado su matrimonio con Peleo, lo había visto todo y acudió al centimano Egeón, llamado también Briareo, que con su terrible aspecto puso en fuga a los dioses conjurados y acto seguido libró a Zeus de las cadenas. Más que la suerte de los campeones, Zeus había tenido la suerte de los dioses, la del Ser Supremo, por supuesto.

Entonces desató su ira contra Hera, sin atender a razones justas o injustas, y la suspendió entre cielo y tierra, colgándole una cadena de oro y atándole un yunque en cada pie. Desde entonces los inmortales aprendieron la lección y no osaron discutir su gobierno. Solamente Hefesto, hijo de Hera, al ver a su madre en aquel estado, protestó con intensidad a Zeus como era el deber de buen hijo (ya veremos como existe una gran confusión en torno al padre de Hefesto). Pero Zeus, que en aquel momento no estaba para sentimentalismos, furioso, propinó un puntapié de tal magnitud a Hefesto que lo arrojó a la tierra desde el Olimpo y, tras el golpe que se propinó al caer el pobre Hefesto, quedó cojo para toda la eternidad (como veremos otras versiones discrepan sobre la causa de la monstruosa figura del dios del fuego). Finalmente y cuando creyó que había expiado suficientemente su culpa, Zeus se avino en dejar libre a su esposa.

Porque eso sí, sea por lo que fuere, Hera no fue nunca repudiada y en su papel de protectora de la familia y del matrimonio, es decir de la legalidad social constituida, hay mitólogos que creen que Zeus la amaba realmente: las otras eran pasatiempos para él, el dios necesitaba una verdadera compañera y ésa solamente fue Hera.

Una vez más Hera se cansó de su enamoradizo esposo y del poco caso que le hacía, y para volver a conquistar su afecto y atención recurrió a una estratagema muy propia de mortales: huyó del hogar conyugal y se refugió en la isla Eubea o en Samos. Como Zeus se quedó tan tranquilo y no obstaculizó su marcha, Hera pensó que había que ponerle más teatro al asunto y entonces pregonó que estaba harta de Zeus y que pensaba solicitar el divorcio para casarse de nuevo.

Entonces Zeus empezó a preocuparse y decidió pagar a su esposa con la misma moneda. Aconsejado por el rey de Beocia, Citerón, que pasaba por ser el mortal más sabio de su época, ordenó que vistiesen con lujosas ropas a una estatua y que la paseasen por los aledaños en donde se hallaba Hera, anunciando que una vez divorciado de ésta pensaba contraer nuevo matrimonio con aquella supuesta joven llamada Platea, hija de Apolo.

Cuando se había formado ya la procesión nupcial con la estatua, Hera acudió allí presurosa seguida de un cortejo de mujeres deseosas de ayudarla, y cuando Hera se dispuso a descargar por enésima vez su ira sobre la rival descubrió el engaño y por una vez la aventura terminó con reconciliación, risas y buen humor.

En recuerdo de esta aventura, los habitantes de Platea solían en ciertos períodos al año confeccionar estatuas de madera de roble de un bosquecillo determinado, escogiendo el árbol para realizarlas por medio de la acción de los cuervos que habitaban aquel escenario. Cada sesenta años, durante cuyo lapso de tiempo se habían hecho catorce de dichas imágenes, Beocia entera se reunía para celebrar la fiesta culminante denominada de Dédalo y en la que en la cima de monte Citerón se quemaban las estatuas (*xoanas*) sobre una gran pira de leña, después de ofrecer sacrificios preliminares a Zeus y Hera.

Otras veces la cólera de Hera tiene otras causas más risibles. Cierto día la diosa discutía con su augusto esposo sobre quien gozaba más intensamente de los placeres del amor, el hombre o la mujer. Zeus afirmaba que eran las mujeres, mientras que Hera opinaba que la palma se la llevaban los hombres. Ambos decidieron consultar a Tiresias, adivino universal que había tenido sucesivamente experiencias de uno y otro sexo. Tiresias dio la razón a Zeus, diciendo que si los placeres del amor representaban diez partes, al hombre sólo le correspondía una, las nueve restantes se las reservaba la mujer. Entonces Hera, viéndose de este modo desmentida, volvió ciego al pobre Tiresias. Zeus, en compensación, le otorgó el don de la profecía y una larga vida.

A pesar de que Hera era considerada como modelo de virtud desabrida, algunos relatos afirman que antes de casarse con Zeus tuvo relaciones íntimas con el gigante *Eurimedonte,* aunque al parecer muy a pesar suyo, y de esta forzada unión, siempre según relatos, nacería *Prometeo*, cuya rivalidad con Zeus, como veremos, sería proverbial. Al ser vencidos los gigantes, Eurimedonte fue precipitado a los Infiernos.

También contra su voluntad estuvo a punto de ser poseída varias veces. Así en la *Gigantomaquia,* Porfirión la había ya dejado semidesnuda cuando Zeus y Heracles la salvaron, y al aloada Efialtes le sucedió otro tanto. Sin embargo, quizá la historia que narra con más detalle la pretendida entrega de la diosa a alguien que no fuera Zeus, es la del rey de los lapitas, Ixión, y a cuya estratagema de Zeus para librarse de él, así como su castigo, ya nos hemos referido. De todas formas, y tal como nos narra Luciano (siglo II d.C.) con su punzante ironía en el *Diálogo de los muertos*, parece ser que el padre de los dioses (acostumbrado ya a tales lides y como no era el más indicado para «ver la paja en el ojo ajeno») exclamó: «Castigo a Ixión no por el amor mismo, que esto no es grave falta, sino por haberse jactado de ello». En una palabra lo que más molestaba a Zeus no era que amaran a su esposa (quizás esto sería una forma legal de desembarazarse de ella, debió pensar en más de una ocasión), sino que con sus alardes Ixión provocaba que a Zeus se le colocara públicamente un epíteto más: el de *cornudo*.

De esta atrayente fábula, envuelta como tantas otras en ribetes eróticos (que no pornográficos, repetimos una vez más), puede quedar en el fondo el elemento histórico que quizás haya que buscar en la mayoría de los mitos. Los historicistas relatan que en tiempos remotos existió un reyezuelo (en aquella época cuadraba más este epíteto, sinónimo de caudillo o conductor de una horda más que el de rey o soberano *como nosotros* entendemos) llamado Zeus que ofreció hospitalidad a un príncipe lapita, quien en vez de agradecer el beneficio del anfitrión intentó enamorar a su esposa. Ante estas apetencias, la reina colocó en el tálamo conyugal una esclava llamada *Nefele* (es decir *nube* = recordemos que en el relato de Zeus provoca una nube con la figura de Hera para confundir a Ixión). El soberano no dudó entonces de la fidelidad de su esposa y de las intenciones de su huésped, que creyendo que *la mujer que había* poseído era la reina, divulgó la aventura con toda suerte de detalles. Entonces el monarca lo expulsó violentamente, tras aclararse toda la verdad. El lapita convertido en el hazmerreír de todo el mundo, tuvo que andar errante el resto de sus días mendigando una limosna.

En el arte y la literatura, Hera aparece como una matrona majestuosa con rostro bello pero sereno y hermético, ojos grises y cuerpo fuerte pero gracioso. Lleva una armadura completa con yelmo, larga lanza y escudo sobre el que, o sobre su coraza, aparece grabada la espantosa cabeza de la *Gorgona*. Protectora del matrimonio y por ende de la fecundidad, no es de extrañar que los romanos la identificaran con *Juno* (y a la que consagraron el mes de junio, mes en que la naturaleza aparece más vivaz) y le añadieran las funciones de partera de su hija Ilitía, transformándola en *Juno Lucina*, diosa de la luz y de los partos, de aquí que un sinónimo de parir sea también «dar a luz» (con intervención o bajo la protección de esta diosa) a un nuevo ser desde las tinieblas del claustro materno.

POSIDÓN (NEPTUNO), REY DEL MAR Y DE LAS AGUAS

«Canto ¡Oh Zeus! la gloria de tus dos hermanos Posidón y Hades, iguales a ti en nacimiento, pero inferiores en poder, porque tú les diste autoridad para gobernar los mares y las profundidades subterráneas», invoca el poeta.

Y así es en efecto, casi todos los mitólogos consideran a Posidón uno de los dioses olímpicos, hijo de Cronos y de Rea, según el relato en que Zeus obliga a vomitar a su padre a los hijos que se había tragado, lógicamente tenía que ser mayor que Zeus, ya que éste fue el último de los vástagos que salvó a todos sus hermanos. Sin embargo, a medida que Zeus asentó su poder, por lo menos en el aspecto moral, Posidón pasó a ser, como Hades, «un hermano menor», mientras que Zeus, debido a su importancia, se convirtió simbólicamente en el mayor de todos.

Posidón (al que se puede transcribir también como *Poseidón*), transformado en un dios marino, llegó a Grecia con las ya citadas migraciones de los pueblos arios o indoeuropeos (la raza blanca por excelencia) que introdujeron la utilización del caballo en el mundo mediterráneo. En principio pues fue un dios de los caballos, por lo que originariamente se representaba con un carro bélico tirado por hermosos corceles que pronto se convertirían en marinos cuando las nuevas leyendas le designaron estos dominios.

Diodoro Sículo narra, en la *Titanomaquia*, que Posidón mandó la «escuadra olímpica» con tanto acierto que terminada la campaña al dios le

Poseidón [Neptuno], soberano de las aguas

tocó el gobierno de los mares, con sus costas e islas. Pero Posidón no se contentó con el reparto y argumentó que Zeus se había quedado con la parte de león: el Cielo y al Tierra. Fue entonces cuando intentó destronar a Zeus espoleando los celos de Hera y el orgullo de Atenea, pero fracasó por la intervención del gigante Briareo. El Tonante castigó a Posidón desterrándole un año en la Tierra y, como cualquier mortal, obligándole a vivir ganándose el sustento cotidiano con su esfuerzo.

En la Tierra sirvió a las órdenes de Laomedonte, rey de Troya, hombre de carácter violento, ruin y embaucador, que le asignó la construcción de las murallas de la ciudad junto con Apolo, que por aquel entonces también estaba proscrito del Olimpo. Como al terminar el año ambos dioses exigieron el sueldo estipulado, el brutal monarca los expulsó a ambos con violencia (no sabemos si con conocimiento de causa o desconociendo la verdadera personalidad de sus «asalariados»). Entonces Posidón envió a la comarca un monstruo marino que hizo cundir el pánico entre los troyanos y Apolo, por su parte, mandó a un jabalí de enormes proporciones que terminó por asolar todo el país.

El oráculo predijo entonces que no se calmarían las calamidades hasta que Laomedonte entregara al monstruo marino a su hija Hesione, exigencia que naturalmente el monarca troyano rechazó. Por casualidad acertó a pasar por allí el ya famoso Heracles, que iba en busca de aventuras (y a diferencia de Zeus en general no amorosas). El héroe dio muerte al monstruo y salvó así a Hesione, pero entonces una vez más el mezquino Laomedonte se negó también a entregarle en pago los caballos divinos que poseía y que le había prometido. Heracles volvió al frente de un ejército y, ayudado por Telamón, sitió y tomó Troya, dando muerte a Laomedonte y a toda su descendencia, excepto al joven Príamo, el único que había recriminado a su padre el incumplimiento de la promesa.

Es así como Posidón juró entonces vengarse de Troya y así como Apolo dejó en paz a Príamo al subir al trono, comprendiendo que aunque ninguna culpa tenía del engaño de su antepasado, el rencoroso Posidón no pararía hasta ver destruida a la ciudad odiada. Eso sí, curiosamente, cuando en el comienzo de la *Ilíada* los aqueos deciden defender su flota resguardándola con un muro, tal como les había aconsejado el prudente Néstor, Posidón se opone, alegando que la nueva obra podía empequeñecer a la realizada por él en torno a Troya. Interviene el propio Zeus en términos conciliadores, pero él está decidido a destruir el muro de los aqueos. Al impedírselo sus divinos compañeros, se retira sin querer mezclarse en la lucha, y sólo se coloca en favor de los griegos cuando comprueba que están llevando la peor parte.

Cuando los mortales se organizaron en *polis* o ciudades-estado, los dioses decidieron escoger cada cual una o varias para que en ellas se les rindiera culto. Entonces aconteció que dos o más divinidades escogieron la misma ciudad y las tensiones entre ellos estuvieron a la orden del día. Para evitar que la sangre divina (los dioses no tenían sangre, sino un líquido semejante: el *icor*, que se regeneraba constantemente) llegara al río, cuando se suscitaba algún conflicto lo sometían al arbitraje de otra divinidad imparcial o de algún mortal de reconocida prudencia. Sucedió que en estas disputas el pobre Posidón perdió casi siempre, quizá por eso su carácter ya de por sí agrio (recuerda mucho al de Hera) se tornó cada vez más desabrido.

Así, por ejemplo, disputó a Helio (el Sol) la ciudad de Corinto, y Briareo, nombrado árbitro, se inclinó en favor del Sol. Quiso ser venerado en Egina, pero tuvo que cedérsela a Zeus. Naxos se la arrebató Dioniso. Apolo le ganó Delfos, Trecén fue para Atenea. Finalmente Hera se le adelantó en el culto de Argos. Las derrotas de Posidón eran seguidas por el estallido de una cólera inconmensurable que hacían desbordar los mares, lagos y ríos. Sin embargo, Posidón era señor de una isla maravillosa que tuvo un desgraciado final: la Atlántida, la cual una vez hundida daría paso al océano Atlántico.

Posidón, a semejanza de Zeus, tenía también una esposa legítima, la diosa Anfítrite, la reina del mar, etimológicamente la que fluye en torno, la que rodea el mundo. Pertenece al grupo de las hijas de Nereo y Dóride, las llamadas Nereidas, pero aquí parece ser que el hosco dios sí que estaba profundamente enamorado de su esposa, otra cosa era que como la ascendencia de Posidón era tan titánida como la de Zeus, fuera tan don Juan como su hermano (pues hasta en esto pretendió emularle). Sin embargo, la pobre Anfítrite nunca pensó en vengarse, a semejanza de Hera, de los devaneos de su esposo, y es que quizá por mucho que Posidón tuviera «un amor en cada puerto» siempre regresaba solícito a los brazos de su hermosa Nereida. Curiosamente, la pareja no tuvo descendencia, aunque se les atribuye la paternidad de Tritón (posiblemente por eso Anfítrite comprendía más la misión de poblar de su cónyuge, al igual que hacía su augusto cuñado).

Sin embargo, curiosamente también, mientras los hijos de Zeus fueron héroes bienhechores, los de Posidón (como veremos igualmente los de Ares) fueron casi siempre gigantescos monstruos maléficos y violentos. Así, por ejemplo, con Toosa engendró al cíclope Polifemo; con la gorgona Medusa al gigante Crisaor y al caballo alado Pegaso; con Amimone a Nauplio, terror de los aqueos; con Ifmedia a los Alóadas. Cerción y Esción, dos malvados bandidos, Lamo, rey de un pueblo antropófogo y el cazador maldito Orión fueron hijos del dios. Finalmente los hijos que tuvo de Halia (la hija llamada Rodo dio nombre a la isla de Rodas, isla de las Rosas, por crecer fabulosamente la reina de las flores en este lugar), enloquecidos por Afrodita, tuvieron que ser sepultados vivos por su padre por haber querido violar a su propia madre.

Halia, desesperada, se arrojó al mar. Los rodios le tributaron culto en la isla como la divinidad marina Leucótea. El perfume de las rosas de Rodas invade de tal forma el ambiente que, apenas se divisa la isla desde el barco, llega su grato olor como mensaje de que no todo fue malo en la descendencia de Posidón. Por otra parte, los atrevidos navegantes rodios dejaron su recuerdo en nuestro litoral con una de sus fecundaciones más hermosas: Rosas, en la singular bahía de la Costa Brava catalana.

Y para terminar y no dejar tan mal sabor de boca del dios Posidón volvamos a la historia de su verdadero amor..

Cierto día se hallaba Anfítrite bailando con sus hermanas nereidas en la isla de Naxos, ajena a las miradas de los dioses y los mortales. Había hecho votos de permanecer eternamente virgen, pero el Destino quiso que la viera Posidón y la danza era tan exitante que el dios juró que no pararía hasta hacerla su esposa, pero lo juró con una voz tan potente que todos se enteraron, incluso la misma Anfítrite, la cual, asustada, abandonó la isla y se ocultó en las profundidades del Océano, más allá de las columnas de Heracles (Hércules).

Descubierta por los Delfines, fue raptada por Posidón (o conducida por ellos en un brillante cortejo) y entonces sí consintió en ser su esposa.

Se representa Posidón en pie sobre las olas o en un carro acaracolado o formado por una concha y conducido por caballos marinos. Las ruedas son de oro y se halla rodeado de peces, delfines, animales marinos de todas clases, de Nereidas y genios diversos. Su figura es muy parecida a Zeus

—el parecido en todo caso es de familia—, lleva la barba larga, pero más crespa que su hermano, quizá por estar impregnada de la humedad salina del mar. Su cuerpo es robusto y su aspecto venerable y hermoso. Lleva en las manos el tridente, símbolo de su poder, instrumento de los pescadores de grandes peces. Las tres puntas del tridente bien pudieran simbolizar las tres clases de aguas: las saladas del mar, las dulces de las fuentes y las dulces y saladas de los estanques. Además posee tres poderes sobre el océano: el de alterarlo, el de calmarlo y el de conservarlo.

Así pues, he aquí como un dios terrestre, al asentarse sus devotos en un escenario marino, se transforma, adaptándose al nuevo elemento, adaptación que culminará con su matrimonio con una diosa de las aguas, que aportó a su vez en su séquito a todas las divinidades primitivas acuíferas de la Hélade. De esta forma, se constituyó un solo linaje y quedó así unificado el elemento agua con la tierra. Elemento acuífero que, según el filósofo Tales de Mileto (640 ? - 547 a.C.), es el principio de todas las cosas, al igual que lo habían creído los babilonios y ¿no argumenta la ciencia moderna que la vida se originó del agua?

Homero relata que cuando Posidón salía de los mares recorría el horizonte en tres zancadas y que a su paso se estremecían las montañas y los bosques. Se le atribuían los temblores de tierra, los movimientos extraordinarios del mar, así como los grandes cambios de ríos y torrentes. Tutelaba las murallas y sus cimientos, que protegía o podía arruinar según su voluntad. Su morada terrestre se la emplazó en el monte Argea, en el centro de Capadocia (Asia Menor); desde él podía observar sin esfuerzo el Ponto Euxino (actual Mar Negro) y el Mar Mediterráneo.

Se le conocía también con los sobrenombres de Egeo, Basileo, Genesio, Petreo, Samio, Tridentífero (portador del Tridente). En los sacrificios ofrecidos en su honor, en especial en las poblaciones marítimas, se ofrecía la hiel de las víctimas (caballos, toros), quizá porque su sabor amargo recordaba en cierto modo a las aguas del mar.

Finalmente, recordaremos que a semejanza de los otros astros y planetas «visibles a simple vista» o conocidos hasta el siglo XVIII, ostentan nombres de divinidades helénicas latinizadas: Mercurio [Hermes], Venus [Afrodita], Marte [Ares], Júpiter [Zeus], Saturno [Urano]. El astrónomo Le Verrier impuso el nombre de Neptuno [Posidón] al planeta que descubrió en 1848; V. Lassell, por su parte, bautizó con el nombre de Tritón al primero de sus satélites, atisbado el mismo año. Por último, G. P. Kuiper puso el significativo nombre de Nereida (recordando a Anfítrite) al segundo de los satélites descubiertos de Neptuno. La Mitología pervive así en la Astronomía y llega hasta la época presente.

HADES, DIVINIDAD DE LAS MANSIONES INFERNALES

Hades [o Haides] es el otro hermano de Zeus. Cuando la entronización de éste en el reparto del gobierno del Universo le correspondió el dominio del mundo subterráneo. Dios de los funerales, no era la muerte sino el rey de los muertos. En alguna parte del reino de las sombras se levantaba su morada, a la que nadie, salvo él y más tarde su esposa, tenía acceso. Allí se sentaba en un trono de ébano o azufre, cubierto con el casco que le regalaron los cíclopes cuando los dejó libres y que tenía la propiedad de hacerle invisible (etimológicamente Hades = sin forma, el «invisible»). Ostentaba espesa barba negra y rostro de muy pocos amigos, pero la justicia presidía sus decisiones y su actuación. En la derecha ostentaba un cetro, una vara para conducir las «sombras» o una horquilla de dos puntas. Podía valerse también de una espada y se hallaba rodeado de las Erinias o Furias, divinidades infernales, hijas de Eris y de la sangre de Cronos, generadoras de los castigos infernales; y las Moiras o Parcas, que simbolizaban la oscuridad que envolvía el porvenir y en cuyas manos se hallaba la suerte de los mortales.

Hades, como los demás dioses, deseaba casarse, pero temía que ninguna divinidad ni mortal quisiera ir a compartir el lugar en donde él moraba. Cierto día vio a Perséfone, hija del propio Zeus y de Démeter (y por lo tanto sobrina suya), a la que se mencionaba también como *Core* (la Muchacha) y entre los romanos recibió el nombre de Proserpina. Perséfone era una joven y bella divinidad que nunca había pensado en el matrimonio y cuyo goce mayor era aspirar el perfume de las flores en primavera. Hades solicitó y obtuvo el permiso y la ayuda de Zeus para conseguir a Perséfone, y cuando ésta se hallaba embelesada contemplando los narcisos floridos de una pradera siciliana, Hades hizo brotar del suelo una hermosísima flor que pronto atrajo las miradas de Perséfone. Cuando la diosa quiso arrancarla, se abrió entonces una enorme sima y apareció el propio Hades, que cogió a la joven y acto seguido se la llevó a su palacio.

Démeter salió entonces desconsolada en busca de su queridísima hija y era tal su pena que producía el agotamiento y la esterilidad de los campos. Helio (el Sol) reveló a Démeter como había sido raptada su hija y como ésta se negara a regresar al Olimpo sin verla, intervino el propio Zeus, quien por medio de Hermes, su mensajero, ordenó a Hades que devolviera a la joven. Hades pareció acceder a ello, pero astutamente hizo comer a su amada un grano de una mágica granada; pues quien quiera que hubiese visitado el reino de los muertos y tomado en él un alimento cualquiera regresaría pronto al reino de las sombras.

Con la vuelta de Perséfone, la fertilidad volvió a la tierra. Pero la joven diosa, como consecuencia del fruto comido, tuvo que volver a los Infiernos, se matrimoniaría con Hades y sería nombrada reina suprema de las sombras junto a su esposo. Démeter volvió a suplicar de nuevo a Zeus y entonces el Tonante propuso al dios de los muertos un compromiso que Hades, que era justo pero no cruel, aceptó: durante una época al año Perséfone regresaría junto a su madre y así, con el retorno cíclico de la reina de ultratumba, la naturaleza volvía a recobrar su esplendor, reflejo de la alegría que ello producía en Démeter. La unión entre Hades y Perséfone fue infecunda.

La *Ilíada* relata que cuando el descenso de Heracles a los Infiernos, Hades quiso impedirle la entrada en sus dominios y se enfrentó con él en la «puerta» del antro infernal; pero Heracles disparó una flecha al dios y le produjo una herida en el hombro. Hades tuvo que abandonar la guardia y marchar rápidamente al Olimpo, donde el dios destinado a solventar estos percances de las divinidades, llamado Peán, le aplicó un bálsamo milagroso y la herida quedó en el acto cicatrizada.

¿Cómo iban a parar las almas de los mortales al reino de las sombras? Según la Mitología helénica sobre los hombres actúan dos hermanos de forma parecida, sin embargo, de consecuencias muy diferentes. Estos son *Hipno* (el Sueño), recordemos palabras como hipnotizar, hipnótico, etc., y *Tánato* (la Muerte), personaje masculino, recordemos también palabras como eutanasia con el significado de bien morir, buena muerte (es decir sin dolor). Cuando Tánato se apodera de un mortal, se lo lleva al mundo subterráneo emplazado en el extremo occidental y separado del mundo viviente por el río Aqueronte, formado por un brazo de la laguna Estigia.

Cuando los difuntos llegaban a las riberas de este río les salía a recibir un barquero llamado Caronte, que los pasaba a la otra orilla previo pago de una moneda que sus allegados les colocaban en la boca. Caronte era un viejo muy feo, de barba gris e hirsuta, vestido de harapos y con un sombrero redondo. Al llegar la comitiva fúnebre al otro lado, aparecía un perro de tres cabezas que poseía por cuartos traseros una maraña de serpientes y que atendía por Cerbero: era el guardián de la puerta del Infierno y permitía a todos la entrada, pero no la salida. Ya veremos como Heracles lo capturó.

Tras la puerta infernal se abría una enorme sala, en donde esperaban los difuntos la sentencia que un tribunal constituido por Minos, Eaco y Radamantis dictaba de forma inapelable. Los justos y piadosos eran enviados al Elíseo o Campos Elíseos, en donde reinaba una eterna primavera y el soplo de los vientos sólo se hacía sentir para esparcir el aroma de las flores y su embriagador perfume. Jamás los rayos del sol ni los rayos de los astros eran interceptados por las nubes. Florestas de rosales, de mirtos y de otras mil plantas y árboles olorosos embellecían la morada de las sombras justas. Una tierra siempre fértil renovaba sus productos tres veces al año y presentaba alternativamente flores y frutos. Sin dolor alguno, sin sombra de vejez, conservaban eternamente los espíritus afortunados la edad en que habían sido más felices. Allí disfrutaban los placeres que más les habían gustado en vida. A los bienes físicos se unía la ausencia de males del alma. La ambición, la avaricia, la envidia y todas las viles pasiones que agitaban a los mortales no podían alterar la calma de los habitantes de los Campos Elíseos.

Sin embargo, esta morada de los bienaventurados y sobre todo el que los mortales que habían realizado buenas acciones pudieran habitarla sólo aparece en mitos tardíos. En las primeras versiones, los mortales vagan por el mundo de las sombras muy aburridos y frecuentemente sin que nadie les recuerde, como puede verse en la *Odisea*. Sólo los verdaderos impíos o malvados eran transportados al Báratro o Infierno propiamente dicho, en donde sufrían toda suerte de castigos, como sucedía en el Tártaro, prisión de los inmortales. Rodeado de un triple muro de cobre, sostenía los fundamentos de la Tierra y los mares. A él fueron arrojados Titanes y Gigantes, Cíclopes y Centimanos. Allí sufría Ixión el terrible suplicio de la rueda por haber pretendido enamorar a Hera. Cerca de él se encontraba Sísifo, empujando un enorme peñasco monte arriba por toda la eternidad, por haber sido blasfemo, malvado y sacrílego. Tántalo se consumía también de sed en medio de un estanque y padecía hambre bajo unos árboles repletos de frutos apetitosos.

Hades era raramente mencionado con su propio nombre, puesto que si se hacía se creía que excitaba su cólera y podía ocasionar grandes males, por eso se le mencionaba con sobrenombres como el de *Plutón*, que es como pasó a los latinos y que recordaba con el significado de «el rico, el que da la riqueza a los mortales», el permiso que concedió a su esposa durante un período al año gracias al cual la Tierrra volvía a ser rica y fecunda.

El rapto de Perséfone fue motivo de inspiración para pintores y escritores de todas las épocas y países, como el latino Ovidio, el inglés Chaucer, el alemán Goethe, etc. En nuestra centuria, el francés A. Gide compuso un poema sobre dicha temática al que I. Stravinsky le añadió una formidable partitura musical.

AFRODITA [VENUS], DIOSA DEL AMOR

Al parecer Afrodita (que los latinos identificaron como Venus) no es sino la diosa mesopotámica Ishtar, que entre fenicios se transformó en Astarté y que en definitiva simbolizaba a la Gran Madre común de la fertilidad. Divinidad pues de origen oriental (como otras), según la versión clásica no nació como el resto de sus compañeras de una unión sexual, sino que emergió de la espuma del mar fecundada por los órganos de la procreación de Urano cortados por Cronos (aunque otra versión la hace hija de Zeus y de Dione).

El mito tradicional relata que era tan bella la diosa al surgir de las aguas, que las Nereidas y Tritones y los demás habitantes del mar acudieron presurosos a contemplarla, rodeando su concha nacarada que era carro y cuna a la vez. Entonces el halago del aire puro, susurro del cielo azul, le arrancó un blando suspiro que repitió estremecido el universo. Las olas empezaron a mecerla dulcemente en caricias sin fin, el aire se hizo más leve y toda la naturaleza pareció regocijarse con la presencia de Afrodita. La consecuencia es lógica, porque solamente hasta aparecer la diosa fue cuando el mundo empezó a sentir las verdaderas palpitaciones del amor y la alegría de vivir.

Empujada la frágil concha por el Céfiro y guiada por el cortejo acuífero divino, Afrodita alcanzó primero Citera y luego la costa de la isla de Chipre (cosa nada casual por ser zona de influencia de los antiguos fenicios). Entonces salió de la concha desnuda por completo; sus menudos pies acariciaban la arena de la playa, y como primera providencia cogió su hermosísima y larga cabellera y exprimió el agua salada que la empapaba. Las Horas, distribuidoras de la lluvia, la recibieron en Chipre como reina y se ofrecieron para ser las preceptoras de la diosa del amor. Una se encargó de velar sus dulces sueños y de despertarla suavemente, otra le enseñó a adornarse con naturalidad para cautivar a inmortales y mortales, otra le trajo cada día las primicias de los frutos de la tierra, y las demás le enseñaron ternura, prudencia, bondad y sobre todo humanidad, porque Afrodita será quizá la más humana de todas las divinidades.

La fama, mensajera de Zeus, pregonó por todo el Olimpo las excelencias de la nueva diosa, y las divinidades masculinas por el deseo y las femeninas por malévola curiosidad quisieron conocer a la que había despertado tanta expectación. Las horas perfumaron a su pupila, colocaron en su preciosa cabeza una inmarchitable guirnalda de flores y le dieron el célebre ceñidor con el cual todos los que la contemplaran caerían rendidos de amor. Afrodita surcó los aires y se presentó en el Olimpo acompañada de sus fieles servidores Eros e Himeros, el Amor y el Deseo. La llegada de la diosa desbordó la expectación que había ocasionado y las aprobaciones entre los inmortales fueron unánimes. No así entre las demás diosas, que veían en la forastera una rival difícil de desbancar, en especial Hera y Atenea no pudieron evitar su inquietud y sus celos.

El barquero Caronte transportaba las almas de los difuntos de los puertos del reino de Hades, tras atravesar con ellos el río Aqueronte

El deseo prendió entre los dioses y de las frases galantes pasaron al atrevimiento; todos querían poseer a Afrodita aunque fuera legalmente, es decir casándose con ella; incluso el propio Zeus se atrevió a susurrarle palabras de amor… Sin embargo Afrodita era todavía muy joven e inexperta y además en medio se hallaba la altiva Hera, con la que por el momento era imposible competir. Zeus se dio cuenta de ello y, para evitar cualquier problema personal (siempre tendría tiempo en convertirla en su amante, aunque fuera su propia hija, pues este vínculo familiar no significaba gran cosa para el padre de los dioses) y cualquier desorden en el Olimpo por la posesión de Afrodita, decidió casarla con su hijo Hefesto, como premio a haberle forjado el rayo y construido el trono y un palacio abovedado con acero y metales nobles.

De esta forma (además de emparentar con ella, por lo que pudiera ser), Zeus hizo unir al más feo de los dioses (pero también a uno de los más buenos y sabios) con la diosa más bella. Este matrimonio lo consideraríamos en términos actuales como un casamiento de Estado, un matrimonio de conveniencia, sin amor, que provocó muchas infidelidades en Afrodita y que sufrió siempre con mayor o menor resignación el buenazo de Hefesto.

Jocosa aventura de Afrodita con Ares

Según la mayoría de versiones, el primer amor adulterino de Afrodita fue Ares, el dios de la guerra. Ares era duro, agresivo, poco amable, y no se entretuvo en cortejar a la diosa con palabras dulces, sino que se presentó directamente ante ella y fue rápidamente al asunto expresándole su deseo. De momento Afrodita, que no estaba acostumbrada a aquellas brusquedades, sintió temor. Pero él, sonriente, se sacó entonces su pavoroso casco y la coraza y se mostró tal cual era: mucho más humano… Finalmente ocurrió lo que tenía que ocurrir… lo de siempre.

Tres hijos dio Afrodita a Ares: Fobos, Deimos y Harmonía, los cuales pasaron por ser hijos del pobre Hefesto, que no se enteraba de nada, hasta que un día (o mejor una noche) los amantes se quedaron demasiado tiempo en el lecho en el palacio de Ares en Tracia; cuando Helio se levantó los vio gozando placenteramente y le fue con el cuento al inocente marido.

Por una vez Hefesto se retiró airado a su fragua y, a golpes de martillo, forjó una red de caza de bronce, fina como una telaraña, pero irrompible, que ató a los postes y lados del tálamo conyugal y cuyos hilos resultaban invisibles hasta para el ojo investigador de los inmortales. Su esposa, que había regresado muy contenta, explicó a Hefesto, mintiéndole, que había estado ocupada en Corinto y entonces éste le dijo que tenía que hacer un viaje a la isla de Lemnos con objeto de descansar de tan pesados trabajos…

Afrodita, sin la más mínima sospecha, dejó a su esposo alejarse y entonces avisó a Ares de que tenía el campo libre. Voló el dios del casco áureo junto a su amada y tomándola en sus brazos expresó así sus impetuosos deseos: «¡Oh diosa que yo adoro! Entreguemos nuestros corazones al placer del amor, pues Hefesto te ha abandonado prefiriendo descansar lejos de ti».

La diosa, abrasada de pasión, cedió a su ruego y, cuando más entusiasmados se hallaban, la trampa se cerró sobre ellos y los dejó estrechamente abrazados sin poder realizar ningún movimiento. Avisado por Helio, volvió Hefesto y, tras sorprender a su presa, llamó a sus compañeros celestiales para que fueran testigos de su deshonor. Después prometió no dar la libertad a los dos amantes hasta que le devolviesen los valiosos regalos con que había pagado a Zeus, padre adoptivo de la diosa (¿y del dios?). Los dioses llegaron pronto, pero el pudor detuvo a las diosas…

Al ver las redes, obra de la artificiosa industria de Hefesto, una risotada divina general conmovió los cielos y estalló sin fin entre el grupo de afortunados inmortales. Y unos a otros se decían: «Las mentiras tienen pronto o tarde consecuencia fatal; la lentitud triunfa de la ligereza. Así el cojo

Hefesto, con su arte y astucia, ha sorprendido a Ares, el más ágil de los dioses del Olimpo. Ares no tiene más remedio que pagar su maldad»…

Sin embargo, Apolo, tocando disimuladamente a Hermes con el codo le preguntó: «¿No te gustaría estar en el lugar de Ares, a pesar de la red?».

«¡Oh vergüenza, digna de envidia! —respondió Hermes con regocijo—. Multiplicad todavía estas innumerables ligaduras, que todos los dioses y diosas del Olimpo rodeen este lecho y que pase yo la noche entera en brazos de la rubia Afrodita.»

Esta contestación hizo prorrumpir nuevas carcajadas entre los dioses, pero Zeus, que estaba tan disgustado que se negó a devolver los regalos de boda o a intervenir en una disputa vulgar entre marido y una esposa, manifestó que el castigo de Hefesto le había parecido bien, pero que había sido una tontería hacer público el asunto (y él tenía mucha experiencia…)

Afrodita [Venus], diosa del amor

Posidón, que al ver el cuerpo desnudo de Afrodita se había enamorado de ella, ocultó sus celos de Ares y simuló que simpatizaba con Hefesto: «Puesto que Zeus se niega a ayudar —dijo—, yo me encargo de que Ares, como precio por su libertad, pague el equivalente de los regalos de la boda en cuestión».

«Todo está muy bien —replicó Hefesto acremente—, pero si Ares no cumple, tú tendrás que ocupar su lugar bajo la red.»

«¿En compañía de Afrodita?» —dijo Apolo riendo.

«Yo no puedo creer que Ares no cumplirá —manifestó Posidón con nobleza—, pero si así fuera, yo estoy dispuesto a pagar la deuda y casarme yo mismo con Afrodita, si ésta fuera repudiada.»

Finalmente Hefesto, que estaba locamente enamorado de su esposa, accedió en romper con su mano la red maravillosa.

Libres de estos lazos que parecían indestructibles —termina diciendo el propio Homero— los dos amantes volaron por los espacios, avergonzados, huyendo del Olimpo y de las miradas burlonas de sus compañeros. Ares se refugió en su querida Tracia y la diosa del amor volvió a la isla de Chipre, a Pafos, en donde las Gracias la condujeron al baño sagrado y allí renovó como siempre su virginidad; acto seguido, derramaron sobre ella un perfume celeste que aumentaba la belleza de los inmortales y la adornaron con nuevos y hermosos vestidos, y así ataviada pudo lanzarse otra vez a la conquista…

Nuevas aventuras amorosas de Afrodita

Halagada por la sincera confesión hecha por Hermes de que la amaba, Afrodita accedió poco después a yacer con él y el fruto de esta aventura fue Hermafrodito, un ser de doble sexo. Igualmente se entregó a Posidón, por haber intervenido en su favor.

Protectora de todo lo concerniente al amor y el deseo erótico, no es de extrañar que algunos relatos refirieran una unión de Afrodita con Dioniso, dios de las orgías que siguen a la borrachera. Consecuencia de ella sería el dios Príapo, un niño feo con enormes órganos genitales y dotado de erección permanente. Terror de doncellas y matronas, aunque no podía consumar el acto por la proporción del aparato, se cuenta que inventó la masturbación. También se decía que Hera fue quien le dio este aspecto obsceno, porque sospechara que el padre pudiera ser el propio Zeus y no Dioniso y una vez más quisiera vengarse, bien porque censurase el furor uterino de Afrodita. Príapo era venerado en Lampsaco y tenía el oficio de jardinero (por aquello también de fertilizar las plantas), llevando casi siempre una podadera.

Afrodita no había olvidado el sofoco que le había hecho pasar Hefesto, así que decidió seguir amando a otros para continuar vengándose.

Cuando Apolo la cortejó, la hermosa divinidad no fue insensible al prestigio del dios de la poesía y de la música y así inició un nuevo idilio. Cuando aparecía en el horizonte el carro del Sol ambos amantes subían en él y, al llegar a la isla de Rodas, se apeaban y allí pasaban largas horas en la playa entregados a los placeres del amor. Después volvían otra vez al Olimpo por distintos caminos, para no levantar sospechas. Sin embargo, como siempre suele suceder, desgraciadamente este idilio no duró mucho. Los dioses eran muy volubles y Apolo se había enamorado esta vez de Anfítrite, esposa de Posidón, y cierto día la pobre Afrodita esperó y esperó vanamente que su amante acudiera a la cita… (hoy diríamos que el «intercambio de parejas» en aquellos tiempos mitológicos estaba ya a la orden del día).

Amores de Afrodita y Adonis

Poco después, la esposa de cierto rey de Chipre denominado Círiras o según otras versiones la de un rey asirio o fenicio (el origen del mito es una vez más oriental), se jactó intensamente de que su hija Mirra o Esmirne era incluso más hermosa que Afrodita. La diosa, sintiéndose ofendida, hizo que Mirra se enamorara de su padre y yaciera con él una noche sin luna, después que su nodriza lo hubiera embriagado hasta tal punto que no se daba cuenta de lo que hacía. El incesto se repitió durante once noches seguidas, pero a la duodécima descubrió lo que estaba sucediendo y, armado de un gran cuchillo, intentó clavarlo en las entrañas de su hija, que ya había concebido a un nuevo ser.

Ante el peligro, Mirra huyó hacia el monte y allí invocó la protección divina: inmediatamente fue transformada en el árbol de la mirra de oloroso perfume. Diez meses después la corteza del árbol se abrió y dio salida a un bebé que recibió el nombre de Adonis. Afrodita, que se sentía arrepentida de tan cruel venganza, guardó a la criatura en un cofre y se lo confió a Perséfone sin más explicaciones.

La reina de los muertos abrió el cofre llena de curiosidad y se encontró con un niño tan bello que decidió criarlo en su palacio. Pasaron los años y Adonis, ya adulto, se transformó (¿cómo no?) en amante de Perséfone, pero entonces Afrodita se lo reclamó sin que naturalmente obtuviera respuesta. La diosa del amor acudió con presteza a Zeus y éste, dándose cuenta de que lo que quería en definitiva era gozar del amor del bello mancebo, declinó en ser árbitro de una disputa tan desagradable y transfirió la misión a la musa Calíope.

La sentencia de la musa fue que tanto Perséfone, por haberlo sacado del cofre, como Afrodita por haberle salvado la vida, tenían igual derecho a Adonis, al cual se le debía conceder también un período de descanso de las dos insaciables amantes. Entonces dividieron el año en tres partes, en una Adonis estaría con Perséfone, en la otra con Afrodita y en la tercera podría permanecer solo. Pero Afrodita jugó sucio y, valiéndose de su ceñidor, impuso a Adonis una pasión que le hizo renunciar a su parte anual de soledad en beneficio de la diosa del amor e incluso de acudir cuando le tocaba el turno a Perséfone.

Despechada, Perséfone marchó a Tracia y allí encontró a Ares, a quien le contó que ahora Afrodita ya se había olvidado por completo de él a causa de Adonis. El dios de la guerra exclamó: «¡Es un perro mortal y además afeminado!» Ares sintió celos y se metamorfoseó en jabalí, corriendo hasta donde estaba Adonis cazando en el monte Líbano y lo despedazó ante los ojos de la propia Afrodita, quien corrió a socorrer a su amigo, pero se lastimó en un pie y la sangre divina que corrió de la herida tiñó de rojo unas flores originando las rosas rojas, flor que desde entonces se consagró a la diosa. Por su parte, las anémonas pasan por haber nacido de la sangre del moribundo Adonis. Otros autores aseguran que no fue Ares el autor de la muerte del joven, sino Apolo o Artemis, igualmente por venganza (uno de los placeres de aquellos dioses como puede comprobarse).

Afrodita volvió entonces a Zeus y le suplicó llorando que su amante no tuviera que pasar todo el año con Perséfone y pudiera ser su compañero durante los meses de verano. Zeus se sintió magnánimo y le concedió entonces este deseo: la mitad de los meses del año estaría con Perséfone y la otra mitad con Afrodita. Relato que presenta una afinidad con el del propio rapto de Perséfone y que en definitiva se encuentra ya en Mesopotamia, siendo Tammuz el protagonista, símbolo del espíritu de vegetación anual. El propio nombre de Adonis es un derivado fenicio de Adonai, que quiere decir Señor. A Tammuz también lo mató un jabalí, como a muchos personales míticos análogos.

Amores de Afrodita y Anquises

Zeus espoleó a Afrodita a enamorarse con pasión del bello Anquises, rey de los dárdanos y nieto de Io. Una noche oscura, cuando Anquies dormía en su choza de pastor en el monte troyano Ida, Afrodita se disfrazó de frigia, y vestida con una túnica de color rojo, llegó hasta el pastor y le sedujo. A la mañana siguiente la diosa le reveló su identidad, pero le hizo jurar que no contaría a nadie la aventura. Anquises se llenó de temor al saber que había yacido con Afrodita y le suplicó que no le hiciera ningún daño. Ella le animó, prometiéndole que el hijo que había concebido llegaría a ser famoso. Pasó el tiempo, y en cierta ocasión que el pastor estaba bebiendo con sus amigos, un compañero le dijo: «¿Con quién desearías dormir, con la hija del compadre tal o con la diosa Afrodita?». «No puedo darte respuesta —contestó Anquises sin darse cuenta— porque como he dormido con las dos no tiene sentido tu pregunta.»

Zeus, que había escuchado esta bravata, lanzó contra el pastor un rayo, pero Afrodita salvó a su amado de una muerte segura al desviar aquél con su mágico ceñidor. Pero esta acción no impidió que el pobre Anquises se llenara de miedo y quedó tan debilitado que durante el resto de su vida ya no pudo mantenerse más en pie. Afrodita dio a luz su hijo Eneas y ya no se acordó más del pobre pastor. Eneas sería destinado a llevar la cultura al entonces salvaje reino de Lacio, en Italia.

Diosa del apetito sexual y el dulce amor, Afrodita viene siempre acompañada por Eros, que se identifica también con Cupido y con Amor. Tres nombres y un solo concepto. Los mitólogos se han llenado de confusión con la genealogía de esa divinidad. Parece ser que en su origen se refiere al poder cósmico que emprende la tarea de armonizar los elementos del universo. Hesíodo dice que era hijo del Caos y que se unió con él formando Erebos y Nix. Otras versiones relatan que la Noche puso un huevo, lo empolló y salió de él el Amor provisto de alas, quien se remontó pronto sobre el naciente mundo. Los griegos diferenciaban frecuentemente al Amor y a Cupido; al primero lo denominaron Eros, dulce e inspirador, y al segundo lo llamaron Himeros, violento y loco. Pero muchos poetas tuvieron a Eros por hijo de Ares y Afrodita.

Zeus se dio cuenta del daño que podría hacer el recién nacido cuando tuviera más edad y ordenó a su madre que se deshiciera de él. Ésta le ocultó en un bosque y allí lo criaron las fieras. Siendo ya un niño de pocos años, construyó un arco y empleó el ciprés para las flechas. De esta forma se transformó en certero tirador que había de prodigar sus flechas contra los hombres. Con el tiempo cambió su rústico arco por otro de oro y la nereida Tetis consiguió de Zeus que le recibiese en el Olimpo el día de su matrimonio con Peleo.

Tenemos así a Eros o Cupido tal como nos lo muestran las representaciones tradicionales, como un niño alado mensajero acompañante de Afrodita, al que se encomendaba la tarea de unir los seres amados con las flechas de su carcaj. Las heridas que éstas producen simbolizan la angustia del deseo, cuya consumación es la muerte que genera la vida.

Afrodita y Cupido o Eros son quizá los dioses mitológicos que más se han representado en el arte, y de su influencia no se ha librado ni el cristianismo, porque tanto en pintura como en escultura son incontables las escenas o estatuas llenas de angelitos que no son sino verdaderos cupidos.

Los hijos que Afrodita tuvo con Ares son característicos descendientes del padre: *Deimos* [Dimo] simbolizaba el Terror, y *Fobo,* el Temor (de aquí la palabra fobia en español). Tuvo también una hija, *Harmonía,* que era semejante a su madre en cuanto a las propiedades físicas que este concepto significa.

Afrodita fue denominada por los latinos Venus y a ella le estaba consagrada el planeta de su nombre, que recibía también los apelativos de Fósforo, Lucífero o Hésper, estrella de la luz vespertina.

Ya hemos citado en la introducción como en nuestro léxico actual existen algunos conceptos del lenguaje corriente derivados de Afrodita o de su nombre latino Venus y de su hijo Eros. Así afrodisíaco se refiere a cualquier producto que excite el deseo sexual, erótico y sus derivados para indicar las relaciones carnales, y venereo aplicado a las enfermedades debidas al contacto sexual.

UN DIOS DEFORME Y COJO: HEFESTO [VULCANO], DIVINIDAD DEL FUEGO

He aquí otra divinidad probablemente también venida de Oriente. Hefesto (Hefaistos o Vulcano en versión italiana), según algunos relatos, es hijo de Zeus y de Hera, pero otros narran que Hera lo concibió por sí sola sin intervención de ser masculino, envidiosa de que Zeus había hecho lo propio con Atenea. Cosa completamente ilógica, puesto que ya explicamos que fue precisamente Hefesto el que le abrió la cabeza al padre de los dioses de un hachazo para que saliera la diosa de la Sabiduría. Pero como en Mitología la lógica no existe y hay siempre tal cantidad de versiones contradictorias… además el tiempo no cuenta para los inmortales y la inspiración poética no atiende a razones…

Hefesto, dios del fuego, parece que nació deforme y cojo, aunque algunos mitólogos explican que fue su fealdad la que provocó la cojera, ya que su madre, al verlo tan poco favorecido, le pegó un puntapié y lo arrojó al vacío desde lo alto del Olimpo. Hefesto cayó en el Océano, donde fue recogido por las hijas de éste, Tetis y Eurinome, y, tras salvarle la vida, lo criaron durante nueve años en una profunda gruta submarina. Allí inició su carrera de herrero divino, forjando toda clase de hebillas, broches, brazaletes y collares, alcanzando en este arte una técnica depuradísima. Hefesto guardó siempre para sus «madres» adoptivas un profundo cariño por sus desvelos para con él.

Cierto día construyó un trono de oro que poseía unos resortes ocultos. Terminado éste hizo como si quisiera congraciarse con su verdadera madre y se lo regaló. Hera quedó muy complacida con ello y se sentó inmediatamente sin la menor sospecha y acto seguido el mecanismo funcionó y Hera quedó aprisionada, causando la hilaridad de los olímpicos, incluso Zeus llegó a regocijarse con ello. Pero entonces nadie supo como soltar a la diosa de aquella trampa y tuvo que ser Dioniso el que, después de embriagar a Hefesto y conducirlo al Olimpo, le arrancó el sistema y Hera pudo ser liberada. Finalmente madre e hijo parece que se reconciliaron.

Otro relato, al cual ya hicimos mención y cuyo autor es el propio Homero, explica que cierto día en que Zeus disputaba con Hera a consecuencia de la persecución que ésta realizaba contra Heracles, la suspendió de los aires, y como Hefesto saliera en defensa de su madre, el Tonante cogió de un pie al entonces pequeño dios y lo precipitó del cielo a la isla de Lemnos. El choque fue tan violento que Hefesto quedó cojo para toda la eternidad.

Se han intentado conciliar estas dos variantes, afirmando que el castigo de Zeus contra su esposa se debió a la conjura para destronarle; el resto del relato coincide, aunque vuelve a resaltarse que no habría sido en Lemnos la caída, sino en el mar, y que las diosas marinas lo habrían recogido.

Naturalmente los habitantes de Lemnos contaban que sus antepasados habían curado al dios y que después en la isla había aprendido el arte de la forja de los cíclopes, trabajando con ellos en un antro profundo; el fuego surgía por las crestas del monte, que los martillos hacían retemblar y los golpes en los yunques se oían desde muy lejos. La isla de Lemnos se trata de un típico terreno volcánico, por eso los romanos al adoptarlo en su panteón le denominaron Vulcano, derivado de la palabra volcán, y de ahí arranca precisamente el mito de Hefesto como dios del fuego de las entrañas de la tierra.

La Mitología narra las obras más importantes salidas de la divina fragua de Hefesto: el maléfico collar de Harmonía; la corona de Ariadna; el escudo de Heracles; el palacio de Helio; el rayo de Zeus, los dos perros de oro y plata que regaló a Alcínoo y las armas de Aquiles, de las que la *Ilíada* hace una extensa descripción.

Hefesto (Vulcano), forjando en su fragua las armas de los Inmortales, en este caso el rayo de Zeus. (Cuadro de Rubens. Museo del Prado, Madrid)

Cuando Hefesto encadenó a su madre en el trono parece ser que, a cambio de liberarla, solicitó a su padre Zeus la mano de Atenea. El Tonante consintió, pero con tal de que ella estuviera de acuerdo. Naturalmente Atenea, diosa virgen, no quiso saber nada de aquella promesa e intentó huir de las acechanzas del deforme dios, que llegó a tenerla en sus brazos. La diosa forcejeó con bravura y, antes de desasirse, le cayó en el muslo un poco de semen de Hefesto. Indignada y asqueada, cuando pudo liberarse se limpió con un trozo de lana que después arrojó al suelo. De la tierra fecundada nació el monstruo Erictonio, el cual, cuidado en secreto por Atenea llegó a ser, a pesar de su monstruosidad (tenía cola de serpiente), un cultísimo monarca de Atenas. El mito reúne así a dos deidades civilizadoras, Hefesto y Atenea, en la ciudad cuna de la civilización Occidental.

Como contraste con sus taras físicas, Hefesto consiguió casarse con la diosa más bella del Olimpo: Afrodita, pero ya hemos relatado las infidelidades de ésta para con su deforme esposo. Las diversas versiones mitológicas citan como hijos de Hefesto a Caco, Cécrope, Céculo, Cereión, Ocrisio, e incluso alguna de ellas hablan de que lo era el propio Eros o Cupido, hijo según éstas también de Afrodita. Sus sobrenombres fueron Etneo, Flamipotente, Ignipotente, Mulcífero, Pandamator, etcétera.

Al igual que explicábamos que Afrodita era la diosa más humana por su carácter, su esposo Hefesto es el más humano de los dioses y dentro de su fealdad hasta el más simpático, porque además trabaja. Es pues un dios proletario culto, un obrero cualificado, constructor de las armas, los muebles, los aúreos palacios de sus divinos compañeros, fabricante de los más diversos objetos y atención: autómatas.

Es decir que en la actualidad lo haríamos patrón de la Cibernética, de los Ordenadores. Según la leyenda, en una ocasión construyó una serie de mujeres mecánicas de oro que le ayudaban en su fragua; podían incluso hablar y realizar las tareas más difíciles que él les encomendaba, es pues el inventor de los robots (naturalmente, según la Mitología). También poseía una serie de trípodes con ruedas de oro alineados alrededor de su fragua, y los trípodes podían ir por sí solos a una reunión de los dioses y volver a su primitivo lugar. Hefesto se halla mezclado también con el mito de la creación de la primera mujer o mito de Pandora, como relataremos más adelante.

Como sucede generalmente en los pueblos primitivos Hefesto, como buen herrero, es también un mago, un hechicero. Se le representa inundado de sudor, el pecho velludo, la frente cubierta de hollín y en actitud de mover su nervudo brazo los enormes fuelles de la fragua (recordemos el famoso cuadro de Velázquez «La fragua de Vulcano»). También se le representa deforme y cojo, forjando el rayo y con un águila al lado. En los antiguos monumentos aparece con barba espesa, pelo descuidado, vestido con un traje que no le llega a la rodilla, bonete o gorro puntiagudo, en la diestra un martillo y en la otra mano unas tenazas. Finalmente, resaltar que a pesar de la descripción de su cojera, únicamente en una estatua de Atenas esculpida por Alcmenes aparece de tal forma, como nos explica el gran orador latino Cicerón.

ATENEA, LA DIOSA VIRGEN DE LA SABIDURÍA

Además de los más variados monstruos no personalizados con claridad, Atenea es la única diosa que nació ya adulta, tal como ya explicamos, engendrada de la unión de Zeus con Metis, diosa de la inteligencia, la Reflexión y la Meditación. Urano y Gea, envidiosos de la felicidad de Zeus, le pronosticaron que si tenía un hijo varón, éste se rebelaría contra su padre y le arrebataría el imperio del Cielo. Entonces el dios de dioses se tragó a su esposa, que estaba encinta. Cierto día Zeus sintió un agudo dolor de cabeza y llamó a Hefesto para que se la abriese de un hachazo. Hecho esto, Atenea surgió majestuosa de la cabeza de Zeus con casco, coraza y lanza, y con la apariencia de una mujer de unos veinte años. Naturalmente a Zeus, como ser inmortal, no le pasó absolutamente nada y además, como vulgarmente se dice, «debió quedar muy descansado», pues el dolor de cabeza se le marchó mejor que si hubiera tomado cualquier analgésico.

Por su aspecto, Atenea se convirtió pronto en patrona de guerreros y defensora de las ciudades, y por su madre y el lugar en que fue gestada (la cabeza divina del Tonante) fue la diosa de la sabiduría y del ingenio. Gran protectora de héroes y semidioses, en especial griegos. Ayudó a Heracles en alguno de sus trabajos, auxilió a Perseo para vencer a Gorgona y liberar a Andrómeda. Sugirió a Ulises la estratagema del famoso «caballo» para entrar en Troya y destruirla, y protegió a Ulises u Odiseo en su vuelta al hogar de las múltiples trampas preparadas por Posidón, ebrio de venganza por haber visto su templo troyano y su sacerdotisa profanados por Ulises y sus aqueos.

Uno de los mitos más atractivo sobre Atenea es su disputa con Posidón por el culto de una ciudad situada en la comarca de Ática. El dios del mar utilizó su tridente para golpear en una roca y acto seguido salió una fuente de agua salada. Por su parte, Atenea hizo producir el olivo, uno de los elementos de la trilogía mediterránea (los otros dos son el trigo y el vino) que haría cambiar la economía del mundo antiguo, pues fue uno de los primeros productos agrícolas industriales que impulsaron el comercio. Un tribunal nombrado por Zeus concedió el triunfo a Atenea, si bien en un relato más moderno se narra que fueron los propios habitantes de aquella ciudad los que dictaminaron al respecto: los varones lo hicieron a favor de Posidón y las mujeres se inclinaron por Atenea, pero ganaron sólo por un voto. Entonces el rencoroso Posidón anegó con sus aguas toda la región y no las retiró hasta que las mujeres renunciaron a votar en lo sucesivo. Sea como fuere, aquella ciudad se denominó Atenas y llegó a ser el faro de la cultura occidental (Atenas = derivado de la diosa Atenea). (También en este caso se habla de que Posidón no hizo brotar un manantial sino un caballo.)

Atenea (Minerva), diosa virgen de la Sabiduría, patrona de Atenas

Se atribuye a Atenea el invento de la flauta, la trompeta, la olla de barro, el arado, el rastrillo, el yugo para bueyes, la brida, el caballo, el carro y el barco. También sería la primera en enseñar la ciencia de los números y todas las artes femeninas propias del hogar: tejido, hilado, la cocina, etc. En el combate es valiente y esforzada, pero en realidad no le agrada luchar sino dirimir las disputas por medios pacíficos, y por eso en tiempos de paz se despoja de sus armas, que con gran aprecio se las guarda el propio Zeus.

Además de la ciudad a la que había otorgado su nombre Atenea contaba con templos en las principales ciudades: Esparta, Megara, Argos... En Troya se la veneraba simbólicamente en la figura de un ídolo-amuleto denominado Palladio, cuya posesión aseguraba su perennidad. Diomedes y Ulises, con objeto de que los griegos pudieran tomar Troya, se introdujeron de noche y robaron el Palladio, y Troya fue destruida.

Atenea es la diosa *Parthenos*, es decir *parthenos* = virgen, la diosa virgen por excelencia. Muchos dioses, titanes y gigantes pretendieron su mano, pero ella rechazó siempre sus requerimientos amorosos. En cierta ocasión deseó tener un equipo de guerra propio y no el que siempre le prestaba Zeus, el cual se había declarado neutral en el conflicto helénico-troyano. Se lo pidió a Hefesto y éste le dijo que se lo haría sólo por amor. Atenea entró en la fragua de Hefesto deseosa de ver como adelantaba el trabajo, sin sospechar ninguna reacción por parte del dios del fuego, a quien Posidón había engañado cruelmente, pues le hizo creer que Atenea se entregaría sólo si la violentaban. Hefesto, que nunca se comportaba en forma tan grosera, abrazó a Atenea cuando se encontraba desprevenida con objeto de perpetrar su acción. Forcejearon y el pobre Hefesto eyaculó en parte sobre el muslo de la diosa. Cuando ésta pudo desasirse, se limpió con gran repugnancia el semen con un trapo de lana y lo arrojó enfurecida contra el suelo.

El Partenón, el templo griego más famoso en la Acrópolis de Atenas dedicado a la diosa Atenea

En el cúmulo de casualidades pasaba por entonces por allí la Madre Tierra y engendró por ello a Erictonio, pero no quiso responsabilizarse de él de ninguna forma. Atenea, que nunca se reveló como una diosa con malos instintos exclamó: «Yo misma me encargaré de su crianza». Erictonio, en parte hombre y en parte serpiente, llegó con el tiempo a ser un justo rey de Atenas, que instituyó el culto a su protectora y enseñó a sus conciudadanos el uso de la plata. Como hubiera introducido también la utilización del carro tirado por cuatro caballos, su imagen subió al firmamento y se colocó entre las estrellas con el nombre de la constelación del Áuriga.

La fábula de Aracne

Érase una vez una doncella de Lidia (Asia Menor) llamada Aracne, cuyo padre atendía por Idmón de Colofón. La joven había alcanzado un grado de perfección tan extraordinario en el arte de tejer y bordar que parecía que nadie pudiera superarla. Deseosa Atenea (que había enseñado a las mortales tan difícil arte) conocer a tan aventajada discípula, se presentó ante ella disfrazada de anciana y, aunque alabó su técnica, le aconsejó que fuera más modesta. Sin embargo, Aracne se engreyó todavía más y llegó a desafiar a la misma diosa. Ésta se dio a conocer y la competición comenzó. Atenea representó en la tela varias historias en las que revelaba una maravillosa pericia y originalidad. Le tocó el turno a Aracne y llegó a superar, si cabe, a la propia diosa, pero sus temas representados eran verdaderas caricaturas con tintes burlescos de los amores de Zeus y los olímpicos. Encolerizada Atenea por su impiedad y en parte también por no querer reconocer su derrota, propinó a Aracne un tremendo golpe de lanzadera en la cabeza y la locura anidó en Aracne, que poco después intentó ahorcarse. Atenea, que era justa pero no apuraba nunca su venganza, impidió el suicidio y metamorfoseó a Aracne en araña. La joven no cambió de gustos y continuó tejiendo sin cesar sus telas.

Consideraciones finales sobre Atenea

Atenea era muy severa en cuestiones que atentaran contra la moral. Así por ejemplo, castigó a Medusa por haber osado hacer el amor con Posidón dentro del templo dedicado en su honor. Como consecuencia de ello los cabellos de Medusa se transformaron en serpientes y otorgó a sus ojos propiedades de petrificar a todo aquél que los mirara. Perseo, protegido por Atenea, logró cortar la cabeza de Medusa, ayudándose con un espejo para no quedar petrificado y se la ofreció a su estimada diosa. Desde entonces la cabeza del monstruo figuró grabada bien en el escudo, bien en la coraza de Atenea, a quien frecuentemente la acompaña una lechuza, por animal que simboliza la sagacidad a causa de su penetrante mirada.

Atenea llevaba también la égida en su coraza, en la que destacaba la cabeza de Medusa. Esta égida no es la misma que la de Zeus, sino que proviene según unos de la piel del gigante Palas, al que había matado por haber intentado también forzarla, según otros es la piel de una monstruosa cabra surgida del seno de la tierra en Frigia (Asia Menor), que vomitaba torrentes de fuego por la boca. Entre los latinos recibió el nombre de Minerva y junto con Júpiter y Juno formaron la Tríada Capitolina.

ARES [MARTE], TERRIBLE PERO INGENUO DIOS DE LA GUERRA

Quizás el carácter pacífico del pueblo griego provocó la concepción de un dios de la guerra contradictorio, ya que desgraciadamente, por pacífico que sea un pueblo, no puede prescindir a veces de la guerra, digamos necesaria hasta cierto punto y en determinadas ocasiones. De esta forma, nos encontramos con Ares, feroz soberano bélico vencido siempre cuando tenía enfrente un enérgico adversario. En la *Titanomaquia* es derrotado y hecho prisionero por Oto y Efialtes. La propia Atenea le humilla en repetidas ocasiones e incluso en la guerra de Troya un mortal, el griego Diomedes, logra herir al dios en el vientre con su lanza. Los mitólogos quieren buscar en las continuas derrotas frente a Atenea el significado de la supremacía de la ilustración y el talento frente a la fuerza bruta.

Hesíodo nos narra, en su famosa *Teogonía*, que Ares era hijo de Zeus y de Hera. Su talla es sobrehumana y cuando entra en combate profiere gritos terribles. Va siempre armado con coraza, casco, escudo, lanza y espada. Le acompañan en especial Deimos (el Temor) y Fobos (el Terror), hijos de sus

Ares (Marte)
Dios de la Guerra

amores adulterinos con Afrodita. Según otra versión Ares sólo sería hijo de Hera. Se repetiría así la historia de Hefesto, ya que la orgullosa diosa debía tener muy clavada la espina de que Zeus había podido hacer algo semejante con Atenea. La leyenda cuenta que Hera huyó del Olimpo y entró en la Tierra en un templo de la ninfa Cloris (Flora), patrona de las flores y los jardines (de Cloris puede derivar la palabra clorofila = amante de Cloris). Al conocer el motivo del viaje de Hera, Cloris le aconsejó que cogiese cierta flor que brotaba en los campos de Oleno. Y el relato se hace cada vez más poético: la diosa ilusionada cogió la flor entre sus manos y regazo y de ese contacto febril nació un dios robusto e iracundo (digno hijo de ella).

Ares es el espíritu de la batalla que goza de la matanza y de la sangre. En Tracia siempre iba acompañado de su hermana Enio (algunas versiones la hacen su esposa), que conduce carro y recuerda a una furia. Entre los latinos se asimiló a Marte y Enio a Belona. Ante Troya combate casi siempre al lado de los troyanos, aunque no le importa la justicia de la causa que defiende y cambia sin remordimiento de bando. También se encuentra junto a él Éride (la Discordia).

Tracia, que es el país en donde era más venerado, presentaba en la antigüedad un aspecto semisalvaje, de clima rudo, rico en caballos y habitado por belicosas poblaciones; escenario ideal para el dios. En la propia Grecia se le ofrecía culto, en especial en Tebas. Según la leyenda, su rey Cadmo quiso coger agua de un manantial que era celosamente guardado por un dragón hijo de Ares, y como aquél se lo impidiera, Cadmo lo mató y entonces Ares hizo servir a Cadmo como esclavo durante ocho años, quizá con tanta dedicación y sacrificio que los demás dioses se apiadaron de él y al expirar el plazo le casaron precisamente con Harmonía, hija de Ares y Afrodita.

Ares era un dios despreciado por la mayoría de dioses olímpicos y sus aventuras amorosas tuvo que buscarlas por la violencia entre las mortales, excepto la desenfrenada pasión que le inspiró a Afrodita y que fue correspondida hasta que Hefesto, como vimos, descubrió sus relaciones adulterinas con su esposa. Ares no pudo olvidar ya jamás a la diosa del amor que tanto había exaltado sus sentidos, por eso aparte de los hijos habidos con ella sólo se le atribuye en algunas versiones la paternidad de las Amazonas, mujeres guerreras que poblaban Tracia y que aceptaban a los hombres en sus territorios sólo para ser fecundadas y luego les mataban, criando lógicamente nada más a las niñas (mito que recuerda los restos de un matriarcado frente al patriarcado machista de los arios invasores).

El nombre de Areópago, colina de Atenas en donde se reunía el tribunal encargado de juzgar los crímenes de origen religioso, va unido a Ares por el siguiente mito: sucedió que Halirrotio, hijo de Posidón y de la ninfa

Eurite, se había enamorado de Alcipea, hija de Ares (según este relato) y de Aglauro, y al no ser correspondido por la joven, la raptó y la violó. Furioso Ares por la ofensa, mató al atrevido. Desesperado Posidón por la muerte de su hijo, citó a Ares ante el Tribunal de los Inmortales. Los doce grandes dioses se reunieron en una altura de Atenas a cuyo pie había cometido Ares el crimen. El dios defendió su causa con tanta elocuencia y tantas razones que los jueces divinos le absolvieron. Desde entonces aquel lugar se denominó Areópago (de Ares y pagos = lugar alto).

Según otros relatos, los hijos que tuvo Ares con los mortales fueron todos violentos, inhospitalarios y crueles. De ellos se cita a cinco, Diomedes de Tracia, cuyas yeguas comían carne humana, y Licaón, habidos con Pirene. Los otros tres murieron combatiendo contra Heracles. El resto se han considerado héroes secundarios con cierto papel en los mitos bélicos.

En la Grecia propia el culto de este dios pendenciero gozó de poca estima. Pausanias nos cuenta que no se le erigió ningún templo y sólo se le esculpieron contadas estatuas. Sin embargo en Roma, convertido en Marte, tuvo mucho éxito, comenzando por sus fundadores Rómulo y Remo, gemelos hijos del propio Marte y de Rea Silvia. El dios era un buen aliado para un pueblo ambicioso de conquistar un gran imperio. Se le inmolaban el toro, el verraco y el carnero.

APOLO, SÍMBOLO DE LA BELLEZA MASCULINA

Hijo de Zeus y de Leto, Apolo era hermano gemelo de Artemis, la virgen cazadora. Ya vimos como Hera persiguió sin descanso a Leto hasta que arribó a la isla de Ortigia (o de las Codornices), allí nacieron los dos gemelos. Agradecido, Apolo fijó la isla errante y le dio el nombre de Delos, esto es, «la brillante». Leto había dado a luz primero al pie de una palmera (la única existente en la isla) a Artemis y después con ayuda de ésta a Apolo. En el momento de nacer éste, unos cisnes sagrados dieron siete vueltas alrededor de la isla, pues era el séptimo mes de gestación de Leto. Zeus regaló a su hijo una mitra de oro, una lira y un carro al que Apolo unció los cisnes. Tetis le dio el néctar y la ambrosía y Temos cuidó de su infancia. Hefesto había forjado para el dios unas maravillosas flechas (Homero lo menciona siempre como el Flechador).

Como Zeus ordenara a Apolo que se presentara en Delfos, los cisnes le condujeron primero a su país, a orillas del Océano, Más allá de los dominios del Viento del Norte, tierra de los llamados Hiperbóreos, que gozan siempre de un cielo purísimo y que consagraron al dios un culto que nunca terminaba. Allí se ejercitó el dios durante un año y después marchó a Delfos, a donde llegó a comienzos del verano en medio de agasajos sin cuento. En memoria de su llegada se instituyeron en Delfos solemnes fiestas que conmemoraban el inicio de la estación de la luz y el calor, cuando la naturaleza estalla en una sinfonía de vida y las cigarras y ruiseñores cantan con más alegría, mientras las cristalinas fuentes son solaz para los caminantes.

Apolo. Figura central del frontón oriental del Templo de Zeus

En Delfos, Apolo tuvo pronto ocasión de ensayar las maravillosas flechas que le había regalado Hefesto y abatió con ellas al monstruoso Pitón, terror de aquel lugar, el cual según la tradición había sido enviado por Hera para perseguir a Leto cuando todavía estaba encinta. En recuerdo de tal hazaña o tal vez para aplacar la cólera de Hera, fundó unos juegos célebres que derivados del monstruo vinieron a llamarse Píticos. Acto seguido Apolo se apoderó del oráculo de Temis y recubrió su trípode con la piel de Pitón. Esta singular hazaña le valió que Zeus le reconociera como hijo legítimo y le colocara en el rango de dioses mayores, concediéndole el imperio sobre la luz. Por eso los romanos le llamaron también Febo, y a veces es confundido con el Sol (Helios). Sin embargo, y los griegos en esto demostraron grandes conocimientos científicos intuitivos: la luz es una cosa (radiaciones ondulatorias) y los astros que la poseen, como el Sol, son otra.

El trípode consagrado por Apolo en el santuario de Delfos se convirtió en uno de los emblemas del dios, y sentado sobre él la Pitia o Pitonisa pronunciaba sus oráculos, llegando a ser pronto el más famoso centro de adivinación. Los habitantes de Delfos (Grecia central) celebraron con cánticos de triunfo la Victoria del dios y su toma de posesión del santuario. En honor de Apolo crearon el *peán*, un canto en su alabanza. Cada ocho años una solemne fiesta conmemoraba en Delfos el exterminio de Pitón y la purificación de Apolo en el valle de Tempe en Tesalia.

Cierto día Heracles acudió a interrogar al oráculo, y como la Pitia se negaba a responderle, intentó saquear el templo, apoderarse del trípode y establecer un oráculo propio lejos de allí. Apolo le defendió encarnizadamente, pero la lucha quedó indecisa porque Zeus (padre común de ambos contendientes) los separó lanzando un rayo entre ambos y el oráculo continuó en Delfos.

Apolo trasmitió a su hijo Asclepios [Esculapio], engendrado en la mortal Corónide, hija del rey Tesalio Flegias o Arsínoe, e hija de Leucipo, toda la ciencia médica, en la que realizó hallazgos hasta el punto de descubrir el secreto de resucitar a los muertos, cosa que puso en práctica con Hipólito, hijo de Teseo. A causa de ello las enfermedades y el terrible trance final estuvieron a punto de desaparecer de la faz de la tierra. Entonces Hades se quejó a Zeus de que Asclepios pretendía desbaratar el orden establecido en el mundo y el padre de los dioses montó en cólera, fulminando al divino taumaturgo con el rayo. Al saberlo, Apolo marchó a la isla de Lemnos y allí desahogó su ira exterminando a numerosos cíclopes, forjadores de las armas de Zeus. Entonces éste desterró al vengativo Apolo a la tierra, en donde tuvo que vivir como un mortal cualquiera durante cierto tiempo.

En el destierro tuvo que ganarse el diario sustento, sin ser muy afortunado en los oficios que desempeñó. En primer lugar, guardó los rebaños de Admeto, rey de Tesalia, hasta que Hermes le gastó una broma robándoselos impunemente, y Apolo tuvo que huir de aquel lugar para no verse precisado a responder de aquella pérdida.

El único que acudió en ayuda del dios, en su duro peregrinar, fue Posidón, que por aquel entonces también se hallaba desterrado por haber intentado conspirar contra su augusto hermano. Ambos se ofrecieron al rey Laomedonte de Troya para construir sus murallas, aunque después éste no les pagó lo convenido. Durante su destierro, Apolo pasó el tiempo cultivando las artes, enseñando la civilización a los pueblos pastores y amando intensamente a las mortales, aunque muchas veces no se viera correspondido.

Apolo intentó en vano seducir a Dafne, ninfa hija del río Peneo, tan inteligente como hermosa. Como rehusara ceder al dios, éste decidió usar con ella la violencia, pero la ninfa logró escapar. Cuando Apolo pudo darle alcance e intentó abrazarla, la ninfa invocó a Gea y entonces la tierra se abrió, desapareciendo en ella y saliendo en su lugar un laurel, al que Apolo convirtió en su planta sagrada (la corona de laurel, símbolo de victoria). Tanto las artes como la literatura han inmortalizado insistentemente este capítulo de las andanzas del dios. En otra ocasión la mortal Castalia, para escapar también de la persecución de Apolo, se lanzó a una fuente que desde entonces se denominó como la desafortunada joven.

La aventura de Apolo con Corónide (mencionada también como Arsínoe) tuvo igualmente un trágico final, puesto que habiendo sido amada por dicha divinidad, casó sin respetar los sentimientos de su amante inmortal con el arcadio Ischis o Isquis. Un cuervo que Apolo había colocado como guardián de Corónide le informó tarde de la circunstancia. Encolerizado, Apolo soltó una maldición que alcanzó al pájaro y desde entonces todos los de su especie llevan el plumaje negro. Acto seguido envió la muerte a Corónide e Ischis. El cuervo, asustado, trajo en presencia de Apolo los cadáveres de los dos esposos para que la divinidad retirara del seno de Corónide el niño fruto de sus relaciones íntimas, que fue Esculapio o Asclepio, del cual ya hemos hablado.

Otra infausta pasión de Apolo fue la que sintió por Casandra, hija de Príamo de Troya. El dios le concedió el don de la profecía, pero a pesar de ello Casandra, consagrada en virgen-sacerdotisa, no quiso ceder a las insinuaciones de Apolo. Entonces éste convirtió el don concedido a Casandra en una maldición, ya que profetizando la desgracia para ella y para su pueblo nadie la creyó y Troya terminó por ser destruida.

Tantos amores desgraciados provocaron en Apolo cierta aversión al bello sexo. Como consecuencia, cultivó amistad de jóvenes efebos que también murieron trágicamente. Así sucedió con Jacinto, hijo de Amicla y Diomedes. Este joven había gozado de las atenciones de Céfiro y como éste estuviera celoso de que ahora prefiriese al dios, un día en que Apolo y Jacinto jugaban a tirar el disco, desvió el artilugio tirado por Apolo, que fue a dar en la cabeza de su amigo, el cual falleció en el acto. El dios fracasó en el intento de resucitar a su amado. Pero de su sangre consiguió que germinara la flor que ostenta su nombre.

Después el destino se ensañó con Cipariso, amado también por Apolo. El efebo mató sin querer un ciervo que el dios apreciaba mucho y sintió un pesar tan intenso que deseó la muerte, comunicándoselo a su inmortal amigo. Apolo lo metamorfoseó en Ciprés (Cipariso = Ciprés), que desde entonces se convirtió en el emblema del dolor y en compañero de los afligidos. Este árbol (sus ramas) se llevaba en las ceremonias fúnebres y todavía en la actualidad es costumbre plantarlo en los cementerios. Desengañado Apolo de los efebos, reanudó sus relaciones con el género femenino.

Apolo es el dios del Día, de las Artes, de las Letras y de la Ciencia Médica, que tan sabiamente transmitió a su hijo (convertido a su muerte en la constelación del Serpentario). Con igual habilidad conducía un carro que disparaba mortíferas flechas. Era el más hermoso y amable de todos los dioses. El nombre de Apolo y el adjetivo apolíneo significan ideales de perfección y de belleza física. Hay autores que creen ver en el dios una brillante personificación del Sol (recordemos el mito de sus amores con Afrodita) y una vez más insistimos en que algunos lo identifican o confunden con Helios. Homero, en la *Ilíada*, le suele llamar Febo Apolo.

Se le representa joven y sin barba. El arco y las flechas son los rayos materializados de la luz solar: la lira, la armonía de los cielos; y el escudo que le acompaña la protección que otorga a los hombres. Su cuerpo es robusto, elegante y bello. Unas veces le acompaña su hermana Artemis, otras las Horas o Estaciones, otras las tres Gracias y en ocasiones las Nueve Musas.

Ruinas del santuario de Delfos. El culto a Apolo y la consulta a la famosa Pitia o Pitonisa lo transformaron en uno de los más importantes lugares de peregrinación del mundo helénico

Cierto día, el dios Pan desafió a Apolo a competir con él en las artes musicales. Tmolos, la deidad de la montaña de este nombre, actuó como juez y concedió el triunfo a Apolo, pero Midas, rey de Frigia, discrepó de su opinión y entonces Apolo transformó las orejas del soberano en unos enormes órganos auditivos de asno, castigo pues adecuadísimo. El monarca, avergonzado, se esforzó por colocarse un turbante de forma que ocultase aquella deformidad. Sin embargo, el barbero no tuvo más remedio que conocer aquel secreto y como tuviera el vicio que se les imputa a los de su oficio de la charlatanería, sufría lo indecible por no poder contar lo que sabía, hasta que hallándose a punto de reventar, cavó un hoyo en el suelo y susurró el secreto dentro de él. Desgraciadamente, en aquel lugar brotaron unas cañas y, cada vez que el viento soplaba meciéndolas, murmuraban de forma harto perceptible: «Midas tiene orejas de asno»... Lo que le debió pasar al barbero después pertenece al secreto de los tiempos.

Apolo no resistía las melodías imperfectas ni había quien osara rivalizar con él en las interpretaciones de cualquier melodía sin distinción de instrumento. En otra ocasión el sátiro Marsias, como hubiera recogido una flauta fabricada por Atenea y desechada a su vez por la diosa al comprobar en un río como al soplar en ella su rostro se deformaba (circunstancia que había provocado la burla de Hera y Afrodita), Marsias se transformó pronto en un habilísimo flautista, a pesar de los castigos con los que le había amenazado la Diosa de la Sabiduría para quien se aprovechara de su obra. Y así sucedió en efecto:

Marsias osó entonces competir con la lira de Apolo después de hacer sonar su flauta y creyendo que aquella música no tenía parangón en el mundo. Las condiciones de Apolo, fueron durísimas: si vencía haría con su rival lo que se le antojare. Como así fue Apolo colgó a Marsias de un pino y le desolló vivo. Sin embargo, el dios se arrepintió después de tan brutal acción y rompió su maravillosa lira, que había provocado aquella petulante cólera, acto seguido transformó a Marsias ya cadáver en río, lo que equivalía a conferirle la inmortalidad. Este suplicio, como el de Dafne convertida en laurel, son temas corrientes en el arte.

El culto de Apolo se difundió extraordinariamente en todo el ámbito helénico, desde la Grecia continental europea hasta Asia Menor, pasando por sus innumerables islas. Fueron incontables las ciudades que le levantaron templos en su honor, y las más importantes lo hicieron con oráculos, destacando entre todos ellos el ya citado Oráculo de Delfos con los referidos Juegos Píticos semejantes a los Olímpicos, pero en los que predominaban los certámenes de poesía y música.

Según un mito de la época clásica, en el cortejo de Apolo destacaban las *Nueve Musas*, que presidían las nueve artes de las que era dios aquél. Hijas de Mnemosine y de Zeus, eran nueve hermanas fruto de otras tantas noches de amor. Cada una tenía a su cuidado la protección de una de las artes y poseía sus atributos correspondientes. Así *Calíope* se encargaba de la Poesía Épica y la Elocuencia y se la representaba con tablillas y estilete. *Clío* era la musa de la Historia, provista de trompeta heroica y de clepsidra para medir el tiempo. *Talía* atendía a la Comedia con su bastón de Heracles y máscara cómica, *Melpómene* se ocupaba de la Tragedia, también con bastón herácleo y máscara trágica. *Terpsícore* era la patrona del baile, siempre acompañada de su cítara. *Erato* inspiraba Poesía amorosa con su pequeña cítara. *Euterpe* hacía lo propio con la Música, por lo que traía siempre una flauta. *Polimnia* presidía la Pantomima y la Armonía, tan queridas por los griegos, y finalmente *Urania* guardaba la Astronomía, siempre con el globo celeste y el compás.

ASCLEPIO [ESCULAPIO], EL SABIO HIJO DE APOLO

Digamos ahora algo más de Asclepio, por su significado simbólico como benefactor de la humanidad, a causa de terminar siendo el héroe y dios de la Medicina. Tal como ya mencionamos, era hijo de Apolo y de la mortal Corónide, pero como durante su embarazo ésta había amado también al joven Isquis y sabedor Apolo de tal infidelidad, hizo perecer a Corónide y cuando el cuerpo de ésta era colocado en la pira para incinerarlo, el dios arrancó de su seno a Asclepio todavía vivo. Apolo confió a su «nonato» hijo al centauro Quirón quien le adiestró en los secretos médicos, con tal acierto que pronto Asclepio aventajó al maestro. Además Atenea le regaló la sangre de la Gorgona, que poseía dos propiedades bien diferentes, mientras la procedente de las venas del lado izquierdo era altamente venenosa, la del derecho era tan extraordinariamente salutífera que conseguía hasta resucitar a los muertos. De esta forma numerosos jóvenes que habían perdido la vida fueron devueltos a ella por dicho procedimiento de administrarles tan maravilloso plasma y ya vimos como Zeus terminó por eliminarle del mundo de los humanos, temeroso de que desbaratase el orden establecido al hacer desaparecer a la muerte a su antojo.

Asclepio, denominado Esculapio por los romanos, convertido ya en dios, se le representa con una copa en la que se enrosca una serpiente, símbolo de la Medicina y sus remedios, englobados en lo que actualmente conocemos como ciencia farmacéutica. Sus templos, situados frecuentemente en las afueras de las ciudades (circunstancia muy terapéutica ya en aquel tiempo), eran verdaderos sanatorios pues se hallaban al cuidado de gentes versadas en los secretos médicos. De entre todos ellos sobresalió el de Epidauro, que se transformó en un centro de peregrinación de primer orden, una especie de Lourdes de la época, al que acudían enfermos de todo el ámbito helénico sin distinción de edad, clase social o sexo. En Epidauro, situado en el Peloponeso (subpenínsula de Morea), cerca del Istmo de Corinto, fue foco de una verdadera escuela de medicina, cuyas prácticas en principio mágicas prepararon el advenimiento de una corriente más científica. Los «sacerdotes Asclepiadas», que se tenían por descendientes del dios, se transmitían entre sí los secretos de su oficio. Hijo de uno de estos sacerdotes fue Hipócrates (460-377 a.C.), considerado el «padre» de la medicina científica, cuyo juramento impetrando la protección de Esculapio y Apolo todavía puede verse en la mayoría de consultorios y salas de espera de los gabinetes médicos actuales.

Una famosa estatua de Esculapio procedente de Ampurias (Gerona), la colonia griega más importante de la Península Ibérica, puede contemplarse en el Museo Arqueológico de Barcelona. Sin embargo, volvamos al mundo de los mitos y preguntémonos, ¿cuándo Zeus montó en cólera ante la osadía de Asclepio de resucitar a todo el que muriera? Cuando empleó su maravilloso arte con Hipólito, ¿pero quién era este Hipólito? La respuesta nos lleva a relatar otra de las historias mitológicas más trágicas y trascendentes tanto en literatura como en la época actual en cinematografía: la historia de Hipólito y Fedra.

LA TRÁGICA MUERTE DE HIPÓLITO Y FEDRA

Hijo del rey de Atenas Teseo y de la amazona Melanipa, Antíope o Hipólita, Hipólito había heredado de su madre una extraordinaria pasión por la caza y era un ferviente servidor de la diosa Artemis, despreciando en cambio las artes amorosas de Afrodita. Despechada la hermosa divinidad protectora del erotismo, concibió cruel venganza. He aquí que Teseo se había casado en segundas nupcias con la joven y hermosa Fedra. Entonces Afrodita hizo concebir en ésta una innoble pasión por su hijastro, hasta que terminó por ofrecérsele. El honrado Hipólito rechazó asqueado el requerimiento, pero entonces Fedra, temiendo que éste le fuera a contar el hecho a Teseo, rasgó violentamente su túnica, rompió la puerta del dormitorio conyugal y al regresar su esposo afirmó que Hipólito había querido violentarla. La cólera de Teseo no tuvo límites, sin embargo, no queriendo matar por su propia mano a su hijo, se lo solicitó a Posidón, que le había prometido satisfacer tres peticiones suyas. Aunque repugnándole la idea, para cumplir su promesa el dios de las aguas hizo surgir de las profundidades marinas un monstruo que volcó el carro de Hipólito cuando éste paseaba por el litoral, accidente que provocó la muerte del infortunado joven. Presa de remordimientos, Fedra terminó por ahorcarse.

Acudió entonces Artemis, enamorada de su ferviente adorador y consiguió que Asclepio le devolviera la vida, aunque desencadenando como hemos relatado un nuevo drama. Artemis se llevó a Hipólito a un oculto santuario en la península itálica y allí consiguió para él la inmortalidad. Pero esto ya nos lo cuenta una versión romana. Sea como fuere, el teatro y en la actualidad el cine se recrearon una y otra vez en la figura de Fedra, y su nombre, uno más, puede parangonarse al lado de otros, como los famosos Edipo o Electra.

ARTEMIS [DIANA],
LA HERMANA GEMELA DE APOLO

Aunque algunos mitos pretendan hacerla hija de Deméter, la versión más corriente la hace hija de Leto y de Zeus, hermana gemela de Apolo. Artemis nació primero y entonces ayudó a venir al mundo a su hermano (cosa sólo comprensible entre dioses…). Testigo de los dolores maternos, concibió tal aversión al matrimonio que obtuvo de Zeus la merced de la virginidad como su hermana Atenea. Artemis terminó por ser así el prototipo de doncella arisca eternamente joven y cuyo único placer es la caza. En cierto sentido podría ser símbolo de cualquier movimiento feminista malentendido.

Zeus armó a su hija con el arco y el carcaj y le concedió el dominio de los bosques, junto con un séquito de ninfas a las que impuso una inviolable castidad. Artemis escoge como víctimas en especial a los ciervos, con quienes compite en veloz carrera y a quienes hace blanco de sus mortíferas flechas, pero también se complace a veces en lanzarlas contra los humanos. Los helenos creían que era ella la que enviaba a las mujeres la dolencia que las hacía perecer de sobreparto por haber roto, lógicamente, la castidad. También se le atribuía las muertes repentinas, si bien la mayoría de éstas son tan indoloras como el certero disparo de una flecha al corazón, y por añadidura emponzoñada.

No perdonaba a su séquito cualquier veleidad amorosa. Así expulsó a la ninfa Calisto cuando se enteró de sus devaneos con el propio Zeus. Celosa de su castidad y sintiéndose indignada por haber sido contemplada por Acteón cuando se bañaba desnuda en un manantial, convirtió a éste en ciervo, a fin de que los propios perros del desgraciado le devoraran, como así sucedió en efecto. Los perros entonces buscaron en vano por todo el bosque a su amo, llenándolo con sus gemidos lastimeros, hasta que habiendo escuchado los lamentos el centauro Quirón, moldeó una estatua de Acteón para consolar a tan fieles animales. Algunos mitólogos han querido ver en esta historia la pasión del hombre arruinado por el *hobby* de la caza.

Celosa de su hermosura, no permitía que nadie la desconociera o intentara sobrepasarla. Chiome, que se vanaglorió de ser más bella que la diosa, terminó asaetada por ésta. Vengativa como la que más, envió contra el rey de Calidonia un enorme jabalí por haber olvidado éste el ofrendarle las primicias de los campos, jabalí que terminó siendo muerto por Meleagro, aunque también a él le alcanzó el sino trágico por la maldición de la diosa.

Entre las víctimas de Artemis figura también Orión, el cazador gigante.

Detalle del friso oriental del Partenón
en el que vemos a Poseidón, Apolo y Artemis

Si bien Orión incurrió en la ira de ésta por haberla desafiado al lanzar el disco, también el motivo pudo muy bien ser el intento de forzar por parte de Orión a una de las compañeras de la diosa, y hay quien dice que fue la misma diosa la que estuvo en un tris de ser violentada. Artemis envió a su perseguidor a un enorme escorpión, cuya picadura le fulminó en el acto. El nombre de Orión coincide con una de las más brillantes constelaciones.

Artemis tuvo un papel destacado en la *Gigantomaquia*. Su rival fue el gigante Gratión, al que venció ayudada por Heracles. También causó la pérdida de los Aloadas y se le atribuye igualmente la muerte de un monstruoso ser que devoraba los bueyes de la Arcadia.

Quizás a la única que amó con veneración fue a su madre Leto. Cuando la mortal Níobe se jactó de ser más bella que la titánida por haber dado a luz una numerosa prole, mientras que Leto solamente había tenido dos hijos, Artemis, ayudada por su hermano Apolo, fue matando uno a uno a toda la descendencia de la infeliz Níobe por el insulto realizado y a fin de que Leto no sufriera más humillaciones de la mortal.

Algunos mitos identifican a Artemis con Selene (la Luna), a semejanza de lo que hacían con Apolo Febo (el Sol). Sin embargo, otros la despojan de este carácter de señora de la noche y le asignan sólo de «Señora de los bosques y de las fieras», siendo llamada Diana por los latinos. Lógicamente las Amazonas, guerreras y cazadoras como ella, la tenían por su protectora. Sus templos se emplazaban en las regiones más agrestes y montañosas de la Hélade, así por ejemplo en Esparta. En Efeso, en Asia Menor, también tuvo un templo importante.

En las representaciones artísticas se ve a la diosa en traje de cazadora, anudados los cabellos por detrás, la ropa recogida con un segundo ceñidor y el carcaj terciado a la espalda, un perro al lado y el arco tirante presto al disparo. Lleva las piernas y los pies desnudos o va con borceguíes, y aparece frecuentemente con un seno descubierto en parte. Toda ella tiene un encanto exótico ante tan fiera belleza. Su templo de Efeso pasaba por ser una de las maravillas del mundo, hasta que el pastor Eróstrato —ávido de fama— le puso fuego con el fin de inmortalizar su nombre el año 336 a.C. Dícese que la misma noche del nacimiento del gran emperador macedónico Alejandro Magno. Cuenta la leyenda que el incendio tuvo lugar mientras la diosa Artemis estaba fuera del templo asistiendo en el parto a Olimpia, madre del gran conquistador.

Indignados, los efesios promulgaron un decreto por el que prohibían pronunciar el nombre del incendiario para que éste fuera olvidado. Sin embargo, por severa que fuera aquella ley, no fue suficiente y la Historia nos ha legado el nombre de aquel demente. Años después los efesios erigieron en honor de la diosa un nuevo templo.

LA HISTORIA DE IFIGENIA UNIDA AL CULTO DE ARTEMIS

Ifigenia era una de las hijas del rey Agamenón, caudillo supremo de los griegos en su expedición contra Troya y de la que después sería la malvada Clitemnestra. Según el relato, Agamenón había incurrido en la cólera de Artemis y la flota de los aqueos no podía salir para su destino, hallándose paralizada en Áulide sin que los vientos le fueran favorables. Ante tan adversa situación los griegos interrogaron al adivino Calcante, quien respondió que la cólera de la irascible diosa tan sólo sería calmada si Agamenón consentía en sacrificarle a su hija Ifigenia, que entonces se hallaba en Micenas con su madre (Micenas era la capital del reino de Agamenón). Agamenón no quiso prestar oídos a esta cruel propuesta y se negó en redondo, pero finalmente, a instancia de los expedicionarios y en especial de Menelao y Ulises, hubo de ceder.

Ifigenia fue requerida por su padre con el pretexto de que deseaba casarla con Aquiles y ordenó a Calcante que, antes de que ésta pudiera percatar-

Ifigenia en Táuride. Representación del famoso pasaje
de la vida de esta heroína, hija de Agamenón

se del engaño, la inmolase en el altar dedicado a la diosa cazadora. Cuando todo se hallaba preparado para la inmolación y en el instante supremo en que ésta debía producirse, Artemis, que a pesar de todo también era capaz de buenos sentimientos, se apiadó de la infortunada doncella y la sustituyó por una cierva que pronto fue sacrificada, mientras que Ifigenia fue transportada milagrosamente a Táuride, en la actual península de Crimea, en donde fue convertida en sacerdotisa de la diosa virgen.

La doncella vivió muchos años en aquel apartado lugar al servicio de Artemis, que le confió la misión —cruel por cierto— de sacrificar a todos los extranjeros arrojados a la costa de aquel país por algún naufragio. Cierto día, cuando dos de estos desgraciados iban a ser inmolados, Ifigenia reconoció en ellos a sus hermanos Orestes y Pílades, los cuales habían sido enviados por el oráculo de Delfos en busca de cierta estatua de la diosa que se hallaba en un extraño lugar y al servicio de la que se hallaba una misteriosa sacerdotisa. Muy contenta Ifigenia y suponemos que con el consentimiento de Artemis, abandonó aquellos parajes y con la estatua y sus hermanos regresó a Grecia. Si bien por el camino les ocurrirían múltiples aventuras, mientras unos mitos se confundirían con otros y darían lugar a diversas versiones.

Sea como fuere, lo cierto es que historias como la de Hipólito o la de Ifigenia encuentran relatos que en cierto modo nos las recuerdan en la propia Biblia, como por ejemplo en la actitud de la mujer de Putifar, el capitán de la guardia del Faraón, con el casto José o en el sacrificio de Isaac por su padre Abraham, abortado por el propio Yahvé cuando se hallaba a punto de consumarlo. Prueba de todo ello del sujeto común de la Mitología, la Historia y la Religión: el Hombre.

HERMES, MENSAJERO DE LOS DIOSES

Hermes es otro hijo de Zeus y de Maya, la más joven de las Pléyades, hija a su vez de Atlas. Según el mito, Maya lo había concebido en una caverna del sur de la región de la Arcadia en plena noche, mientras toda la naturaleza, dioses y hombres, se hallaban profundamente dormidos. Como naciera en un cuarto día de mes, se le consagró este día. Envuelto como si de una momia se tratara (salvo la cabeza), tal como se acostumbraba a hacer entonces (y durante mucho tiempo) con los recién nacidos, desde el mismo instante de su nacimiento el nuevo dios demostró una extraordinaria vivacidad y terminó pronto por desasirse de las vendas, y marchó a realizar lo que más le gustaba: el vagabundeo y la aventura.

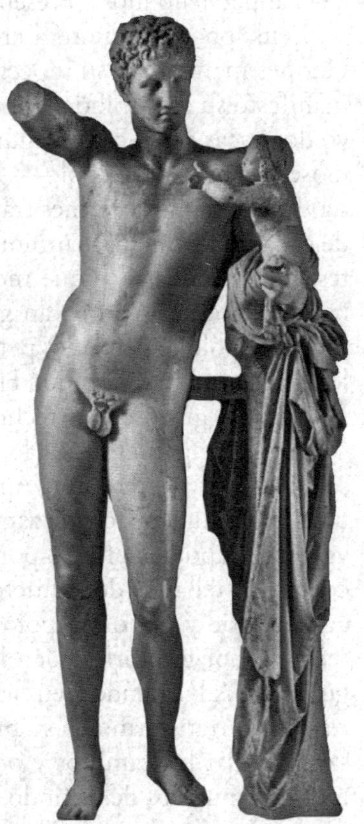

Hermes [Mercurio], sosteniendo a Dionisio [Baco] niño. Escultura atribuida a Praxíteles (siglo IV a.C.)

Llegó hasta Tesalia, en donde se hallaba su hermano Apolo al servicio del rey Admeto, que le había confiado un magnífico rebaño. Mientras Apolo se hallaba distraído con sus escarceos amorosos con Himeneo, Hermes terminó por robarle parte del ganado y antes de ocultar el botín dejó señuelos equivocados para evitar el ser descubierto. Apolo descubrió la pérdida, pero las huellas dejadas por Hermes le despistaron, hasta que un grupo de sátiros, a cambio de una buena recompensa, se ofrecieron a Apolo para recuperar lo perdido. La búsqueda fue infructuosa, finalmente un grupo de ellos escuchó al pasar por la Arcadia una música como la que nunca habían oído.

«¿Quién interpreta estas bellas melodías?», preguntaron a la ninfa Cilene, que había auxiliado a Maya en el parto y a cuyo cargo se hallaba el pequeño dios. «Un niño de extraordinario talento —contestó ella—, nacido hace poco y con un ingenio tal que, con la concha de una tortuga y algunas tripas de vaca, se ha fabricado una maravilloso instrumento y ha conseguido que fuera su madre la que se durmiera en lugar de hacerlo él.»

«Pero, ¿de dónde ha obtenido las tripas de vaca para las cuerdas del instrumento?», siguieron preguntando los animosos sátiros. «¿Qué no véis que un niño así no puede tramar tal fechoría?», replicó Cilene, y cuando iba a despacharlo bruscamente apareció el propio Apolo. El dios había averiguado toda la verdad gracias a su experiencia adivinatoria y se quejó a Maya de lo realizado por su hijo. Maya señaló que todavía dormía (o por lo menos fingía hacerlo) y le preguntó como podía ser posible aquello. Sin embargo Apolo, que había reconocido dos cueros puestos a secar fuera de la cueva, llevó al pequeño dios a presencia de Zeus y le acusó formalmente.

Zeus, poco dispuesto a creer que su nuevo hijo era ladrón, quiso que Hermes mantuviera su inocencia, pero éste, acosado por Apolo, flaqueó y manifestó su culpabilidad, al tiempo que prometía restituir lo robado, salvo dos vacas sacrificadas según propia confesión a los doce dioses. «¿Doce dioses? —preguntó Apolo— ¿y quién hace el número doce?» «El que desea serviros —replicó Hermes tranquilo—. Con las dos vacas hice doce partes de cada una y mientras inmolé tal como mandan los cánones las once partes, me quedé las dos que me correspondían y me las comí porque tenía mucha hambre.» Al oír tan graciosa explicación y conocer a su hermano menor, Apolo le perdonó, pero le rogó que a cambio del ganado sustraído le regalase la lira con la que Hermes había desgranado tan bellas melodías. Éste aceptó gustoso y estrechó fraternalmente la mano de Apolo.

Poco tiempo después, Hermes se hallaba guardando las diez vacas conseguidas por el trato con Apolo cuando, para distraerse, construyó con unas cañas una especie de zampoña y tocó otra tonada. Al escucharla nuevamente, Apolo le ofreció por ella el cayado de oro que utilizaba para apacentar los rebaños de Admeto. Hermes solicitó además lecciones de arte adivinatorio y, aunque Apolo se resistió a revelarle alguno de sus secretos, terminó por indicarle quién le enseñaría a descifrar el porvenir mediante guijarros. Advirtiendo Zeus lo útil e ingenioso que era y podía ser su nuevo retoño, lo transformó en su mensajero o heraldo, con la misión además de salvaguardar los caminos y poder mantener libremente el comercio entre todos los pueblos del mundo.

A partir de entonces Hermes se transformó pues en el mensajero de la voluntad divina, encargándose de persuadir a quien lo escucha por su gran elocuencia y por eso fue reputado como inventor del alfabeto y el lenguaje.

Por esta razón se le ofrecía en los sacrificios la lengua de las víctimas. A causa de su función de mensajero divino, en las encrucijadas se levantaban las denominadas «Hermes», pequeñas pilastras rematadas por una o varias cabezas del dios, que indicaban la dirección de los senderos. Hermes protegía también a los que salían de viaje, así como a los comerciantes, ya que desde épocas bastante remotas, a consecuencia de su astucia y habilidad, se colocó bajo su amparo al comercio, tanto el que proporcionaba ganancias lícitas como fraudulentas. Refugiándose en esta última faceta los ladrones, los mentirosos y los engañadores.

Hermes solía cubrirse la cabeza con el *petaso*, especie de bonete o gorro provisto de aletas, como en los pies, en las espaldas y en el caduceo, que denotaban la presteza con que ejecutaba las órdenes de los dioses. Salvo en los mitos que hemos relatado, propios de su infancia, en el resto de leyendas interviene generalmente como figura secundaria. En la *Gigantomaquia* mata al gigante Hipólito gracias al casco de Hades que lo hace invisible; agradecido, salvó al dios de la guerra sacándole de la vasija de bronce en la que los Aloadas lo habían apresado. Igualmente intervino con éxito, salvando a Zeus de quedar para siempre inmóvil cuando Tifón había arrancado los tendones al padre de los dioses y los había puesto bajo la custodia del monstruo Delfine. Valiéndose de su habilidad para sustraer, rescató de Delfine los tendones y consiguió así que Zeus pudiera renovar la lucha.

Hermes tuvo muchos amores con diosas y mortales, pero la fábula ha pasado por alto nombres y detalles, salvo los de Autólico, abuelo de Ulises, que heredó del dios su habilidad en el robo; Eurito, uno de los Argonautas; Abdero, epónimo de la ciudad de Abdera y amante de Heracles, que fue devorado por las yeguas de Diomedes; y algún relato habla de sus devaneos con Afrodita, de quien habría engendrado a Hermafrodito. Éste era un mancebo experto como su padre y tan hermoso como su madre, pero insensible a la llamada del amor, de tal forma que despreció la llamada de la náyade Salmacis cuando, prendada de él, se le ofreció. Ante tal despecho, Salmacis consiguió que los dioses uniesen su cuerpo al de Hermafrodito de tal forma que sólo formasen uno conservando los dos sexos. La palabra hermafrodita quedó a partir de entonces para significar cualquier vegetal, animal o persona poseedora a la vez de los sexos.

En los cuadros y esculturas Hermes lleva a menudo una bolsa en la mano. Si se le ve con una cadena de oro en la boca es portador de la elocuencia; si lleva una tortuga o una concha de ella, nos recuerda que fue el inventor de la lira que después regalaría a su hermano Apolo. Cuando se le simboliza con una lanza o un tridente se le hace protector del comercio por mar. En los diversos casos Hermes —que para los latinos se transformó en Mercurio, que guarda similitud con Mercari = comercio, mercado— se nos presenta como un joven bello, ligero, desnudo a veces con el manto en la espalda o como acompañante del pequeño Dioniso. Hermes recibió el encargo de acompañar a las tres diosas, Hera, Afrodita y Atenea junto a Paris, para que éste dictaminara cuál era la más bella. El cordero fue también símbolo del dios en su función de pastor, por lo que a veces se le representó con este animal sobre los hombros, de donde deriva sin solución de continuidad la simbología del Buen Pastor de la tradición cristiana.

La Arcadia fue el lugar más antiguo donde apareció su culto y continuó en la región donde fue venerado, en especial como protector del pastoreo. A este símbolo se le añadió una última e importantísima función. Puesto que el cordero fecunda el ganado, Hermes pasó a ser también uno de los protectores de la fecundación, y como tal se relacionó con Dioniso, tal como ya hemos citado.

DIONISO O BACO, DIOS DE LA ALEGRÍA, EL VINO Y EL DESENFRENO

El origen de su culto proviene de Frigia, en Asia Menor, y al parecer pasó a Tracia en el norte de Grecia, de donde se extendió por el resto del escenario helénico. Etimológicamente, Dioniso (de *Dio* y *Niso*) significa «el dios de Nysa» y fue venerado como dios de la viña, el vino, el delirio místico, la fertilidad de la Naturaleza, la vegetación y de todo lo relacionado con la humedad y los placeres. Ya los griegos le llamaron también *Baco*, nombre con el que pasó a los romanos.

Su nacimiento e infancia

Cuando la tierra quedó fecundada por las aguas bienhechoras del cielo (mito de Gea y Urano) fue necesario, para que alcanzara la madurez, sufrir las quemaduras del Sol (en este caso una manifestación del dios padre) que le secaban por completo. Entonces tan sólo se desarrollaron los frutos y se vio aparecer sobre la viña nudosa los racimos dorados. Esto parece ser la interpretación del mito de Sémele, madre de Dioniso.

Sémele era hija del rey de Tebas, Cadmo, y de Harmonía. Amada por Zeus, el dios la visitaba en el palacio de su padre, hasta que un día, cediendo a una malévola sugestión de Hera, que había tomado el aspecto de su nodriza, Sémele suplicó a Zeus que se le mostrara en toda su olímpica majestad, no fuera a ser su amante un falso Zeus. Como junto a los ruegos

Sémele había hecho jurar al padre de los dioses que atendería su petición poniendo por testimonio a Estigia (y esto era un juramento sagrado), Zeus no pudo negarse, muy a pesar suyo, y los rayos y relámpagos de su apoteosis consumieron a la desgraciada Sémele. El niño que llevaba ya en su seno hubiera perecido también de no ser por una especie de hiedra que se interpuso e hizo de pantalla. Zeus recogió al niño y lo encerró en su muslo. Llegada la época del alumbramiento lo sacó con ayuda de Ilitia, y así vino al mundo Dioniso o Ditirambo, que quiere decir algo así como el dios «nacido dos veces».

Dionisio, dios de los viñedos. Este aspecto se superpuso al más antiguo de dios de la vegetación.

El pequeño dios fue confiado a Hermes, quien encargó de su crianza a Ino, hermana de Sémele, la cual vivía en Orcómeno con su esposo Atamante y eran soberanos de aquel lugar. Sin embargo, Hera siguió con su celosa venganza y enloqueció a Ino y a Atamante. Zeus tuvo que acudir nuevamente para salvar a su hijo y Hermes se lo llevó al país de Nysa, que los mitólogos no han sabido situar con exactitud y allí lo entregó a las ninfas de aquel lugar. Con objeto de evitar que Hera le reconociese lo transformó entonces en cabrito. Las ninfas fueron recompensadas más tarde por el celo desplegado en cuidar al divino infante y obtuvieron el premio de ser transformadas en constelaciones, bajo el nombre de Híades.

Las ninfas le habían iniciado en el conocimiento de las Bellas Artes y especialmente en la armonía y el baile. Después se encargó de su educación el viejo Sileno y sus compañeros. Hijo de Pan y de madre desconocida, amigo de los dioses, de carácter indolente y jovial, satírico y sin mordacidad, y gran bebedor, y al que todos los pintores han representado con paso incierto, nariz colorada y muy obeso, con cuernos, ora montado en un pollino, ora de pie y apoyado en una vara cubierta de yedra y hojas de parra, llamada Tirso. Según la leyenda, de él descienden los Silenos y Sátiros, los unos poseían un aspecto joven, los otros viejo.

Mayoría de edad de Dioniso

Cuando Dioniso hubo pasado su niñez descubrió el fruto de la viña, así como el arte de sacar el vino de él. Parece ser que en principio usó del vino con moderación, pero Hera, aprovechando aquel hallazgo, volvió loco a Dioniso (es decir le hizo caer en una aguda borrachera).

Para curarse, Dioniso consultó un oráculo, pero para llegar hasta él encontró en su camino un marjal que franqueó gracias a la ayuda de un asno. El animal fue premiado con el don de la palabra. Una vez vuelto a la razón, Dioniso emprendió largos viajes a través del mundo, a fin de extender el inestimable don del vino.

Viajes y aventuras de Dioniso

Saliendo de las montañas de Tracia, atravesó la Beocia y penetró en el Ática. Allí fue hospedado por el rey Icario, a quien ofreció como regalo una cepa de vid. Icario tuvo la imprudencia de hacer beber vino a los pastores, quienes sintiéndose crecidos por la borrachera lo asesinaron. La hija de Icario, Erígone, que se había enamorado de Dioniso y le había dado un hijo, el futuro héroe Estáfilo, descubrió gracias a su perra Mera en donde se hallaba el cadáver de su padre y ante aquel espectáculo se ahorcó en un árbol vecino. Dioniso se vengó, provocando una locura colectiva entre las doncellas atenienses, que terminaban ahorcándose. Consultado el oráculo de Delfos, explicaron que ello era debido a la cólera del dios por el crimen que había quedado impune. Entonces los culpables fueron castigados y en honor de Erígone se instituyó una fiesta de la que se dice que en su origen terminaba cuando algunas muchachas se colgaban de los árboles. Con el tiempo las jóvenes fueron sustituidas por discos en los que figuraban rostros humanos.

Icario fue transportado al cielo con su hija y su fiel perra, los cuales, como acostrumbraba a suceder, fueron transformados en constelaciones, convirtiéndose en las de Boyero, Virgen y una de las estrellas de la Canícula.

Recibido en Etolia por Oneas, rey de Calidón, Dioniso se enamoró de Altea, la mujer de su huésped. De estas cortas relaciones nació Dejanira y el dios agradeció a su amante aquella discreción, dándole la primera copa de vino. Después pasó a Laconia y allí fue agasajado por su soberano, Dión, que tenía tres hijas. Dioniso quiso seducir a la más joven, que también se había prendado de él, pero sus hermanas mayores previnieron a su padre. Entonces el dios las enloqueció convirtiéndolas en rocas, mientras que Caria, la que fuera objeto de sus deseos, fue metamorfoseada en nogal.

A continuación pensó visitar las islas del archipiélago. Cuando inició la travesía fue capturado por unos piratas tirrenos, quienes le llevaron a su navío. Creían ellos que era hijo de un rey y esperaban obtener un buen rescate. Quisieron atarle con fuertes ligaduras, pero éstas se deshacían por sí solas. El piloto asustado, presintiendo la divinidad de Dioniso, pidió a sus compañeros que le devolvieran la libertad, pero éstos rehusaron. Entonces sucedieron una serie de prodigios: a lo largo del sombrío navío se deslizó un vino delicioso y perfumado. Una viña sujetó sus ramas a la vela, mientras que alrededor del mástil se enrollaba una yedra de sombrío follaje. El dios se convirtió en un león de aspecto terrible y los marineros, asustados, se precipitaron al mar, siendo convertidos en delfines y salvándose tan sólo el piloto (lo cual explica que los delfines sean amigos de los hombres y se esfuercen por salvarlos de los naufragios, puesto que son piratas arrepentidos).

Encontrándose un día en la isla de Naxos, Dioniso vio en la orilla a una bellísima joven dormida. Era la hija de Minos, Ariadna, que Teseo había traído consigo de Creta tras matar al Minotauro y a la que por indescifrables enigmas del Destino había abandonado. Ariadna, al darse cuenta de la partida de Teseo, se había entregado a una violenta desesperación, pero Afrodita la consoló haciendo que Dioniso la tomara por esposa y le regalara una corona de oro forjada por Hefesto, con la que probablemente pronto olvidaría al desalmado Teseo. Los dioses asistieron a las solemnes bodas y llenaron de regalos a los esposos, mientras Ariadna, después de dar tres hijos a su divino esposo: Evantes, Enopio y otro Estáfilo, obtuvo el don de la inmortalidad y fue transformada, ¿cómo no? en otra constelación.

La aventura que procuró más fama a Dioniso fue la conquista de la India, a semejanza de lo que después haría históricamente Alejandro. Esta conquista fue mitad guerrera, mitad divina, pues sometió aquellas tierras, no sólo por la fuerza de las armas, ya que llevaba consigo un ejército, sino mediante sus encantamientos y poder místico. La India y todas las regiones vecinas se rindieron al ejército invasor, que en vez de usar lanzas y escudos empleaban pámpanos, troncos de vid y panderetas. Vemos aquí como en el mito se mezclan fabulosas expediciones que se atribuyen al dios. Es decir, en el fondo siempre lo real adulterado por la tradición oral de los pueblos antiguos y convertido en mito.

A raíz de la formación de este relato parece que tomó origen el cortejo triunfal con el que Dioniso se acompañaba: un carro tirado por panteras profusamente adornado con pámpanos y yedra mientras era acompañado por sátiros, silenos, bacantes y otras divinidades menores como el dios Príapo, que había engendrado con Afrodita.

Otros mitos señalan que Dioniso también visitó Egipto y la crecientemente fértil Mesopotamia a orillas del Eúfrates y el Tigris. Tras estas gloriosas expediciones volvió a Grecia, pero ya no era el dios rudo salido de las montañas de Tracia, en contacto con los asiáticos se había afeminado. Poseía entonces los rasgos de un hermoso adolescente vestido con una larga túnica y tocado con una guirnalda de flores. Su culto era un complejo de ritos desenfrenados, por lo que fue acogido con desconfianza y hostilidad. Cuando regresó a su región natal, el rey de Tracia Licurgo se declaró contra él. Obligado a huir, buscó asilo cerca de Tetis en las profundidades del mar. Después pasó a la contraofensiva y castigó a Licurgo, que había hecho prisioneras a las Bacantes que escoltaban al dios, extendiendo la esterilidad en el país y privando a Licurgo de la razón, de tal modo que mató a su propio hijo Drías, en la creencia de que era una cepa de viña. La desolación no acabó en Tracia hasta que Licurgo, por orden del oráculo, fue conducido sobre la montaña Pangión, en donde, atado a cuatro caballos, resultó descuartizado.

Dioniso tampoco fue bien acogido por Penteo, rey de Tebas, que era primo del Dios, pero a pesar del parentesco le encarceló. Dioniso se liberó de la prisión y enloqueció a Agave, madre de Penteo, así como a las mujeres tebanas. Transformadas en Ménades, llegaron a Citerión con el fin de celebrar las fiestas en honor del dios. Penteo tuvo la imprudencia de seguirlas, llegando en el momento en que las participaciones se encontraban en pleno frenesí: su propia madre lo confundió con un animal y lo despedazó. Tal es el argumento de la famosa obra de Eurípides *Las Bacantes* (405 a.C.). Una desgracia parecida aconteció a los habitantes de Argos, al rehusar reconocer la divinidad de Dioniso, ya que éste enloqueció a todas las mujeres del país, que recorrieron la campiña mugiendo como si hubiesen sido convertidas en vacas y llegando en su extravío a comerse a los hijos de su propio seno.

Representación del dios del vino, por Caravaggio (1573-1610)

Las hijas del rey Orcome rehusaron tomar parte en las fiestas dionisíacas. Entonces el dios se presentó ante ellas adquiriendo el aspecto de un hermoso joven e intentó persuadirlas por las buenas. Al ser rechazado, por desprecio se convirtió en toro, después el león y finalmente en pantera. Aterrorizados por estos prodigios, las jóvenes perdieron la razón y una de ellas llegó a destrozar a su propio hijo. Dioniso por último las metamorfoseó en ratón a la primera, a la segunda en lechuza y a la tercera en búho.

Implantado al fin su culto en Grecia, Dioniso quiso bajar a los Infiernos en busca de la sombra de su madre, Sémele, para devolverla al mundo de los vivos. Para ello hubo de atravesar el lago de Lerna, un profundísimo y macabro lugar que se creía que no tenía fondo y que al parecer se tenía como el acceso más directo al antro infernal. Pero, como Dioniso no conocía el camino, se lo preguntó a un tal Polimno, quien le solicitó para cuando regresase cierta recompensa. Sucedió que cuando Dioniso volvió no pudo otorgársela, porque Polimno había muerto en su ausencia; para compensarlo, el dios dejó su bastón en la tumba del que tan bien le había orientado. En el infierno Dioniso rogó a Hades que dejara marchar a su madre; Hades se compadeció de él a condición de que le regalara algo que tuviera en gran estima. Dioniso le cedió el mirto, que era una de sus plantas predilectas, y de aquí se originó al parecer la costumbre de que los iniciados en los misterios dionisíacos se coronaran la frente con mirto.

Dioniso marchó así al cielo con su madre, ya en calidad de dios del Olimpo y con el beneplácito de Zeus, que lo admitió a pesar de sus excentricidades.

Trascendencia del culto a Dioniso

Antiquísimo y difundido por toda Grecia, las islas y Asia Menor, el culto de Dioniso contaba con un calendario rico en fiestas de carácter licencioso y orgiástico en las que destacaba tumultuosas procesiones, en las que los participantes iban cubiertos con máscaras y disfraces que evocaban los genios de la Tierra y la fecundidad. De estos cortejos se originaron las representaciones más regulares del teatro, la comedia, la tragedia y el drama satírico. Particularmente frenéticas eran las celebraciones que se realizaban cada dos años, en las que (por excepción en Grecia) participaban sólo mujeres llamadas Ménades o Bacantes. Formaban una procesión conocida como *Tiaso* y avanzaban danzando con movimientos desacompasados al compás del sonido cadencioso y ensordecedor de tamboriles y flautas, que iba aumentando progresivamente al tiempo que hacía lo propio la excitación. Entonaban himnos al dios mencionándolo bajo todas las invocaciones: Bromio, Baco, Barbato, Cadmeo, Ditirambo, Melpómeno, Musageta, Naxio, Sabecio, Sotero, Yaco, Yobaco, y en su honor se sacrificaban animales. Se devoraban después pedazos de carne cruda, simbolizando la destrucción y paralización de la vida de la naturaleza producida por el invierno.

De carácter más alegre eran las fiestas primaverales introducidas para celebrar el retorno del dios. En Atenas, las celebraciones se conocían con el nombre de *Dionisíacas* o *Dionisias*, y se dividían en pequeñas y grandes. Las pequeñas se realizaban a finales de noviembre y consistían en una solemne procesión que terminaba con el sacrificio de un macho cabrío, acompañada de coros y de danzas, diálogos y mascaradas, y de éstas derivó la comedia griega. Elemento espectacular era una danza efectuada sobre los odres.

Las grandes tenían lugar en primavera y se prolongaban durante varios días, en ellas se organizaban también una procesión en la que se llevaba una estatua de Dioniso. Banquetes, orgías y representaciones teatrales completaban estos festejos. En las fiestas Leneas o de la prensa, celebradas en Atenas en el mes de enero, tenía lugar un espectacular banquete en la campiña con abundantes libaciones de mosto. Finalmente, entre finales de febrero y comienzos de marzo, acontecían las *Antesterías*. Se celebraban por espacio de tres días. En el primero se festejaban el nuevo vino, que había fermentado en los odres durante el invierno, el segundo era la fiesta del jarro y el tercero se dedicaba a la fiesta de la olla, llamada así por dedicarse a los difuntos algunas ollas con legumbres cocidas, ya que según la leyenda éstos regresaban aquel día a la tierra.

A Dioniso se le representaba algunas veces con el aspecto de un joven de ojos negros, y áureos cabellos largos y rizados que descendían sobre sus espaldas, coronados de pámpanos. En la mano solía llevar racimos de uva y un *tirso* que le servía como cayado para hacer brotar las fuentes de vino. A veces se halla sentado en un tonel, otras en un carro tirado por tigres, leones o panteras. Baco también podía aparecer como un anciano barbudo de dulce expresión y de inequívoca solemnidad envuelto en una túnica. En ocasiones llevaba sobre sus hombros una piel de cabra o de leopardo. Además de la vid le estaban consagrados la hiedra, la higuera, la encina, la pantera, el asno y el delfín. Sus atributos eran la taza y el tirso. Curiosa era cierta representación en la que figuraba junto con una urraca, como queriendo simbolizar la charla sin ton ni son de los borrachos.

El filósofo germano Friedrich Nietzsche (1844-1900) buscó como fuente de inspiración la mitología helénica para reflejar su propia concepción estética, al contraponer dos actitudes básicas ante la vida: lo *apolíneo,* derivado del dios Apolo, y lo *Dionisíaco,* referido a Dioniso. Mientras lo apolíneo es lo luminoso, lo equilibrado, la contención, lo sometido a reglas y orden, lo dionisíaco es lo instintivo e irracional, la afirmación de vivir sin restricciones, lo desordenado, lo contracultural; en definitiva, Dionisos podía muy bien ser invocado por muchos movimientos musicales modernos.

El séquito de Dioniso

En el séquito de Dioniso formaban en apretada fila las Ménades, los Sátiros, los Silenos y Pan. Las Ménades también Bacantes danzaban y corrían durante las procesiones o ritos báquicos. Iban desgreñadas, vestidas con pieles de cabra o de fieras, con la cabeza coronada de hiedra o de pámpanos, entre el clamor ensordecedor de los tambores y las flautas, agitando en las manos antorchas y tirsos (bastones con pámpanos y hiedra entrelazados).

Los Sátiros representaban los espíritus elementales de los bosques y las montañas. Así pues, se les consideraba como unos genios cuya aparición aterrorizaba a los pastores y viajeros. Su aspecto primitivo recordaba más al de un animal y sólo sus orejas puntiagudas y los diminutos cuernos que se podía observar en su frente, así como los rasgos, que tenían una expresión de dulzura y juventud suavizaban la primera impresión que su presencia provocaba. Según Hesíodo, en su origen eran lascivos y sensuales y sólo gustaban el placer de la buena carne y del sexo. Disfrutaban persiguiendo a las ninfas en los bosques. Poco a poco, sin dejar su carácter malicioso, adquirieron más gracia y se aficionaron a la música.

Ya hemos hablado como Sileno no podía faltar en el cortejo de Dioniso. Recalquemos que este alegre borracho, lleno de sabiduría hasta tal punto que fue el maestro principal del dios, poseedor de una ciencia inmensa, conocía a la vez el pasado y el porvenir y revelaba infaliblemente su destino a quienes conseguían sujetarlo durante su pesado sueño o su constante borrachera. Hijo de Hermes y de la Tierra (según un mito), otros lo hacen originario de Urano tras la mutilación de éste por Cronos.

Sileno dio el nombre a una serie de divinidades agrestes que se confunden frecuentemente con los Sátiros. Los silenos procedían de Frigia y simbolizaban los genios de las fuentes y de los ríos. Frente a los sátiros, que poseían esencialmente forma de macho cabrío, los silenos recordaban más a los caballos —símbolo acuífero—, ya que poseen la cola, las pezuñas y las orejas de éstos.

PAN, EL FEÍSIMO MACHO CABRÍO

Pan es la divinidad más importante del séquito de Dioniso; dios de los pastores y los rebaños, se le consideró originario de la región de Arcadia, pero su culto se extendió por todo el mundo helénico e incluso más allá de sus fronteras. Los autores, como tantas veces sucede, discrepan sobre quiénes fueron los progenitores de Pan. Para algunos era hijo del propio Zeus y la ninfa Calisto, o del padre de los dioses y la ninfa Timbris. También se le supone hijo de Rea y de Cronos, y hasta de Urano. Para que su paternidad sea más ancestral, hay quien lo hace provenir del Éter. El mito de Hermes, engendrando a Pan en la hija del rey Driops, tuvo mayor fortuna y para que la confusión sea mayor un mito cuenta que Hermes se unió con la fiel Penélope, esposa de Ulises, y de ella tuvo a Pan. Así Pan queda relacionado con el ciclo homérico indirectamente, ya que no con Homero, pues éste lo ignora en sus dos grandes poemas (si es que atribuimos ambos: la *Ilíada* y la *Odisea*, cosa improbable, al rapsoda ciego).

Sea como fuere, por el papel desempeñado por Penélope como esposa de Ulises, es curiosa la leyenda mitológica que la supone concibiendo a Pan mientras su esposo se halla combatiendo ante los muros de Troya. Sin embargo, mucho más singular y erótica es la versión que afirma que fue de los secretos amores con todos los príncipes griegos que la solicitaron en ausencia de Ulises y por eso el fruto de esta mezcolanza adulterina fue Pan, que en griego significa todo (es decir «hijo de todos»). Si ello fuera así, encajaría la predicción del adivino Tiresias, cuando desde los infiernos profetizó a Odiseo que moriría lejos de su patria, cosa que realizaría al terminar por comprobar las continuas infidelidades de su supuestamente honradísima esposa. Asqueado, el héroe abandonaría Ítaca, tras el regreso de su fabulosa aventura.

Pan era representado como un genio, mitad hombre mitad animal. Su cara barbuda poseía una expresión de astucia bestial que resaltaba las numerosas arrugas y el mentón muy saliente. Su cornamenta caprina le conferían un aspecto demoníaco. El cuerpo velludo y los miembros inferiores de macho cabrío, terminados en unos pies provistos de pezuñas hundidas y patas secas y nerviosas, terminaban por completar su pavorosa figura. Lascivo y retozón, se mostraba irascible, en especial cuando era molestado durante la siesta. Un poder característico que todavía se menciona en el lenguaje actual es la de causar «pánico», un temor salvaje, inmotivado, que afecta a grandes grupos de personas y las obliga a huir como animales en estampida. ¿Cuántas veces hemos empleado pues la palabra *pánico* sin saber su origen?

Pan estaba dotado de prodigiosa agilidad; rápido en la carrera, trepaba fácilmente por las rocas y se escondía en la maleza para espiar a las Ninfas, objetivos predilectos para su deleite. Buscaba con fruicción el frescor de las fuentes y la sombra de los bosques. Como generalmente no bastaban sus artes de seducción para satisfacer sus desenfrenados deseos sexuales, empleaba la fuerza, aunque no siempre con éxito, y de ello da testimonio la historia de la ninfa Siringa, una de las servidoras de Artemis. Pan la persiguió hasta la orilla del río Ladón y entonces los dioses, compadecidos de ella, la transformaron en una caña verde. Entonces Pan, como no sabía cual era su amada, cortó varias cañas al azar y tras obtener siete tubos desiguales los unió paralelamente unos con otros y, llevándoselos a los labios, obtuvo así la *siringa* o *flauta de Pan*, primer instrumento de viento. En otra ocasión trató de violar a la casta Pitis, quien se le escapó metamorfoseándose en abeto. Pan cogió una rama del mismo y la llevó siempre como guirnalda.

Sin embargo, no todo fueron fracasos. Enamorado de la ninfa Eco, ciertas versiones afirman que finalmente pudo vencer su obstinación y unirse a ella. Quizá la terquedad del feísimo dios pudo más en ella que cualquier otra consideración estético-sentimental. Todo empezó, según la fábula, cierto día en que la ninfa Eco, virgen servidora de Hera, se puso de parte de Zeus. Entretenía a su señora para que ésta no notara las constantes ausencias de su divino esposo, y dotada de una gran facilidad de palabra, utilizaba este don para distraer a Hera. Pero llegó un momento en que la reina del Olimpo se dio cuenta y desterró a Eco de la morada celestial, condenándole además a no poder hablar sin ser preguntada; cuando esto sucedía, debía contestar con brevedad, repitiendo tan sólo las últimas sílabas de su interlocutora. Vagando por la tierra, Eco se enamoró del bello e insensible Narciso, que murió contemplando su propia figura en un estanque, pues se había enamorado de sí mismo. Eco, desesperada, paseó su tristeza por campos y bosques hasta que no tuvo más remedio que cobijarse junto a Pan, que la consoló.

Quizá la hazaña más famosa de Pan fue la ayuda que prestó a los atenienses en la batalla de Maratón contra los persas (490 a.C.). En la víspera de aquel decisivo combate, enviaron al corredor Filípide a Esparta solicitando ayuda. Según palabras del propio Filípide, por el camino se le apareció el dios Pan y le ordenó que cuando volviera a Atenas erigieran un templo en su honor, pues les iba a prestar toda la ayuda posible. Por esto, tras la victoria, al pie de la Acrópolis los atenienses levantaron en agradecimiento un templo al dios cornudo.

Aunque los poemas homéricos ignoren a Pan, en un autotitulado «himno homérico» se menciona que es hijo de Hermes y de la ya reseñada hija de Driops. Al nacer, su madre se asustó ante el ser monstruoso que acababa de traer al mundo. Hermes envolvió al bebé en una piel de liebre y se presentó con él en el Olimpo, mostrándolo a los demás dioses. Todos se regocijaron con aquel divino monstruito y, según algunos mitólogos, como *todos* se alegraron con él fue por eso que le pusieron por nombre Pan, es decir *todo-todos*. El que más se alegró con el singular pequeño fue Dioniso, y pronto lo incorporó a su séquito.

Pan es protagonista de una de las leyendas más fantásticas de toda la Mitología helénica. Durante el reinado del emperador Tiberio (14-37 d.C.), una nave se dirigía de Grecia a Italia cuando se vio misteriosamente obligada a pararse en alta mar, al tiempo que desde la lejana orilla se mencionaba el nombre del piloto egipcio que gobernaba la nave: «¡Thamuz!» «¡Thamuz!»... Éste de momento no respondió, pero al ser llamado por tercera vez prestó atención y a continuación oyó lo siguiente: «Cuando llegues a Palodes, diles que el gran Pan ha muerto». Así lo hizo el piloto, y los que le recibieron se llenaron de asombro y admiración, mezclando ésta con agudos lamentos. Al llegar a Roma, Thamuz fue llamado al palacio imperial y Tiberio, al que le gustaban toda clase de extrañas historias (recordemos que según la tradición durante su reinado ocurrió el suplicio de Cristo), después de consultar con los eruditos que siempre le rodeaban decidió que podía ser cierta la noticia, aunque quizá no se tratara propiamente del dios Pan, que como tal era inmortal, sino de un genio del mismo nombre.

Pan acompañó a Dioniso en su expedición a la India, mandando una parte del ejército como lugarteniente del dios de los beodos y se le atribuye el orden de batalla y la división de las tropas combatientes en tres cuerpos: ala derecha, izquierda y centro.

¿Cuándo el dios Pan provocó su proverbial pánico por primera vez? Fue en la guerra contra los Titanes, cuando hizo huir a éstos al soplar fuertemente una caracola que encontró a orillas del mar. Se le denominó también Agreo, Arcadio, Lampeo, Luperco, Menalio y Scoleto, y en Roma se le identificó a veces con Fauno y con Silvano.

Según otra interpretación, Pan acabó por simbolizar el dios Universal, el Gran Todo (de él derivaría la palabra *Panteísmo*, interpretación teológica que identifica a toda la Creación con dios, es decir «dios es todo»). Según el Cristianismo, la leyenda de la muerte de Pan debe de referirse al final de todos los dioses paganos y a la llegada de la nueva fe.

DEMÉTER O CERES, DIOSA DE LOS FRUTOS Y DE LA AGRICULTURA

Deméter representa, en especial, la tierra fecunda y cultivada. En ciertas regiones de la Hélade se representaba con una cabeza de caballo rodeado de serpientes y de animales feroces, llevando en una mano un delfín y en la otra una paloma, símbolo quizá de la unión de los tres elementos y asumiendo de esta manera las funciones de la Gran Diosa Madre primitiva, propias de Gea y Rea, así como el misterio que rodeaba a una divinidad espuria al mundo griego pero muy atrayente por su misterio, procedente de Asia Menor. Sin embargo, en el Ática, Deméter aparece ya como la divinidad de los frutos y de la Agricultura, y es la que presidía la siega y todos los trabajos que ésta traía consigo, antes y después de la misma, no en vano los latinos la conocieron con el nombre de *Ceres*, de donde deriva un artículo alimentario de primerísima necesidad como los cereales: trigo, avena, centeno, arroz…

Infancia y amores de Deméter

La diosa era hija de Cronos y Rea, por lo tanto perteneció al grupo de las grandes divinidades olímpicas. En ella resaltaba una severa belleza en sus formas que recordaba a Hera y cuyos encantos se dejaban entrever bajo una cabellera rubia como las espigas maduras. Durante mucho tiempo suscitó una vivísima pasión amorosa en Posidón, pero Deméter rehusó entregarse a él y, para escapar a sus requerimientos, huyó a Arcadia, donde tomó la forma de una yegua y se mezcló con los mulos del rey Oncos. Sin embargo, Posidón la descubrió y, adoptando la forma de un hermoso corcel, se ayuntó con ella haciéndola madre del caballo *Arión*, que se hallaba dotado del don de la palabra y poseía los pies de la parte derecha parecidos a los de un hombre. También engendró de Posidón una hija, cuyo sobrenombre fue el de Despoina, es decir, señora, ama.

Deméter experimentó una cólera tan viva por haber sido ultrajada por el dios de las aguas, que abandonó el Olimpo y tomó aspecto de una Erinia o Furia; acto seguido se ocultó en el fondo de una caverna abrumada por la vergüenza. Para volverla al Olimpo fue necesaria la intervención del propio Zeus. Deméter le hizo caso, pero antes de ocupar su lugar entre los inmortales se purificó en las aguas del Ladón. Entonces fue el padre de los dioses el que la asedió; Deméter también se hizo la esquiva hasta que tuvo que rendirse ante Zeus metamorfoseado en toro. El fruto de esta unión fue Core o *Perséfone* [Proserpina].

Al parecer Deméter no fue insensible al amor, pues se prendó del héroe Jasón y fruto de sus relaciones fue un hijo llamado Pluto. Según una leyenda, Zeus, celoso de Jasón, lo fulminó con un rayo, aunque otros relatos refieren que vivió largos años e introdujo el culto de Deméter en Sicilia.

Angustias y aventuras de Deméter ante el rapto de su hija

Al famoso rapto ya nos hemos referido al hablar de Hades, el autor del mismo. Sea como fuere, resaltemos una vez más el tierno amor maternal de Deméter por su hija Perséfone. Al oír las desesperadas llamadas de ésta, Deméter se echó sobre sus hombros un velo oscuro y partió en su busca. Durante nueve días la valiente diosa recorrió la Tierra, sosteniendo entre sus manos luminosas antorchas hasta que, por fin, aconsejada por Hécate, preguntó al divino Helios si sabía algo al respecto: «Sólo Zeus y ningún otro inmortal o mortal es culpable, ya que él ha concedido tu hija a su hermano Hades para hacerla su esposa».

Esta inusitada revelación dejó a Deméter anonadada, y desesperada e irritada volvió a abandonar el Olimpo; adoptando la figura de una anciana se refugió en las ciudades de los mortales, en las que anduvo errante por espacio de algún tiempo. En uno de sus viajes llegó hasta Eleusis y, hallándose sentada junto al palacio del sabio Céleos, que era rey de aquel lugar, las hijas de éste la interrogaron sobre quién era. Ésta explicó que había sido robada por piratas cretenses y conducida hacia allí. Buscaba un asilo y pensaba que a cambio de ello bien podría trabajar como nodriza o sirvienta. Quiso la actualidad que la mujer de Céleos, Metanira, acababa de dar a luz a un hijo Demofón y requirió los servicios de la supuesta nodriza. Cuando Deméter franqueó el umbral del palacio, su cabeza se erguía hasta las vigas del techo y se hallaba coronada de un halo divino. Llena de respeto, Metanira le cedió su propio asiento, mientras que la diosa estaba absorta pensando en su hija. Finalmente la joven Yambe, que era sirvienta ocasional en aquella casa, aunque hija presumible de Pan y de Eco y a quien se le atribuye la creación del verso yámbico, logró distraer a Deméter con sus payasadas y, con un brebaje a base de agua, harina y menta, consiguió animarla un tanto.

Encargada de la crianza y educación del joven Demofón, Deméter por todo alimento soplaba con suavidad sobre él, lo frotaba con ambrosía y por las noches le pasaba por encima de las brasas encendidas, a fin de purificarle de su cuerpo mortal. Así el niño crecía como si fuera un dios, cosa que causaba general estupefacción. Metanira, deseosa de conocer la causa de tal prodigio, vigiló a Deméter y cuando descubrió que ésta colocaba al niño sobre los tizones al rojo vivo, dio un grito de espanto.

La diosa se asustó y retiró rápidamente a Demofón del fuego, al tiempo que dirigiéndose a Metanira le advirtió: «Sin tu imprudencia este niño podría haber alcanzado la inmortalidad y la eterna juventud, ahora lo has estropeado todo». Acto seguido se dio a conocer y ordenó que en Eleusis se le consagrara un templo en su honor, en donde los iniciados en sus misterios cantaran su gloria. Poco después abandonó aquel palacio.

Sin embargo, antes de despedirse deseó poner de relieve su gratitud hacia quienes tan confiadamente la habían recogido y regaló a Triptolemo, hijo mayor de Céleos, el primer grano de trigo (en algunas versiones fue al propio Triptolemo y no Demofón o Demofonte a quien intentaría concederle la inmortalidad). Deméter le enseñaría también el arte de uncir los toros a los carros y todo lo relacionado con la siembra y la cosecha. También le regaló un carro alado, con la misión de recorrer en él el mundo y enseñar a todas las gentes los beneficios de la agricultura. Triptolemo recorrió la Arcadia y enseñó a su rey Arcas la germinación del trigo y a preparar con él el pan; en todo el ámbito de su país fundó numerosas ciudades y después viajó por la Tracia y Sicilia, llegando hasta Escitia, donde su rey Lincos quiso atentar contra su vida y Deméter lo transformó en lince. Tras otras aventuras regresó a Eleusis, y allí, según cierto relato (en el que Céleos no es mencionado como padre del héroe), envidioso el rey decidió matar a tan extraordinario benefactor; Deméter lo impidió y, con ayuda de la diosa, Triptolemo obtuvo el trono eleusino.

Venganza y apoteósis de Deméter

Sin haber hallado consuelo ante la desaparición de su hija, Deméter se retiró al templo que le habían eregido y allí preparó para los hombres (que por cierto no tenían ninguna culpa, pero la venganza continuaba siendo el placer de aquellos dioses ¿sólo de «aquellos»?) un año durísimo y cruel: la tierra se agostó y no creció en ella ninguna simiente. Zeus intervino en favor de la raza de los humanos y envió a Iris, que entonces actuaba de divina mensajera (recordemos el Arco Iris, símbolo de alianza entre Yahvé y Noé después del Diluvio), para que intercediera ante Deméter. Al no obtener ningún resultado positivo, todos los dioses suplicaron a la desconsolada diosa para que depusiera su actitud. Deméter declaró que no permitiría que la tierra diera más frutos mientras no hubiera podido volver a ver a su amada hija.

Zeus, que conocía perfectamente su paradero, envió a Hermes a los Infiernos para intentar rescatar a Core, la cual según el mito es entonces cuando empieza a denominarse Perséfone. Hades se doblegó a la voluntad de Zeus, pero antes de devolver a su mujer a la tierra le hizo comer algunos granos de una especie de granada, fruto que provocaba la unión indisoluble de los esposos. Cuando Perséfone regresó ante su madre, ésta se precipitó sobre ella llena de alegría y, abrazándola con júbilo, le dijo: «Hija mía ¿no habrás probado algo en los sombríos Infiernos? Si es así no tendrás más remedio que regresar a las profundidades de la tierra». Perséfone confesó que había probado el fatal fruto.

Para apaciguar el resentimiento de Deméter, Zeus decidió entonces proponer una transacción. Mientras aquélla volvería a ocupar su lugar en el Olimpo, Perséfone dividiría el año entre el Infierno y su madre. Aceptado el pacto, Deméter enseñó a los reyes su ciencia divina y les inició en sus misterios sagrados, mientras la tierra volvía a cubrirse de plantas, flores y frutos. Poco después regresó a la morada divina.

Poética explicación, pues, de por qué cada año, cuando llega la estación fría, la tierra se llena de tristeza y cambia de verdor por el luto más glacial, sin flores en los campos, ni hojas en las árboles, y es porque, según el mito, Perséfone vuelve al encuentro de su esposo en las espesas tinieblas; las simientes se hallan a la sazón ocultas en las entrañas del suelo y duermen el sueño invernal. Pero cuando suena la hora mágica y embalsamada de la primavera, la tierra viste sus mejores galas, adornándose con mil especies de flores para celebrar el regreso de Perséfone junto a su madre y toda la naturaleza estalla en una sinfonía de luz y color.

Los misterios Eleusinos

El acontecimiento del regreso de Perséfone a su madre dio ocasión en Grecia a la celebración de grandes fiestas. En el Ática tenían lugar las *Tesmaforias*, pero en este caso recordaban la partida de la diosa a los Infiernos. Estaban reservadas para las mujeres casadas y duraban tres días. Según Herodoto, habían sido importadas de cultos en cierto modo semejantes practicados en Egipto y que tenían que ver con el ciclo consagrado a Osiris y las periódicas inundaciones del Nilo. El regreso de Perséfone se festejaba con las *pequeñas Eleusinas*, que se celebran en el mes de febrero y que anunciaban la próxima llegada de la primavera.

Cada cinco años tenían lugar las *grandes Eleusinas*, dirigidas únicamente a Deméter, que consistían en desarrollar los misterios de los que la diosa era protagonista, al tiempo que se recordaban los sabios consejos y leyes que Deméter, tras su venganza, había dado a los mortales. Se celebraban en Atenas y Eleusis. El primer día, los efebos atenienses marchaban a Eleusis para recoger los objetos celosamente guardados en el templo de la diosa. Se formaba entonces una procesión y los llevaban a Atenas, al lugar denominado Eleusino, emplazado al pie de la Acrópolis. Al día siguiente, los fieles o *mystes* juzgados dignos de participar en los misterios, eran convocados en Atenas por el *Hierofante* y acto seguido se purificaban en el mar. Tras haberse bañado, sacrificaban unos cerdos que previamente habían traído consigo. Por último, tenía lugar la procesión de retorno a Eleusis con el fin de guardar de nuevo en el templo los objetos sagrados. En cabeza del séquito iba una estatua de Dioniso, denominado también Iaco, asociado desde tiempos remotos al culto de Deméter.

En Eleusis se celebraban entonces los misterios propiamente dichos, en los cuales únicamente podían participar los iniciados y a los cuales se les prohibía la divulgación de tales ceremonias; por eso el gran dramaturgo eleusino *Esquilo* (525-456 a.C.) estuvo a punto de ser ejecutado cuando se sospechó que lo había realizado en parte en una de sus tragedias. La ceremonia de la iniciación se realizaba por la noche, durante la cual los aspirantes se reunían junto al templo, se coronaban de mirto y, tras lavarse las manos, escuchaban atentos la lectura de los preceptos de Deméter; después tomaban un refrigerio y acto seguido penetraban en el santuario, en donde reinaba la más completa oscuridad. Allí asistían a un drama litúrgico cuyo argumento se basaba en el rapto de Perséfone.

De pronto la tenebrosa oscuridad era rasgada por una vivísima claridad y aparecía la estatua de Deméter vistiendo las mejores galas, el juego de luces y sombras dirigidos por el portaantorcha, el cual junto con el hierofante (ambos pertenecientes a las dos familias de más rancio abolengo de Eleusis), cuidaba del buen desarrollo de la ceremonia. A continuación se simulaba la entrada de espantosos espectros y monstruosas figuras, hasta que por fin se restablecía la calma y entonces se abrían las dos enormes puertas del recinto y a través de ellas a la luz de las antorchas se percibía un delicioso jardín, que a continuación sería el escenario ideal para las danzas, las fiestas y el placer. Era entonces cuando en este campo que simbolizaba los Campos Elíseos o el Paraíso tenía lugar la verdadera revelación o *autopsia* de los secretos de los misterios de Eleusis, cuya divulgación era castigada tal como ya hemos citado con la pena capital. Sea como fuere, eran una forma de ascetismo en la que sus fieles, recordando la esterilidad (muerte) provocada por la estancia en los Infiernos de Perséfone, esperaban la resurrección o vida en el Más Allá, simbolizada por la germinación de los frutos o vuelta de Perséfone con sus madre.

DIVINIDADES CELESTES Y ATMOSFÉRICAS

> «Salve, reina, diosa de níveos brazos,
> divina y benévola Selene, de hermosas
> trenzas; habiendo empezado por ti, cantaré
> las glorias de las demás divinidades celestes,
> cuyas hazañas ensalzan los divinos aedos
> servidores de las Musas.»
>
> HOMERO, *Himnos*

Helios, el Sol abrasador

Pertenece a la generación de los Titanes y por tanto es anterior a los dioses Olímpicos, ya que se considera hijo del titán Hiperión y de la titánide Tía. Es hermano de Selene (la Luna) y de Eos (la Aurora), y sus abuelos fueron Urano y Gea. Helios ha sido considerado por los griegos y romanos como la personificación misma del astro solar, reservando la categoría de dios de la luz a Apolo (Febo entre los romanos), si bien a veces se han confundido ambas divinidades.

El culto a Helios es antiquísimo en Grecia y no podía ser de otra manera, puesto que, al igual que para los demás pueblos primitivos, el Sol era el astro que les daba calor y vida, bienhechor de la humanidad por encima de muchos otros. De esto a considerarlo un dios sólo había un paso. En realidad se trataba de un dios «bien visible». Sin embargo, como las creencias y el carácter de los griegos necesitaban representar a sus dioses con forma humana, con ascendencia y descendencia, de este culto innato al Sol nació el mito cuyo protagonista fue Helios.

Esta divinidad deslumbrante se veneraba especialmente en Ellis, en la Acrópolis de Corinto, en Argos, en Atenas y en la Tracia e incluso en la isla de Rodas, que le estaba consagrada. Famosa fue, siendo considerada una de las maravillas de la Antigüedad, la estatua conocida popularmente como «el coloso de Rodas», de treinta y cinco metros de altura, por la que pasaban las naves entre las piernas del dios con las velas desplegadas, obra debida al escultor Cares.

Cada mañana Helios salía por Oriente en el lejano país de los etíopes. A su carro de oro, obra de Hefesto, las Horas enganchaban los caballos alados de una brillante blancura que lanzaba llamas por las narices. El dios tomaba entonces las riendas y atravesaba la bóveda celeste, iluminando a los dioses y a los hombres a la vez. Su casco de oro brillaba con singular belleza y sus ojos lanzaban rayos maravillosos; alrededor de su cuerpo ondeaba una capa también brillante, agitada continuamente por el viento. Una vez había alcanzado el Mediodía, que correspondía al punto más avanzado y alto de su carrera, descendía de nuevo y llegaba al anochecer al país de las Hespérides (país del «atardecer», es decir la península Ibérica), en donde se hundía en el océano ante los ojos de los mortales.

Hemos de recordar la concepción geocéntrica de los antiguos, es decir la tierra inmóvil y los demás astros, estrellas y planetas (incluido el Sol), dando vueltas alrededor de ella como centro del sistema, cosa aparentemente más lógica, pues ¿no es el Sol el que «nace» o se «levanta», recorre la bóveda celeste y «se pone», desapareciendo en el horizonte? ¿No es la tierra la que «parece» que se halla inmóvil en la inmensidad?

Sin embargo, el mito continúa y recuerda entonces el mito egipcio del viaje de Osiris a través de las sombras. Dice así: Cuando Helios ha desaparecido de los ojos de los mortales, sube a una barca que es como una gran copa vacía construida por Hefesto en la que le aguardan su madre, su esposa y sus hijos y navega toda la noche bajo un océano o río subterráneo, o bien sobre el océano que rodea el mundo, hasta llegar por la mañana al punto de partida, siendo este trayecto mucho más breve que el diurno.

Estas concepciones fueron abandonadas paulatinamente con los progresos de la Astronomía, pues en principio se creía también que la tierra era un disco plano rodeado por un océano. El mayor cientificismo quizás explique el porqué Helio fue paulatinamente relegado a la categoría de dios secundario. Ya cuando los dioses se repartieron el Mundo, Helios se hallaba ausente, por lo que fue olvidado en el reparto. Se lamentó de ello ante Zeus y obtuvo entonces una isla que comenzaba a surgir en el Mediterráneo: la isla de Rodas. Poseidón y Ares deseaban a la vez el istmo de Corinto (en la actualidad abierto por un estrecho canal entre la «subpenínsula de Morea» —el Peloponeso— y el continente, pero que continúan ambos juntos por el puente de la carretera y de la vía férrea) y escogieron entonces como árbitro del litigio al gigantesco Briareo, que concedió el istmo a Posidón, pero reservó para Helios el Acrocorinto, cedido después a Afrodita.

Además de ser luz y calor y de vivificar a todos los seres, nada escapaba a la vigilancia del luminoso dios. Según Homero, vio a Ares y a Afrodita cuando se amaban a escondidas de Hefesto y acabó por denunciarlos. Cuando Hades raptó a Perséfone, fue quien reveló a Deméter el nombre del raptor de su hija. Era pues un «divino soplón», que sin embargo no podía vengarse por sí mismo (como consecuencia de haber sido relegado a segundo término ante los avances astronómicos ya citados) y acudía a la amenaza de retirarse bajo tierra y llegar al Infierno para alumbrar a los muertos (recordando el mito de Deméter y Perséfone), sino se le ayudaba a cumplir sus deseos de venganza.

Según el relato de la *Odisea*, Helios poseía un rebaño de bueyes y ovejas. Los compañeros de Ulises, sin hacer caso de las advertencias del héroe, se comieron estos rebaños en la isla de Sicilia y provocaron la cólera del luminoso dios. Como éste fuera impotente para castigarlos, acudió a Zeus en demanda de ayuda, advirtiéndole que si no la conseguía desaparecería de la vista de todos. Ante tal panorama, Zeus transigió y suscitó una tormenta en la que todas las naves de Ulises zozobraron, muriendo todos, excepto Odiseo, que no había querido participar en el festín sagrado.

Estos bueyes del Sol, que los compañeros de Ulises se comieron, eran animales de blancura inmaculada y dorada cornamenta y los cuidaban las Helíades, hijas de Helios y de la oceánide Clímene. Como muestra del escaso poder de reacción de Helios se cuenta que cuando fue con el soplo del adulterio de Afrodita, ésta se vengó, inspirando al Sol una pasión por Leucótoe, hija del rey de Babilonia, Orchamos, y de Eurínome. Habiendo tomado el dios los rasgos de Eurínome, pudo acercarse sin desconfianza a la joven, pero Clitia, hermana de Leucótoe, celosa de la felicidad de ésta, advirtió del engañó a su padre y éste condenó a Leucótoe a ser enterrada viva. Helios corrió a salvarla, pero sus rayos no pudieron reavivar el cuerpo inerme de su amada. Incapaz de poderle devolver la vida, la convirtió en el árbol del incienso.

En cuanto a Clitia, viendo que eran inútiles sus esfuerzos por enamorar al dios, murió de desesperación. Expuesta a la inclemencia del tiempo, de día y de noche, vivió durante nueve días sin más agua y comida que sus lágrimas, hasta que Helios, compadeciéndose de ella, pasó sus rayos sobre sus miembros y los convirtió en tallo, mientras que su cabeza la transformó en la brillante flor del heliotropo (nombre que en griego significa «que da la vuelta al sol»), a pesar de la raíz que la unía a la tierra volvíase ligeramente hacia Helios, a quien no había dejado de adorar ni un instante.

La esposa legítima de Helios es Perseis, una de las hijas de Océano y de Tetis que le dio varios hijos: *Circe,* la maga; *Eetes* rey de Cólquida; *Pasífae,* esposa de Minos; y un hijo, *Perses,* que destronó a su hermano Eetes y fue muerto por su propia sobrina, Medea.

Ya hemos citado que además Helios se unió a la ninfa Rodo, de la que tuvo a los siete Helíades (seis varones y una hija: Electrione) y a Clímene, hermana de Perseis, de la que según ciertas versiones tuvo a *Faetonte*, así como a las ya mencionadas *Helíadas* (no confundir pues los Helíades con las Helíadas). Los *Helíades* se distinguían por su inteligencia y se les atribuye la perfección de la arquitectura naval, así como la división de los días en horas. Uno de ellos, Tenages, particularmente inteligente, excitó la envidia de sus hermanos, que lo asesinaron y luego huyeron a Lesbos, Cos, Egipto y Caria, quedando en Rodas Oquimo, que llegó a reinar en la isla, y Cércafo.

El gran viaje de Faetonte

Faetonte o Faetón, hijo de Helios y de Clímene, tuvo una disputa con Epafos, hijo de Zeus y de Io, que dudaba de su origen divino. Faetón imploró de Helios un favor que atestiguase a los ojos de todos que era su hijo. Helios, jurando por la Estigia, prometió concederle lo que le pidiera. Entonces Faetón, que poseía un carácter temerario, solicitó a su padre que le fuera permitido conducir el carro de fuego del Sol durante un día. En vano Helios intentó disuadirle de tan presentuosa demanda pero, como tenía que cumplir el juramento sagrado, tuvo que acceder y, tras aconsejarle, le cedió las riendas del maravilloso carro. Los caballos luminosos, al percatarse de la inexperta mano del cochero, se desbocaron, desviando su órbita, y se acercaron tan peligrosamente a la tierra que las aguas de todos los ríos y mares se secaron y el Universo entero hubiera quedado envuelto en llamas si Zeus no hubiera intervenido, lanzando a Faetón a las aguas del río Erídano. Sus hermanas, las Helíades, recogieron su cuerpo, le rindieron honores fúnebres y lo lloraron de tal forma que sus lágrimas constituyeron el ámbar que se encuentra en la actualidad a orillas de aquel río. Finalmente fueron transformadas en álamos.

Circe, diosa del amor maligno

Otro de los hijos de Helios fue *Circe*, considerada en ciertos mitos helénicos como diosa del Amor maligno. Famosa por sus encantos y maleficios, se casó con el rey de los Sármatas, pero envenenó a su marido y se fue a vivir a la isla de Ea donde, tras servirse de ellos, convertía a todos los náufragos que llegaban en animales, humillándolos continuamente. Ulises arribó a la isla con sus compañeros y Circe transformó a éstos en puercos, salvándose Odiseo gracias a cierta hierba que le había dado Hermes, pero que no impidió el embrujamiento del héroe, que pasó todo un año en la isla junto a Circe, olvidando a su mujer y su patria. Finalmente venció al hechizo y retornó a la forma humana a sus compañeros. Ulises marchó y Circe quedó despechada. De la unión de Circe con Odiseo diversas versiones hablan que salieron según unas un hijo, otras hablan de dos y otras hasta de tres. La versión más ajustada se refiere a dos: *Telégono*, un varón que en la mitología romana fundó la ciudad de Túsculo, y una mujer, *Casífone*. Una leyenda posterior hace morir a Circe a manos de *Telémaco*, hijo de Ulises.

Selene, la Luna, diosa de la noche

Hermana de Helios, los griegos, que eran tan sensibles a la belleza, dedicaban a *Selene*, la Luna, sus más bellos epítetos y apasionadas imágenes. Uno de los himnos homéricos canta lo siguiente:

«¡Oh, Musas de delicada voz, hijas de Zeus, que tan hábiles sois en el canto! Enseñadme a celebrar a Selene de abiertas alas, cuyo resplandor, saliendo de su cabeza inmortal, aparece en el Cielo y envuelve la Tierra, donde todo surge adornado por su fulgurante resplandor. El aire oscuro brilla junto a su áurea corona y los rayos resplandecen en el aire cuando la divina Selene, después de bañar su hermoso cuerpo en el Océano, se cubre con vestiduras que relumbran de lejos, unce los resplandecientes caballos de enhiesta cerviz y acelera a su paso a través de la noche, mediado el mes, cuando el gran disco está en su plenitud y los rayos de la creciente Luna se hacen brillantísimos en el Cielo, sirviéndose de guía y marca a los mortales. En otros tiempos Cronos (o en otras versiones Zeus), enamorado, se unió con ella en su lecho y, habiendo ella quedado encinta, dio a luz a la virginal *Pandia*, que descollaba por su belleza entre los dioses inmortales.»

Selene también tuvo amores con Pan en el agreste país de Arcadia. El más célebre de sus amantes fue el pastor *Endimión* (leyenda que también protagoniza la diosa Artemis, con la que Selene fue confundida algunas veces). Selene se prendó del hermoso pastor cierta noche en que el muchacho, rendido de cansancio, dormía a la entrada de la caverna del monte Latmos. El mito relata que verle y amarle fue todo uno. Selene quedó flechada por Eros y, sin poder ni querer contenerse (¿incitará la noche a las locuras amorosas?), bajó hasta Endimión y se unió con él en un largo abrazo. Selene solicitó a Zeus para su amante el don que éste quisiera y Endimión pidió una doble eternidad: la de la juventud y la del sueño. Endimión quedó dormido, aunque con los ojos bien abiertos para su amada, de la que tuvo cincuenta «lunitas».

Otra tradición presenta este sueño de Endimión como un castigo de Zeus, ya que tras haberle admitido en el Olimpo osó pretender el amor de Hera.

Sea lo que fuere, Selene venía cada noche, amante fiel, a contemplar silenciosamente a su amor dormido y a regalarle con sus caricias. De ahí que los rayos de la luna hagan lo propio con los mortales.

En general, se representaba a Selene con el emblema de la media luna y sus imágenes se colocaban frente a las de Helios. En Atenas se hicieron en su honor libaciones de agua pura y se comían bollos en forma de disco o de media luna. Píndaro asegura que ya entonces Selene era invocada por los enamorados en sus citas. Tampoco fue olvidada en las prácticas mágicas. Curiosamente, y por contraposición a los inconstantes, se les suele calificar de lunáticos (¿alusión quizás a las fases de la luna, que hacen que ésta no se presente siempre igual?).

Eos, la Aurora

Es la hermana menor de Helios y Selene, divinidad de rosáceos dedos y de níveos párpados. Ella era la que despertaba el Día con su presencia; cada mañana al alba, salía del Océano para elevarse en el Cielo, ya bajo el aspecto de una diosa alada, inclinando una urna donde transportaba el rocío matinal o montada sobre el caballo Pegaso con una antorcha encendida; o bien se presentaba sobre un carro de púrpura tirado por dos caballo.

Divinidad joven y atractiva, despertó numerosos amores, entre ellos el de Ares, lo que le reportó la enemistad de Afrodita, quien para vengarse inspiró a Eros amor por otros mortales. Así se enamoró del gigante Orión, al cual retuvo cerca de ella con gran disgusto por parte de los dioses, hasta que Artemis le mató de un flechazo.

Titón, hermano del rey Príamo, dotado de gran hermosura, inflamó el corazón de Eos hasta el punto que lo raptó y se lo llevó a su morada en el maravilloso palacio a orillas del Océano. Eros solicitó de Zeus la inmortalidad para su amado, pero le embargaba tanto la felicidad que, junto con la inmortalidad, se olvidó de solicitar la eterna juventud para Titón. Así pues, al correr de los años el joven amante se convirtió en un viejo, y a pesar de que Eos alimentaba a su amado con la celeste ambrosía, éste cada vez estaba más viejo y decrépito, hasta que extinguido el amor en el pecho de la diosa, lo encerró en una habitación y allí permaneció el anciano en la soledad, hasta que los dioses, compadecidos de su desgracia, lo convirtieron en cigarra.

De su unión con Titón, Eros tuvo dos hijos, Memnón y Ematión. Este último reinó en Arabia y, según una versión, fue muerto por Hércules. En cuanto a Memnón, que era rey de Etiopía, volvió a Troya con un ejército de etíopes para socorrer a Príamo; mató a Antíloque, hijo de Néstor, y cuando se terminaba la contienda fue a su vez muerto por Aquiles. Eros obtuvo para él la inmortalidad, pero cada mañana continúa llorando la muerte de su hijo y sus lágrimas constituyen el rocío.

Otro de los amores de Eos fue con Astreo, ser de su propia especie, uno de los titanes que declararon la guerra a Zeus. De esta unión nacieron los demás astros, el Lucífero o Fósforo, lucero de la mañana identificado a veces con el planeta Venus y los Vientos.

Fósforo, con una antorcha en la mano, se presentaba con la forma de un genio alado, precediendo por los aires el carro de su madre Selene.

Divinidades de los Vientos

Las divinidades que se distribuían el imperio de los cuatro vientos principales (mitológicamente hablando) eran *Bóreas* o Aquilón, áspero viento del Norte; *Noto,* viento del Sur; *Zéfiro*, viento del Oeste; y *Euro*, viento del Este o Levante.

Sin embargo, los dos vientos con personalidad definida fueron solamente Bóreas, que soplaba desde las montañas de Tracia en donde tenía su residencia. Con un carácter muy irritable (para los griegos Tracia era el país frío por excelencia), era representado como un genio alado, de gran fuerza física, barbudo y generalmente vestido con una corta túnica de pliegues. Tuvo varios hijos: Quione, amada por Posidón, una tal Cleopatra, que casó con Fineo; y los dos gemelos Zetes y Calais, cuya madre era Oritia, hija del rey de Atenas, Erecteo. Bóreas la raptó, para algunos cuando subía en una procesión que se dirigía a la Acrópolis con el fin de honrar a Atenea. Según otros lo hizo cuando Oritia se hallaba jugando con sus compañeras a orillas del Iliso. Calais y Zetes, denominados los Boreadas, participaron en la expedición de los Argonautas, combatiendo victoriosamente contra las monstruosas Harpías, pero muriendo bajo las flechas de Heracles en la isla de Zenos, quien no les perdonaba su abandono en Misia. Heracles, compasivo, les erigió a continuación dos estelas funerarias que vibraban cada vez que el viento Norte soplaba sobre la isla.

Bóreas tomó la forma de un caballo para unirse con las yeguas de Erictonio y engendró así doce yeguas jóvenes, tan ligeras que corrían por la superficie de los trigales, sin rozar siquiera las espigas, y de los mares, sin mojarse prácticamente.

Compañero y amigo de Bóreas era el Zéfiro, que en su origen no fue el viento bienhechor en el que después se transformó, sino que se trataba de un viento impetuoso y funesto, que se complacía en rizar el mar y preparar tempestades. Poco a poco el carácter de Zéfiro se atenuó y se convirtió en una suave brisa que traía el perfume de las flores e iba generalmente acompañado por una ninfa, que los romanos identificarían con la diosa *Flora*. De su unión con una Harpía habían nacido los dos caballos, Xantos y Balios, que arrastraban el carro de Aquiles.

Por lo que respecta a Notos y Euro, nunca tuvieron una personalidad definida.

Eolo, guardián de los Vientos

Según una tradición que tiene su origen en la Odisea, la residencia de los Vientos se hallaba en la isla de Eolia, en donde estaban confiados a la vigilancia de Eolo, hijo de Posidón y de la ninfa Melanipa. Tras una juventud llena de aventuras, Eolo se había establecido en el archipiélago de Lípari, en donde se había casado con la hija de su rey y a causa de su piedad y justicia había pasado a ser amigo de los dioses, que le habían conferido la inmortalidad. Se le atribuía la invención de las velas para los navíos y Zeus le había encargado de la guardia de los Vientos (aunque supeditado a Posidón, que tenía el imperio marino).

Cuando los Vientos arrojaron a Ulises y sus compañeros al reino de Eolo, éste, después de acogerlos favorablemente, les regaló unos odres o pellejos donde estaban encerrados los vientos contrarios a su navegación. Impulsados por la curiosidad, los compañeros de Odiseo abrieron los pellejos y desencadenaron una furiosa tempestad.

Iris, la divina mensajera

Hija de Taumante y Electra pertenece a la raza de Océano, tanto por línea paterna como por la materna. Es pues hermana de las Harpías. Personificaba el arco de su nombre, que unía el Cielo con la Tierra después de una tempestad. Puente de unión entre ambos era natural que se le encomendaran tareas semejantes a las de Hermes, es decir mensajera de los dioses. Sus pies eran rápidos, acostumbrados a desplazarse como el viento y calzaban sandalias de oro aladas, aunque ella misma también poseía alas en la espalda; su túnica era holgada para facilitar el desplazamiento, y sus cabellos iban generalmente ligados con una cinta. Helios teñía la vaporosa túnica con los colores del espectro. Tenía entrada libre en los Infiernos cuando, por orden de Zeus, tenía que recoger en una copa de oro el agua de la Estigia sobre la cual los Inmortales prestaban juramento. A veces portaba una vara delgada, lisa y cilíndrica con dos alitas, símbolo de la paz, instrumento denominado caduceo, que también llevaba Hermes.

También se hallaba especialmente consagrada al servicio de Hera. Le preparaba el baño, le ayudaba a cuidar su tocado y permanecía largo tiempo sentada a los pies del trono de su señora, sin distraerse ni un instante, partiendo veloz cuando era requerida en otro lugar. Servía también a otras divinidades cuando los dioses llegaban al Olimpo con sus carros, desatando a los corceles y presentándoles los divinos manjares (en el oficio de escanciadora sería revelada por Ganimedes). Cuando Afrodita fue herida por Diomedes en la guerra de Troya, Iris la ayudó a subir al carro de Ares y fue ella misma quien condujo los caballos.

Su natural pacífico, acogedor y servicial se manifestaba también con los mortales. Cuando Aquiles se lamenta durante la Guerra de Troya de que la llama que consumía el cuerpo de su íntimo amigo Patroclo, caído en combate, era demasiado lenta, se dirigió espontáneamente en busca de los Vientos y pidió a Bóreas y a Zéfiro que acudieran a soplar la llama, cosa que así hicieron.

Ciertos mitos consideran a este mismo Zéfiro como marido de Iris y afirman que Eros, identificado como Cupido, fue el fruto de esta unión. Iris fue igualmente adorada en la isla de Delos, en la que se le ofrecían como presentes pasteles confeccionados a base de trigo, miel e higos secos.

HEBE, LA DIVINA ESCANCIADORA

Parece ser que antes de que Iris o Ganimedes fueran los escanciadores de los dioses, esta misión le estaba encomendada a Hebe, hija de Zeus y de Hera, aunque según otros relatos Hebe nació de Hera sin el concurso de su esposo, pues habiendo sido invitada ésta a un banquete en honor a Apolo, comió tantas lechugas silvestres que de estéril que era se hizo fecunda por obra de esta comilona (este episodio figura en la Mitología, pero nosotros no recomendamos que sigan el mismo ejemplo las mujeres que deseen ser fértiles; por otra parte, la lechuga otras veces también ha sido tenida en cuenta como un antiafrodisíaco, en especial para el varón). Sea como fuere, nueve meses después Hera dio a luz a la bellísima Hebe.

Zeus, que pasaba por ser un dios muy comprensivo, no se enfadó por este nacimiento unisexual. Por otra parte su nueva «hija» era tan hermosa que pronto la reconoció como tal y la elevó a la categoría de diosa de la juventud. Además le confió el cargo de servir el néctar a los Inmortales. La joven diosa realizaba su cometido magníficamente. Sus divinos compañeros no tenían más que ojos para mirarla, pero nadie se atrevía a propasarse por temor a la cólera de Zeus, que había jurado vengarse del que así lo hiciera, pues había destinado a Hebe como esposa de su queridísimo hijo Heracles, cuando éste ascendiera al Olimpo, ya que el extraordinario héroe —ya inmortal— sólo podía desposarse con una virgen. Pero cierto día Hebe tropezó no sabemos con qué mientras realizaba su cometido y cayó ante los inmortales en una posición muy poco decente, tras derramar sobre la mesa el preciado néctar. Hebe, avergonzada, huyó del Olimpo hasta que Zeus la perdonó, pero no la repuso en su cargo porque al parecer los dioses recordarían siempre con todo detalle ciertos encantos de Hebe, puestos al descubierto por aquel inoportuno tropezón. Al casar por fin con Heracles, su prestigio —bastante alicaído— se realzó. El sentido de esta unión es que la juventud suele hermanarse con la fuerza. Hebe poseyó muchos templos en la antigüedad y los artistas la han coronado de flores y con una copa en la diestra, recordando su oficio de divina escanciadora.

HESTIA [VESTA], DIOSA DEL HOGAR Y EL FUEGO DOMÉSTICO

He aquí otra diosa virgen. Parece, según los mitólogos, que hubo dos Hestias (o *Vestas*, como las llamaban los romanos). La primera y más antigua fue confundida con Cibeles e incluso con Gea, y cierta versión refiere su amor por Atis, pastor del monte de Ida. La leyenda cuenta que ella misma le mutiló por haber faltado a su juramento de castidad (el amor entre ambos tenía que ser puro y no carnal), al unirse con la ninfa Sangárida o Sangaritis; de él volveremos a hablar al referirnos expresamente a Cibeles.

Ahora nos ocuparemos con más extensión de la segunda Hestia, la divinidad más joven, diosa del hogar doméstico, simbolizada en el fuego que chiporrotea y da calor en cada casa. Esta Hestia era nada menos que hija primogénita de Cronos y Rea, hermana de Deméter y Hera. Es pues una «Olímpica», la divinidad menos material y la más casta y pura. Protectora de la familia, durante varios siglos no fue presentada en imagen. Griegos y romanos se limitaron a adorarla en el fuego que se conservaba en unos templos circulares especiales.

Posidón y Apolo pretendieron su mano, ella permaneció fiel a su juramento y, ante tanta fidelidad, que había salvaguardado la paz en el Olimpo, Zeus le concedió la primera víctima en todos los sacrificios públicos. En Delfos fue objeto de un culto muy especial, ya que esta población era considerada el centro del Universo y su hogar era pues el hogar común de Grecia. Las pocas estatuas dedicadas en su honor ofrecen una representación sentada o de pie, pero siempre inmóvil, su principal característica. Sabemos que Glaucos de Argos había esculpido una estatua para Olimpia y que la ciudad de Paros poseía otra muy célebre.

Según el mito, su culto fue introducido en Italia por el príncipe troyano Eneas y se extendió rápidamente por todo el ámbito romano con el nombre de Vesta. Aunque el tema de este libro pretende centrar su temática en la Mitología griega, dado su trascendencia hablaremos por excepción de las sacerdotisas romanas consagradas a la diosa: las Vestales.

Las Vestales, sacerdotisas de Vesta

Consagradas al culto de esta diosa, según la tradición fueron instituidas por el rey romano Numa Pompilio para mantener continuamente vivo el fuego sagrado. Desaparecida la monarquía, su consagración corrió a cargo de los sumos pontífices y finalmente de los emperadores. Las vestales no debían poseer defecto físico alguno, tenían que ser de condición libre y bajo ningún concepto podían dejar extinguir el fuego del templo circular (denominado *Tolos*), que todavía se conserva en Roma. Si por cualquier circunstancia se apagaba, un gran temor sacudía la ciudad. Se interrumpía entonces toda actividad y se temían las mayores desgracias, no volviendo la tranquilidad a las gentes hasta que los sacerdotes hacían arder de nuevo el fuego y lo confiaban a sus guardianas.

Obligación principal de las vestales era la de conservarse perpetuamente vírgenes, de modo que su inocencia y castidad tenían que ser ejemplares.

Si alguna contravenía este precepto, era condenada a morir y se la enterraba viva. La culpable descendía al sepulcro en medio de una truculenta ceremonia, mientras el verdugo colocaba junto a ella una lamparita, aceite, pan, agua y leche, cerrando seguidamente el sepulcro sobre su misma cabeza.

Sin embargo, como compensación al sacrificio del celibato, gozaron en Roma de grandes consideraciones. Los altos magistrados y dignatarios les cedían el paso y los asientos de privilegio; su palabra se tenía como testimonio en cuestiones jurídicas y podían salvar la vida de un criminal llevado a suplicio, si al pasar lo encontraban por la calle camino del cadalso y tras detener la ejecución afirmaban que el encuentro había sido casual. Eran guardadoras de los secretos más importantes y de los testamentos y poseían lugar reservado preferente en el circo, sus gastos de manutención, alojamiento, enseñanza y vestuarios corría a cargo del erario público.

Transcurridos treinta años podían «jubilarse» y volver al mundo, e incluso entonces poseían licencia para casarse, pero muy pocas seguían este camino, puesto que la mayoría preferían quedarse en el templo y hacer de maestras y protectoras de las nuevas vestales.

Curiosamente en el Perú, en el Imperio Inca, los españoles encontraron un cuerpo sacerdotal femenino semejante a las vestales romanas, las cuales, con el título de Vírgenes del Sol, estaban consagradas a Inti, simbolizado por el gran astro diurno, y cuyo representante en la Tierra era el Inca. Por su parte el cristianismo recuerda la ceremonia del fuego nuevo en la fiesta de Pascua, iluminada por el famoso cirio pascual.

CIBELES, LA GRAN DIOSA MADRE ASIÁTICA

Oriunda de Frigia en Asia Menor, Cibeles es una «diosa madre» que personifica a la Tierra en su estado primitivo y salvaje, y era dorada en las cimas de las montañas: Ida de Frigia, Berecinto, Sífilo y Dídino. Ejercía su dominio sobre los animales salvajes, que figuraban corrientemente en su séquito.

Cibeles, la gran diosa asiática,
representada en la fuente pública más popular de Madrid

Pocos son los españoles que desconocen que una de las estatuas más populares de la diosa se transformó en uno de los símbolos más conocidos de la Capital del Estado, pero también muchos ignoran el verdadero significado y quién es también exactamente la diosa que preside la famosísima fuente monumental. La estatua madrileña y todo el conjunto que le acompaña es un fiel reflejo de las realizadas en la antigüedad. La diosa va en un tronocarro tirado por dos leones. Algunas veces se presentaba con una especie de vara en la mano, con la que se flagelaban sus sacerdotes de origen galo (galos de Asia Menor).

Esta especie de congregación celebraba el culto de Cibeles mediante extrañas y convulsivas danzas salvajes, al son de flautas, tambores y platillos, entrechocando espadas y escudos. En su furor orgiástico a veces se mutilaban voluntariamente. Eran conocidos en Grecia con el nombre de *Curetes* o *Coribantes*, y se decía que descendían de Coribas, hijo de Cibeles.

El origen del culto radicaba en una leyenda que cuenta cómo Zeus se enamoró de Cibeles y, al no ser correspondido por ella, derramó su semen sobre una piedra, de la que nació el hermafrodita Agdistis. Los dioses decidieron convertirle en mujer, para lo cual le castraron y después enterraron sus genitales, de los que nació un almendro.

Una hija del río Sangario cogió del árbol una almendra y, después de guardarla en su seno, quedó embarazada y dio a luz un niño que abandonó nada más nacer y que fue criado por medio de un macho cabrío. Se llamaba Atis, y cuando llegó a la pubertad su extraordinaria belleza provocó la pasión de la propia Cibeles y de Agdistis. Sin embargo, el joven había sido destinado para casarse con la hija del rey, por lo que la diosa lo enloqueció durante la ceremonia nupcial. Preso del delirio, Atis se castró y murió. Arrepentida, Cibeles consiguió de Zeus que el cadáver permaneciera incorrupto y con el dedo meñique inmóvil. Cibeles instauró en su honor un rito anual, cuyos sacerdotes debían mutilarse en recuerdo de Atis. Con el tiempo Cibeles se confundió con Deméter y Atis pasó a ser también el amor puro de Hestia.

EL MITO DE PROMETEO Y EL ORIGEN DEL PRIMER HOMBRE

Hesíodo nos relata que *Prometeo* era hijo del titán *Japeto* y de *Clímene*, una de las Oceánides. Como Zeus es a su vez hijo de otro Titán, Cronos, ambos son pues primos hermanos. *Esquilo* (526-456 a.C.), considerado como el «padre de la tragedia griega», nos ofrece en su obra maestra *Prometeo encadenado* otra versión, pues lo hace nacer de Temis o *Gea; Deucalión* era hijo del titán y *Pirra*, que pasa por esposa de Deucalión, mujer de Prometeo. De esta unión nació *Helen*, el héroe que dio su nombre a toda la raza de los griegos.

Cuando los titanes declararon la guerra al Olimpo, Prometeo optó por una prudente (que no cobarde) neutralidad; ayudó después a Zeus y por eso una vez los olímpicos obtuvieron el triunfo se le consideró digno de figurar en sus consejos, aun perteneciendo a la raza rival (¿fue hasta ese momento un «traidor» o mejor un «aprovechado»?). Sin embargo, todavía no había intentado su jugada maestra...

Y ésta sería, según una versión, la creación del hombre, moldeándolo con arcilla (observemos que en el libro bíblico del Génesis, Yahvé moldea también al hombre con barro), pero en la *Teogonía* Prometeo aparece tan sólo como bienhechor de la Humanidad, no como su creador. Tanto Hesíodo como Esquilo nos presentan a los dioses como enemigos de la raza humana, Zeus envió un diluvio sobre la Tierra para exterminar a la odiada estirpe de los hombre, pero Prometeo avisó pronto a Deu-calión y Pirra y así pudieron salvarse. (La similitud con el relato bíblico continúa:

Deucalión sería el Noé helénico.) Con el tiempo esta primera pareja se multiplicó.

Se tenga o no a Prometeo como creador del hombre, todos los mitos coinciden en hacerlo su maestro. Así enseñó a la humanidad a utilizar sus sentidos, a observar los fenómenos solares y metereológicos, la domesticación de los animales así como la agricultura. Prometeo actúa pues como héroe civilizador en muchas mitologías: Osiris en Egipto, Quetzalcóalt entre los aztecas, etcétera.

Sin embargo, todos los secretos de la civilización que Prometeo intentaba inculcar a los hombres hubieran sido inútiles de no ser porque, a sabiendas de que incurriría en la cólera de los dioses y en especial de Zeus, robó el secreto del fuego y lo enseñó a los mortales, los cuales ya no tuvieron necesidad de comer la carne cruda y pudieron dedicarse a la forja de los metales, calentarse durante las épocas frías, así como defenderse de las fieras. Esquilo interviene entonces, explicándonos que no es que el hombre no conociera el fuego (los bosques se incendiaban por los rayos de las tormentas, la hojarasca seca hacía lo propio con los rayos del Sol), sino que no sabía como conservarlo e, incluso si nos apuramos, desconocían todas sus aplicaciones prácticas.

Y sucedió, según relata el propio Hesíodo, que Prometeo se compadeció de la injusticia a la que se hallaban expuestos los humanos, pues en los primeros sacrificios a los dioses, las víctimas debían consumirse por completo (ceremonia que en griego se denomina holocausto, que es una palabra que ha pasado también a nuestro idioma con el significado de destrucción total, así hablamos del «*holocausto* nazi» contra los judíos, del «holocausto nuclear», etc.), sin que pudiera separarse la carne útil de los animales para poder comerla, ni siquiera una parte. Cierto día inmoló dos toros y arrojó las entrañas al altar de los sacrificios, que pronto fueron pasto de las llamas. Acto seguido separó los huesos de la carne y, con el esqueleto, reconstruyó dos animales con tanta habilidad que parecían dotados de movimientos. Llamó a Zeus y le pidió que eligiera entre el montón informe de carne y los supuestos toros vivos. Zeus, que por lo visto aunque era el dios supremo no era infalible, escogió uno de los toros y su indignación no tuvo límites al descubrir el engaño. Pero lo cierto es que desde entonces vísceras y esqueleto se reservaron para la pira de los dioses, mientras la carne podía ser consumida por los hombres.

La suerte de Prometeo estaba echada, pues a partir de aquí había optado por la alianza con los seres humanos (los más débiles) y el distanciamiento de los dioses. El siguiente paso sería el apropiarse del propio fuego, para dárselo a sus amigos, ya que Zeus había decidido castigarles haciendo que ya no pudieran beneficiarse de él espontáneamente. Prometeo acudió por segunda vez en su ayuda y engañó nuevamente a Zeus, llevándose de los dominios de Hefesto «las semillas del fuego» (es decir unas pequeñas brasas encendidas) dentro de una pequeña ánfora improvisada con un tallo de caña, o bien, según otra versión, encendió en la rueda de Helios la antorcha que llevaba.

Agradecidos los hombres por el extraordinario beneficio del fuego, colocaron a Prometeo en tal alta consideración que superó a la de los mismos dioses, incluso la de Zeus. Los mitólogos hacen nacer de aquí la aversión del Tonante por el titán y por los humanos. El que había derrotado a todos, ahora por dos veces había sido primero engañado y después robado y si las cosas seguían por este camino, bien podía Prometeo encabezar una revuelta de los titanes y gigantes errantes que habían sido vencidos e incluso con los dioses que se sintieran postergados. Por otra parte, reo era de sacrilegio, por haber hurtado el fuego celeste, y la venganza de Zeus no se hizo esperar.

La Caja de Pandora

Utilizando agua y tierra como ingredientes, Zeus y Hefesto crearon una hermosa doncella que fue la primera mujer mortal. Atenea por orden de su padre ordenó a sus divinos compañeros que confirieran a aquélla un don especial, y así recibió la gracia, el encanto, el ingenio, la armonía… pero Hermes infundió en su corazón la mentira y la falacia. Como todos los dioses derramaron sus cualidades positivas o negativas sobre ella, recibió el nombre de *Pandora*, que significa literalmente: «portadora de todo», de *pan* = todo, y *doros* = llevar, portar.

Un día Zeus llamó a Pandora y le entregó una misteriosa ánfora (en otras versiones una arquilla), cerrada con una tapadera que impedía que su contenido se escapase, y le dijo: «Te hemos elegido para esposa de Prometeo. Irás a la tierra y te presentarás a él como un presente mío. Toma esta ánfora (o arquilla), pero no debes abrirla nunca». A continuación Hermes acompañó a la bella a su destino…

Una luminosa mañana llamaron a la puerta en donde a la sazón vivía Prometeo y, cuando el titán la abrió, se encontró con la más hermosa criatura que jamás hubieran visto sus ojos, curiosamente era portadora de una singular vasija.

«El propio Zeus me envía —dijo la doncella de forma muy recatada— y quiere que me aceptes como esposa.»

Seducido por tanta belleza, Prometeo se disponía ya a franquearle el umbral, cuando su innata perspicacia le alertó de que bien pudiera ser aquel ser tan dulce alguien enviado por Zeus para tenderle una trampa. Por ello, la devolvió al Olimpo, cosa que encolerizó todavía más al padre de los dioses.

Prometeo roba a Zeus el fuego para entregarlo a los hombres, a sabiendas de que esta acción le acarreará un castigo tan terrible como injusto.

Zeus no se dio en esta ocasión por vencido y decidió llevar a cabo una nueva tentativa. Para ello ordenó a Hermes que condujera a Pandora a casa de *Epimeteo*, hermano de Prometeo, pero muy diferente de él puesto que era irreflexivo y quizás un poco tonto (ahora bien, se necesitaba tener una fortaleza de espíritu a lo Prometeo, para no caer rendido en los brazos de Pandora). Ver a la doncella y quedar cautivado por ella fue todo uno, de nada sirvieron las anteriores advertencias de su prudente hermano, cuando le indicaba: «¡Por nada del mundo aceptes un regalo de Zeus!...» El insensato Epimeteo sí que consintió en que Pandora fuera su esposa.

A Pandora le intrigaba muchísimo el secreto de lo que pudiera contener la misteriosa vasija y pronto convenció a su marido de que debían abrirla, no fuera que encerrase un valioso tesoro. Así lo hicieron y, ante el estupor de ambos, observaron como se escapaban un enjambre de monstruos y diablillos portadores de todos los males que pronto se extendieron por todo el mundo. Horrorizada, Pandora trató de cerrar la vasija, pero ya era demasiado tarde. Lo único que consiguió fue encerrar el *Espíritu de la Esperanza*, el único que consolaría en adelante a los hombres en los tiempos de desgracia y aflicción. Otras versiones pretenden que el recipiente no contenía los males sino todos los bienes, y así, al abrirlo imprudentemente Pandora, los dejó escapar para siempre, volviéndose a las mansiones celestiales en lugar de permanecer con los humanos. De esta forma, los hombres se vieron afligidos desde entonces con todos los males y el único consuelo que les quedó fue la Esperanza.

He aquí pues una versión mitológica de la historia de Adan y Eva y del Paraíso Terrenal, la vasija está representada aquí por la manzana del árbol del bien y el mal. La irreflexiva es Eva, como lo fue también Pandora: ambas seducen al varón con sus encantos, llámese Adán o Epimeteo. La sociedad hebraica era una sociedad machista, la helénica también. El Cristianismo hace que por otra mujer la Humanidad encuentre su salvación, pero donde el factor decisivo es un ser del género masculino (dejando aparte la trascendencia sobrenatural que para los creyentes éste pueda tener). En los mitos conservados de las sociedades matriarcales no encontramos rastros de que la mujer sea fuente de todos los males... (sin comentarios).

Castigo de Prometeo

Viendo Zeus que Prometeo no había picado el anzuelo, ordenó a Hefesto (muy a pesar suyo porque tenía en gran estima al titán, recordemos que Hefesto, aunque deforme, era muy astuto e inteligente) y a sus servidores que le hicieran prisionero y lo encadenaran en la cumbre del Caúcaso. Sin embargo, Prometeo no desfalleció con este primer suplicio y, con su vozarrón de titán, increpaba a Zeus, reprochándole su orgullo, su egoísmo y su brutalidad, al tiempo que le confesaba poseer un secreto con el que según él tenía en sus manos el porvenir del propio Zeus. Estas bravatas encolerizaron todavía más al Tonante, que precipitó a su rival en el Tártaro, y allí, tras encadenarlo a una roca, un águila le roía sin parar las entrañas que renacían a cada picotazo. El castigo finalizaría cuando un inmortal consintiera en sustituirle en los Infiernos, cosa que parecía imposible. La poesía y el arte plástico se han apropiado de la imponente figura del titán bienhechor castigado tan arbitrariamente.

Durante siglos Prometeo permaneció suspendido en la terrorífica roca y el águila no cesó en roerle las entrañas. Poco a poco el odio de Zeus fue menguando y una de las causas fue la reconciliación con la raza humana a través de sus amores con las bellas mortales. De una de ellas engendró a Heracles o Hércules, encargado de salvar al titán.

Cierto día el esforzado héroe pasó por donde se hallaba penando Prometeo, camino de las Hespérides en busca de unas manzanas de oro. Encontró al titán en tan deplorable situación, que se llenó de piedad y resolvió liberarlo. Inmediatamente tensó su arco y disparó una flecha con la que hirió gravemente al aguilucho. Sin embargo, faltaba librarle de sus cadenas y esto indirectamente también lo consiguió Heracles, pues hirió involuntariamente al centauro *Quirón* en un pie con una de sus infalibles flechas envenenadas. Quirón era inmortal pero solicitó a Zeus que le concediera la muerte puesto que sufría horriblemente. Para que esto fuera posible el Tonante tenía que sustituir a alguien del reino de las sombras para que Quirón ocupase su lugar, y en aquel momento la única alternativa fue liberar a Prometeo, quien de esta forma consiguió que de nuevo se le franquearan las puertas del Olimpo, bien que desde entonces llevó un anillo de hierro con una piedra arrancada del Tártaro y de esta forma seguía cumpliéndose la sentencia divina.

Extraordinario es el dramatismo que encierra la figura de Prometeo, simbolizando la lucha del hombre contra la naturaleza a la que a fuerza de inteligencia y de destreza consigue arrancarle alguno de sus secretos. Su intento de dominarla queda a medio camino, porque si lo consiguiera por completo ya no sería hombre sino dios. Los moralistas quieren ver el mito de Pandora como origen del mal, ya que éste, aunque se muestre fruto del castigo divino, reside dentro del propio ser humano.

El mito de las edades de la Humanidad

En el origen de los tiempos, cuando Cronos reinaba, los dioses crearon una raza de hombres de oro que protagonizaron la denominada Edad de Oro, en la que los dioses y hombres convivían felices en la Tierra, que producía constantemente toda clase de alimentos. Cuando llegó el fin de esta edad, sus protagonistas humanos se convirtieron en espíritus benévolos y protectores de la humanidad sobreviviente.

Cuando Zeus fue entronizado, los dioses instauraron a continuación una raza de hombres de plata que dio nombre a la Edad de dicho metal noble, pero se hallaba compuesta por seres de espíritu infantil que peleaban sin cesar, siendo la causa de que los dioses les abandonaran, retirándose al Olimpo, si bien la Justicia se escondió en los montes. Los hombres de plata brillaban por su ignorancia supina y se negaron a rendir culto a los inmortales. Entonces Zeus se encolerizó y los exterminó, pero todavía tuvo cierta consideración con ellos, porque les concedió la categoría de muertos bienaventurados.

Advino entonces la Edad de bronce, denominada así por habitarla gentes hechas con este metal. Su carácter era guerrero y salvaje y perecieron a consecuencia de las continuas luchas entre ellos, yendo sus almas a habitar el tétrico reino de Hades. Sucedió entonces la Edad de los Héroes, protagonizada por una generación de semidioses valientes y generosos, que hallaron la muerte tras grandes hazañas y fueron a poblar las islas de los Afortunados, en donde siguen viviendo lejos del mundanal ruido, en medio de un paradisíaco escenario en donde los campos producen hasta tres cosechas anuales de los mejores frutos.

Por último, la época actual, en la que el hombre debe ganarse el pan con el sudor de la frente es denominada la Edad del Hierro. Las luchas fraticidas que se sucedieron hizo que la Justicia, que hasta entonces se hallaba oculta, emigrase de la tierra. Esta raza, que es la nuestra, se extinguirá en su día tras sufrir toda suerte de penalidades y contados momentos felices. ¿En qué edad colocar a Pandora? La opinión más generalizada es situarla en la Edad de Plata.

El mito nos presenta aquí un síntoma evidente de la degeneración de la especie humana. Como si los hombres de ser casi como dioses hubieran sido expulsados del Paraíso y hubieran tenido, a partir de entonces, que ganarse su sustento y en un momento determinado hubieran sido exterminados por un diluvio y tan sólo se salvaran Deucalión y Pirra.

También la interpretación historicista ha arrebatado la figura de Prometeo, identificándola con un rey escita cuyo reino lo bañaba el río Aetos (que en griego quiere decir *águila*). En cierta ocasión el río se desbordó e inundó todo el reino, a la vez que trajo consigo hambre y escasez. Los súbditos acusaron al monarca de la catástrofe y le cargaron de cadenas. Sin embargo, sucedió pronto la llegada de Heracles al país y, tras desviar las aguas del río, consiguió liberar a Prometeo.

Hasta aquí los relatos mitológicos sobre la creación del Universo, los dioses y los hombres. Vamos a dar paso ahora a las leyendas en las que, aunque intervengan también los dioses, los verdaderos protagonistas serán los seres humanos de carne y hueso, bien que con unas características excepcionales (por ser hijos, generalmente, de un ser sobrenatural y de una mortal) que los elevaron a la categoría de *héroes* y terminaron, en su mayor parte, siendo divinizados.

LEYENDAS HEROICAS

LA LEYENDA DE PERSEO Y ANDRÓMEDA

El Oráculo de Delfos había predicho que *Acrisio*, rey de Argos, moriría a manos de su nieto. Para evitar el cumplimiento de esta revelación encerró a su única hija, *Dánae*, en una cámara subterránea de bronce y prohibió el acceso a ella a los varones, incluso a los que tuvieran la honrada intención de pedir su mano. Zeus, que como dios omnipotente de poco servían habitaciones acorazadas, vio a la joven —que por cierto era bellísima— y naturalmente se enamoró de ella. Para no levantar sospechas, el padre de los dioses se transformó en finísima lluvia dorada y, filtrándose sobre una rayo de sol por la ventana de la celda, fecundó de esta manera a la pobre cautiva. El milagro se realizó y de esta unión nació el futuro héroe *Perseo*.

Acrisio no quiso reflexionar cómo su hija había podido dar a luz. Lleno de estupor y espanto al ser consciente de que el camino para que el Oráculo no se equivocara se había abierto, ordenó que Dánae y Perseo fueran colocados en una frágil barquilla y se abandonaran a merced de las olas del proceloso mar. Madre e hijo permanecieron muchos días cual náufragos de un desastre, hasta que, cuando ya se hallaban exhaustos, Zeus no les abandonó, haciendo que un vientecillo suave arrastrara al débil esquife hasta la isla de Sérifos. Allí fueron recogidos por un pescador llamado Dictis, hermano en algunas versiones del reyezuelo de la isla, Polidectes.

Dictis se encontraba a la sazón faenando no muy lejos del litoral y se extrañó al levantar la vista y reparar en la barquichuela que se mecía grácilmente. La alcanzó y la atrajo hasta la playa cercana. Después condujo a la joven y al bebé a una casa que poseía junto al mar, allí los cuidó y Perseo no tardó en convertirse en un arrogante joven, no exento de valentía y de excepcional encanto masculino.

Polidectes, a quien su hermano había presentado a los dos excepcionales náufragos, se prendó de Dánae, que conservaba lozana su espléndida hermosura, y quería hacerla suya sin reparar en medios, pero temía el enojo de Perseo, que noche y día velaba por la seguridad de su madre. El problema era pues el muchacho, ¿cómo lo alejaría de Dánae? Polidectes pregonó su próximo casamiento con Hipodamia. Para celebrarlo invitó a un banquete a príncipes, súbditos y allegados. En medio de éste y como era costumbre, preguntó qué regalo iban a ofrecerle. Todos optaron por traerle un caballo, excepto Perseo, que llevado de su arrogancia prometió ofrecer al rey la cabeza de la *Medusa*, única de las Gorgonas que no poseía el don de la inmortalidad. Polidectes se frotó las manos saboreando el triunfo: ¡Por fin alejaría al temible obstáculo que le cerraba el acceso hasta

Danae porque lo prometido era deuda, además era probable que aquél dejara la piel en la dificilísima empresa!

En otra versión Polidectes amenazó a Perseo, advirtiéndole que si no traía la cabeza de la Gorgona como trofeo peligraría la honra de su madre. Los dioses atraídos por la valentía del nuevo héroe le ofrecieron toda su ayuda. Y ¿cómo no iban a hacerlo, si además su protegido era hijo del mismísimo Zeus? Así pues, Hades le prestó el casco que poseía la virtud de volver invisible a quien lo llevaba; Atenea le dejó su escudo; Hermes las alas que imprimían gran velocidad y la cualidad de volar al que las tenía; y Hefesto, una espada indestructible, fabricada en bronce y con filo diamantino llamada *Harpe*.

Así armado, Perseo se lanzó a los espacios siderales y, guiado por Atenea y Hermes, alcanzó la morada de las *Greas*, hermanas de las Gorgonas, vírgenes monstruosas semejantes a cíclopes femeninos, que poseían un solo ojo en la frente y un solo diente, pero al nacer ya eran viejas. Perseo se apoderó de su ojo y diente y les dijo que se los devolvería cuando le confesaran en donde encontraría a las Gorgonas. Las viejas espantosas, tras un forcejeo, no tuvieron más remedio que explicar al héroe por donde se iba hacia el lugar en donde imperaban sus hermanas, y Perseo cumplió lo prometido, devolviéndoles tan esenciales órganos.

Nuevo vuelo del héroe hasta llegar hasta la guarida de sus enemigas. Su fealdad era todavía más espantosa que la de sus hermanas, las Greas. Los cabellos eran un amasijo informe de serpientes en movimiento silbando continuamente, los dientes eran semejantes a los del más salvaje jabalí, extremidades de bronce y alas de oro gracias a las cuales surcaban los aires. Todo aquel que se atrevía a mirarlas quedaba acto seguido convertido en piedra, y ni siquiera los dioses podían neutralizar este don. Atenea había contado a Perseo esta maléfica cualidad y por ello nuestro héroe rehuyó mirarlas cara a cara, sino que inició la lucha de espaldas, guiándose con la imagen de su rival reflejada en el bruñido escudo que la diosa de la Sabiduría le había prestado. Finalmente, con un último esfuerzo, logró cortar de un tajo con la Harpe la cabeza de Medusa, la Gorgona mortal. Al contemplar la escena, las otras dos hermanas inmortales se lanzaron sobre el héroe, pero éste consiguió rehuir la persecución haciéndose invisible con el casco de Hades.

De la sangre que brotó del cuello cercenado de Medusa, y en el momento del golpe, surgieron el gigante *Crisaor*, padre de *Gerión*, enemigo de Hércules e hijo a su vez de la Medusa y de Posidón, y finalmente el caballo alado *Pegaso*.

Terminada victoriosamente su misión. Perseo se calzó las sandalias con alas, y tras colgarse el zurrón y sujetarse el casco, voló a través de los espacios hasta llegar a Mauritania, en donde tenía su morada el gigante *Atlas*. Perseo le solicitó su hospitalidad, presentándose como hijo del propio Zeus. Atlas le contestó desabridamente. Entonces el héroe le mostró la cabeza de la Medusa, que no había perdido sus propiedades y al instante el gigante quedó convertido en piedra. Es así como se presentó en el futuro ante los humanos: convertido en la Cordillera del Atlas y cuyas cumbres parecen sostener los cielos.

Desde Mauritania alcanzó Perseo Etiopía, donde reinaba el rey *Cefeo*. A medida que descendía, se hizo cada vez más visible una hermosísima doncella que se hallaba encadenada a un peñasco lamido por las olas y a punto de ser devorada por un horrible monstruo marino. Si la brisa no hubiera agitado su rubia cabellera y las lágrimas no hubieran afluido copiosamente de sus bellísimos ojos, se diría que era una marmórea sirena esculpida junto a la playa.

«Soy hija de Cefeo soberano de estas tierras etíopes y mi nombre es *Andrómeda*. Me encuentro en esta deplorable situación porque mi madre *Casiopea* había manifestado con orgullo ante las Nereidas, ninfas del mar, que era más hermosa que ellas. Posidón quiso vengar tal ofensa e inundó el país, y envió a sus costas a un monstruo marino que devoró a cuantos hombres y rebaños pudo alcanzar. El Oráculo de Ammón reveló que solamente desaparecería el peligro si me entregaban a mí, la hija de Casiopea, a la voracidad del monstruo. Después de vacilar mucho, mi padre, a instancias del pueblo, me abandonó encadenada a esta roca.»

Apenas había explicado su situación cuando se agitó el mar y de su seno apareció un horrible ser marino con ánimo de devorar a la joven. Andrómeda lanzó un lastimero gemido y sus padres, que se hallaban en la playa, corrieron hacia su hija intentando lo imposible. Perseo los detuvo y tranquilizó: salvará a Andrómeda, pero a cambio de convertirla en su esposa. Los padres aceptan entusiasmados la idea, pues ya se han dado cuenta que el pretendiente de su hija capaz de atreverse a rescatarla no puede ser un hombre cualquiera.

Raudo como una centella, Perseo se lanzó sobre el monstruo. Éste observó sobre la superficie del mar la sombra del héroe y, creyendo que era su enemigo, se lanzó con furia a atacarla, momento que aprovechó éste para clavar su espada una y otra vez en el dorso del animal, hasta que tras una titánica lucha el monstruo quedó exánime, mientras Perseo en su lomo celebraba la victoria. Acto seguido desató a Andrómeda y, tras los abrazos de rigor, los cuatro se encaminaron hacia palacio, en donde se ordenaron los preparativos para la boda.

Durante la sobremesa del banquete nupcial se oyó en las estancias contiguas al comedor un rumor que fue creciendo hasta que apareció *Fineo*,

Estatua de Perseo, realizada por Benvenuto Callini, en el momento de alzar victorioso la cabeza de la Medusa

hermano de Cefeo, con multitud de hombres armados con el fin de apoderarse del trono y hacer valer sus pretensiones de antiguo prometido de Andrómeda. Perseo tomó las armas y la lucha se generalizó, pero los asaltantes eran muchos y ya acariciaban el triunfo, cuando nuestro héroe se acordó de la cabeza de Medusa y, cogiéndola en sus manos y desviando la vista de ella, la arrojó como un proyectil a los pies de sus adversarios, los cuales inmediatamente se transformaron en piedra, excepto Fineo, que al contemplar el prodigio imploró el perdón. Perseo no atendió las súplicas y, encarándole a la Gorgona, lo convirtió también en una pétrea figura que representaba un esclavo humillado.

Poco después, Perseo tomaba el camino de regreso a Sérifos, a pesar de las protestas de Cefeo, que deseaba que el héroe le sucediera algún día en el trono, protestas acrecentadas puesto que se llevaba consigo a Sérifos a su hija, a la que tanto esfuerzo había costado rescatar. Dánae, cansada de las infamias de Polidectes, se había refugiado junto a Dictis en el templo de Atenea… Perseo se presentó ante el soberano con la cabeza de la Gorgona y éste quedó igualmente petrificado. Dánae y Dictis salieron del templo y vivieron en paz, mientras que en algunos relatos se cuenta que Dictis terminó casándose con Dánae y llegó a ser rey de Sérifos.

Perseo devolvió a cada dios los dones que le habían prestado y Atenea recibió la cabeza de Medusa, que fue colocada como glorioso trofeo en el escudo de la diosa como reconocimiento a sus eficaces servicios. Hecho esto, se embarcó rumbo a su ciudad natal de Argos, en el Peloponeso.

Cuando Acrisio supo que su nieto regresaba, temió por su vida, tal como lo había profetizado el Oráculo, y huyó disfrazado a Tesalia. Poco después se celebraban unos juegos atléticos en aquella región. Perseo acudió a demostrar su destreza, tras haber sido declarado presunto sucesor en el trono de Argos al no volverse a saber nada de Acrisio y haber tenido que luchar contra *Preto*, hermano de éste, que había logrado coronarse rey. Perseo quiso intervenir en el lanzamiento del disco, manifestación de la que era muy experto. Pero cuando le tocó el turno, la trayectoria del artilugio se le desvió, yendo a dar el disco en la cabeza de un anciano forastero que presenciaba el espectáculo y que murió en el acto. Perseo descubrió con horror que la víctima que había provocado accidentalmente era su propio abuelo, Acrisio, refugiado en Tesalia para intentar huir del hado adverso.

El héroe, lleno de aflicción, renunció al trono de Argos como expiación por su crimen, aunque hubiera sido involuntario, y cedió la corona a *Megapentes*, hijo de su rival Preto. Como Megapentes era soberano de Tirinto, el héroe no tuvo otra opción que hacerse cargo de aquel reino y a partir de entonces vivió feliz en su nueva patria junto a Andrómeda, que le dio numerosos y valerosos hijos. De su tronco descendería el héroe más famoso de toda la Mitología clásica: Hércules.

La similitud del nombre de Perseo con la del pueblo persa hizo pensar a algunos tratadistas que aquél había tenido de Andrómeda un hijo de igual nombre, criado por Cefeo y fundador del pueblo persa. Aluden como prueba el traje oriental que muestra Perseo en la pintura de algunos vasos conservados.

A Perseo se le atribuye la fortificación e incluso la fundación de Micenas. A su muerte se le tributaron honores divinos. Fue colocado en el cielo entre las constelaciones del hemisferio boreal junto a su amada Andrómeda, cuya nebulosa es el cuerpo celeste más alejado de la Tierra que podemos contemplar sin ayuda del telescopio. La constelación de Perseo adopta la forma de campana. Dentro de su espacio se hallan numerosas estrellas fugaces (en realidad *meteoritos*) que conocemos con el significativo nombre de *Perseidas*. Por su relación con Perseo, Casiopea y Cefeo dieron nombre a su vez a otras constelaciones.

La estatua más famosa de Perseo se conserva en la Sala de los Lanzi de Florencia y es obra del polifacético artista renacentista florentino *Benvenuto Cellini* (1500-1571). Muestra el momento en que el héroe enseña triunfalmente la cabeza de la Medusa, tras haberla cortado con una especie de cimitarra. Sin ropaje alguno, Perseo está tocado con el casco de Hades que le proporcionaba la fabulosa invisibilidad.

EL CABALLO ALADO PEGASO, Y EL HÉROE BELEREFONTE

Pegaso es en la Mitología griega un hermoso caballo blanco alado, símbolo del progreso nacido de la sangre que brotó a borbotones de la herida mortal en el cuello que Perseo infligió a la Medusa, junto con el gigante Crisaor. Hay autores que lo tienen por hijo de la Gorgona y del propio Posidón y otros dicen que salió de la tierra fecundada por la sangre de aquélla. Zeus lo colocó a su servicio y frecuentemente le hacía transportar su arma más temible, el rayo.

Sin embargo, como caballo que era, lo que más le gustaba a Pegaso era vagar por la Tierra en estado salvaje y así es como lo encontró el héroe *Belerofonte* cuando bebía despreocupado en la fuente de Pirene, en Corinto.

Belerofonte es hijo también de Posidón y de Eurínome, hija del rey de Megara. Su trayectoria como héroe comienza cuando es acusado del asesinato, si bien accidental, de un hombre que en algunas versiones es el propio tirano de Corinto, *Belero* (de aquí derivaría su nombre *Belerofonte* = matador de Belero). Siguiendo la costumbre de la época para purgar la pena, hubo de expatriarse y se dirigió a Tirinto, cuyo trono se hallaba ocupado por entonces por Preto, quien lo purificó y de esta forma quedó limpio de culpa.

La esposa de Preto, *Antea* o Estenebea, se enamoró del héroe y como no fue correspondida recurrió al tópico de siempre: quejarse a su marido diciéndole que Belerofonte había intentado seducirla. Inmediatamente Preto envió al héroe a la corte del padre de Antea, *Yóbates*, que reinaba en Licia (Asia Menor). Éste debía recibir una carta sellada entregada por el propio Belerofonte (ajeno a lo que se tramaba contra él), con instrucciones de Preto para desembarazarse del héroe.

Sin embargo, como las reglas de la hospitalidad prohibían matar a los forasteros con quien había compartido la mesa, Yóbates no quiso infringirlas, y para cumplir el encargo de su yerno mandó a Belerofonte a eliminar a la *Quimera*, terrible monstruo que vomitaba fuego por sus tres cabezas, una de león, otra de macho cabrío en el lomo y la última en la cola de feroz dragón. Yóbates se hallaba convencido de que el héroe perecería en el empeño.

Pero nadie contaba con que el hijo de Posidón tenía de su lado la justicia y los dioses se dispusieron a ayudarle. Atenea entregó a Belerofonte un freno de oro, con el que tras encontrar a Pegaso en la fuente de Pirene y lo pudo domar con facilidad. Conseguido esto, el héroe se elevó por los aires en el majestuoso alazán y se lanzó en picado hacia donde se hallaba la Quimera, a quien después de un combate encarnizado consiguió darle muerte. Fracasado su objetivo, el rey de Licia envió a Belerofonte a combatir a los sólimos, pueblo vecino que invadía continuamente la región y cometía toda suerte de tropelías; el héroe rechazó a los sólimos, y éstos desde entonces no osaron más realizar sus tropelías. Por orden de Yóbates, Belerofonte luchó después contra las Amazonas, cometiendo en ellas un gran escarmiento (el mito de las Amazonas, víctimas de los héroes se repite una y otra vez). De regreso, Yóbates había preparado a Belerofonte una minuciosa trampa con un grupo de licios escogidos entre los más aguerridos, el héroe triunfó también de todos ellos.

Yóbates se dio entonces cuenta de que los dioses protegían a Belerofonte y, cautivado por sus hazañas, terminó por mostrarle la carta de Preto, mientras confesaba que no creía en sus palabras. Para demostrárselo, le concedió la mano de su hija *Filónoe* o Anticlia y le asoció al trono. A la muerte de Yóbates, Belerofonte fue coronado rey de Licia y vivió muchos años feliz en compañía de su esposa, que le dio dos hijos: *Isandro* e *Hipóloco*, y una hija, *Laodamia*, la cual se unió nada menos que con Zeus e infantó al héroe *Sarpedón*.

Pero el orgullo invadió el alma y la mente de Belerofonte y un nefasto día montó en su fiel caballo alado y se remontó hasta los cielos con el propósito de comprobar la existencia de los dioses. Pecado de incredulidad y de soberbia a un tiempo, que Zeus castigó haciendo que por el camino hacia las estrellas Pegaso se desbocara, precipitando a su amo al abismo. El caballo alado continuó su rumbo hasta quedar convertido en la constelación que lleva su nombre y que se distingue por las cuatro brillantes estrellas que constituyen el *Cuadrado de Pegaso.*

En el Museo Arqueológico de Barcelona podemos admirar un magnífico mosaico, en el que se halla representado el héroe Belerofonte en el instante en que clava una lanza en una de las cabezas de la Quimera, animal que por otra parte ha quedado como símbolo de la conquista de algo imposible, ideal fantástico. Tambien los artistas se inspiraron en el mito de la caída de Belerofonte desde el caballo alado Pegaso. El mito ha llegado hasta la actualidad y el esbelto corcel blanco con alas ha sido elegido frecuentemente como logotipo de empresas relacionadas con la técnica, con la mecánica e incluso con la cultura del espíritu.

HERACLES [HÉRCULES], EL SUPERHÉROE

En los *Himnos* homéricos puede leerse:

> «Cantaré a Heracles, hijo de Zeus, a
> quien Alcmena dio a luz, el más valiente
> de los mortales en Tebas, la hermosa ciudad,
> luego de haberse juntado con Zeus, el que
> amontona las nubes, Heracles llevó a cabo
> muchas cosas extraordinarias, acciones
> magníficas en su vagar por la tierra
> y el mar, por orden del rey Euristeo;
> pero ahora habita feliz una linda morada
> del nevoso Olimpo y posee a la hermosísima Hebe.»

Ciertamente *Heracles*, y en especial bajo la denominación dada por los romanos de *Hércules*, es con mucho el héroe más popular y más importante de toda la Mitología grecolatina. Aunque sus hazañas más conocidas sean los famosos *Doce Trabajos*, figura en numerosas leyendas desde la antigüedad griega más remota hasta la mismísima caída del Imperio Romano. En España, ciudades como La Coruña o Cádiz reivindican el haber sido fundadas por el superhéroe. Curiosamente, el primer nombre que le impusieron no fue el de Heracles sino el de *Alcides*, que recuerda al de su abuelo Alceo y que en griego es un derivado de *Alké* = fuerza física. Heracles significa «la gloria de Hera» y se le llamó así a partir de los Doce trabajos que iba a realizar a mayor honra y gloria de la diosa.

Nacimiento e infancia del héroe

Heracles era hijo de *Zeus* y *Alcmena*, esposa de *Anfitrión*. El padre de los dioses, aprovechando la ausencia de éste, tomó su figura y engendró a Hércules en Alcmena en una larguísima noche, prolongada por su omnipotencia. Al día siguiente regresó el verdadero esposo e hizo a su vez el amor con su mujer. Cuando llegó la época fijada Alcmena, que se había reconciliado con Anfitrión tras contarle lo sucedido, dio a luz dos gemelos: *Hércules* e *Ificles*.

La diosa Hera, que desde el primer momento había jurado vengarse de la enésima infidelidad de su augusto cónyuge, obtuvo de su hija Ilitía que el embarazo de Alcmena se prolongara dando tiempo a que antes naciera su primo Euristeo, que llegaría a ser rey de Argos en detrimento del propio Hércules, adelantándose a los proyectos de Zeus, revelados un día imprudentemente por el propio padre de los dioses.

Temiendo Alcmena alguna acción contra su hijo recién nacido, prefirió abandonarle en un concurrido campo. La casualidad hizo que las diosas Atenea y Hera pasaran por allí y, al encontrar aquel singular bebé, la primera le dijo a su acompañante que le amamantase, ya que ella por su condición de virgen no podía. Y así fue como su propia enemiga, sin sospecharlo, intentó criar al tierno infante, pero éste tenía tanta hambre que la mordió con vehemencia (lo que prueba su rápido desarrollo, puesto que ya debía tener dientes). Hera sintió tan agudo dolor que decidió llevar al precoz muchacho a su propia madre, Alcmena, como si fuera una nodriza, ya que estaba a la sazón criando a Ificles. Sin embargo, ya era suficiente, el héroe se había nutrido ya con unas gotas de leche divina y a su naturaleza mortal se le había añadido otra inmortal. Según algunas versiones, la leche que se desperdició tras el «hercúleo» mordisco originó la Vía Láctea.

La verdadera madre reconoció enseguida a su vástago y, llena de alegría, se dispuso a cuidarlo. Hera también supo quién era aquel niño y lo cerca que había estado de poder vengarse. Su cólera no tuvo límites y rápidamente envió dos monstruosas serpientes a la cuna de los gemelos. Cuando éstas comenzaron a enroscarse en sus cuerpecitos, Ificles rompió a llorar preso de pavor, Hércules no se inmutó y agarrando con sus manos el cuello de ambos ofidios los asfixió, profiriendo un grito de triunfo que despertó a todos.

Heracles o Hércules, el más famoso héroe de la Mitología grecolatina

Anfitrión se dio perfecta cuenta de que algo milagroso había sucedido y consultó al divino Tiresias, el cual predijo que aquel niño vencería a cuantos monstruos, gigantes y seres malignos se enfrentara y, finalmente, al terminar su agitada vida terrenal, llena de aventuras sin cuento, subiría al Olimpo, en donde sería glorificado, dándosele por esposa a la dulce *Hebe*, diosa de la juventud.

Anfitrión decidió entonces educar a su hijo como un héroe para que se hiciera digno de lo que el oráculo había profetizado y a tal fin eligió a los mejores maestros. *Autólico* le enseñó la lucha y la carrera en carro; *Eurito*, rey de Elia, el manejo del arco, *Eumolpo* el canto; *Cástor* y *Pólux* la gimnasia; el centauro *Quirón* la astronomía y medicina; y *Lino* le enseñó a tocar la lira.

Sin embargo, el muchacho sentía mayor placer y dedicación por los ejercicios físicos y violentos que por las enseñanzas intelectuales, y un día Lino, que era un viejo gruñón, reprobó su escasa aplicación comparándola con la de su hermano y ante la falta de interés llegó a propinarle unos golpes con una caña. Indignado Hércules ante este proceder de su maestro, le arrojó la lira a la cabeza (en este proceder era pues un alumno muy «aventajado») con tanta fuerza que le mató. Lleno de arrepentimiento, Hércules tuvo que comparecer ante un tribunal acusado de homicidio, del que salió absuelto al apelar a una cita del famoso juez *Radamantis*, por la que no había culpa si se actuaba en defensa propia.

Sea como fuere, Anfitrión se dio cuenta de que a su hijo adoptivo no le iban «las letras» y decidió enviarlo al campo junto con sus rebaños de bueyes, para que aprendiera lo necesario en el libro de la Naturaleza. A los dieciocho años Hércules se había convertido en el hombre más fuerte, hábil y bien parecido de toda Grecia, con una estatura superior a la normal, pero todo él, atrayente y magníficamente proporcionado.

Visión de las dos mujeres

Relata *Jenofonte* que, cuando Hércules llegó a la edad viril, se retiró a un lugar apartado para reflexionar *sobre* qué clase de vida debía escoger. Enfrascado en tales meditaciones, se le aparecieron dos mujeres, una de las cuales, la *Virtud*, resplandecía de nobleza y decencia vestida con una recatada túnica blanca no exenta de honesto atractivo. La otra, denominada *Voluptuosidad*, tenía el color encendido, se tocaba despreocupadamente y hacía lo posible para que Hércules reparara en sus juveniles encantos. Ambas intentaron ganarse al héroe con diferentes promesas, *pero* Hércules se decidió por la Virtud.

A partir de aquí se entregaría a limpiar de seres malignos la faz de la tierra y en especial el escenario helénico, en el que por aquel entonces pululaban monstruos de todas clases y temibles bandidos.

Muerte del león de Citerón

La primera hazaña de Hércules fue la de dar muerte a un enorme y fiero león que era el terror de los rebaños de Anfitrión y de la propia Tebas, en donde había sido acogido por su rey, Creonte, cuando Anfitrión tuvo que huir de su ciudad natal, Tirinto, al haber matado accidentalmente a su suegro (Hércules había nacido accidentalmente en Tebas, pero su linaje provenía de Argos). Sea como fuere, el león había ampliado sus correrías al país vecino de los tebanos, cuyo monarca era el rey *Tespio*. Hércules se adentró en el bosque, buscó al terrible animal y terminó con él. Acto seguido le arrancó la piel y se la puso en sus hombros, procurando que la mandíbula le cubriera la cabeza como si fuera un casco.

Algunas versiones hablan de que el rey Tespio le hospedó en su palacio mientras duraba la cacería por espacio de cincuenta días. Por la noche *Megamede*, que había tenido cincuenta hijas de Tespio y deseaba tener nietos «heroicos», fue introduciéndolas una a una cada noche en el lecho de Hércules, que pensaba que siempre era la misma y por un deber de hospitalidad de los pueblos primitivos no podía negarse a sus encantos. De esta forma, Hércules engendró a las cincuenta *Tespíadas*.

Victoria sobre Ergino, rey de Orcómenes

Cuando regresaba de la anterior cacería, Hércules se encontró cerca de Tebas con los emisarios de *Ergino*, rey de Orcómenes, que se dirigían a cobrar el tributo anual que los tebanos debían pagarles, pero que consideraban injusto y humillante. Animado por la Virtud, Hércules se enfrentó con dichos heraldos y les cortó la nariz y las orejas. Indignado Ergino al contemplar el trato recibido por sus enviados, exigió a los tebanos la entrega de Hércules. Y ya se hallaba dispuesto *Creonte* a realizar esta petición por temor a las represalias, cuando nuestro héroe intentó persuadir a un grupo de jóvenes para que salieran al campo de batalla, cosa harto imposible por cuanto sus enemigos les habían despojado de las armas. Entonces Atenea vino en auxilio del héroe y le dio sus propias armas, permitiendo que sus compañeros pudieran utilizar todas las que estaban guardadas en su templo. Armados y pertrechados, Hércules y sus compañeros esperaron a los *nimios*, habitantes de Orcómenes, y les derrotaron en un desfiladero, muriendo el propio rey Ergino, pero según algunas versiones falleciendo también Anfitrión en el combate. Hércules aprovechó la victoria y se dirigió a Orcómenes y la destruyó por completo, exigiendo a sus habitantes (los que quedaron vivos) un tributo doble del que antes les habían pagado a los tebanos.

Creonte, con el fin de agradecer dignamente a Hércules el extraordinario servicio que había prestado a Tebas, le dio en matrimonio a su hija mayor, *Megara*, a la vez que casó a la menor con Ificles. Los propios dioses obsequiaron a Hércules con valiosos trofeos: Apolo le dio unas flechas infalibles, Hefesto un carcaj de oro, Hermes una reluciente espada y Atenea una dorada y brillante cota de malla.

Intervención de Hércules en la Gigantomaquia

Hércules intervino decisivamente en la lucha de los Olímpicos contra los monstruos gigantes que querían apoderarse de la morada de los dioses. El Oráculo había predicho que la batalla contra los gigantes (*Gigantomaquia*) sólo se decidiría a favor de los inmortales si intervenía en ella un mortal singular, y Hércules era el elegido, ya que los monstruosos seres eran invulnerables a las armas divinas y existía una hierba capaz de hacerlos inmortales para siempre. Zeus, que conocía todas estas circunstancias, prohibió a la Aurora, al Sol y a la Luna que alumbraran, y así Gea pudo encontrar la milagrosa hierba para dársela a sus hijos, mientras Atenea había dado con Hércules y le había convocado para la lucha.

Uno a uno los Gigantes fueron muriendo a mano de Hércules, tal como ya mencionamos en la *Gigantomaquia*, y los celestiales experimentaron un extraordinario agradecimiento por la ayuda que les había prestado. Zeus le concedió el nombre de Olímpico, sinónimo de valiente entre los valientes. Sin embargo, no todos los inmortales estaban contentos y Hera, cuyos celos aumentaban día a día en contra del hijo bienamado de su esposo, puso en práctica una vez más su venganza.

Hércules da muerte a sus hijos habidos con Megara

En cierta ocasión Zeus se había dejado llevar por un comprensible rapto de fanfarronería paternal y, antes de que naciera Hércules, había confesado que el primer nieto que naciera descendiente del héroe Perseo sería rey y señor de Micenas, el país de los argivos. Al decir esto pensaba en el hijo que había engendrado en Alcmena. Hera que estaba al quite, hizo que antes viniera al mundo Euristeo, también descendiente de Perseo, y fue éste el soberano de Micenas en lugar de Hércules.

Celoso Euristeo de la fama alcanzada por Hércules, ordenó que se pusiera a su servicio y que realizara algunas misiones a mayor honra y gloria del propio Zeus. Hércules se resistía, pero Zeus, aun cuando las cosas no hubieran seguido el camino que él imaginaba, considerando que era un desacato por parte de su hijo negarse a cumplir lo solicitado, manifestó a Hércules que debía ponerse al servicio de Euristeo.

El héroe consultó entonces al Oráculo de Delfos y recibió la extraordinaria predicción de que si llevaba a cabo diez trabajos mandados por Euristeo terminaría la supremacía de éste y alcanzaría la inmortalidad. Pensativo, porque por un lado le repugnaba servir a un hombre inferior a él, pero tampoco quería desobedecer a su padre, Hércules se hallaba meditando ante este dilema, cuando Hera introdujo la locura en su mente y mató a sus hijos habidos de Megara, creyendo que eran quizá los de Euristeo o bien que todavía se hallaba luchando contra los gigantes.

Repuesto de la locura y al darse cuenta de lo que había hecho, cayó en una desesperación y un abatimiento sin límites, y entonces, para purificarse de la culpa, entró al servicio de Euristeo, cosa que tanto le repugnaba. Éste le ordenó los famosos trabajos que había predicho el Oráculo de Delfos.

Por vez primera hazañas prodigiosas iban a ser realizadas por un humano, bien que tuviera una parte inmortal, pero ya no eran titanes, gigantes, monstruos o dioses los que arrollaban obstáculos y ejecutaban lo imposible. De Zeus había nacido un héroe de fuerza extraordinaria que daría prestigio a la raza humana y al que seguirían otros muchos, hasta que se consumara la destrucción de Troya. A partir de ella los héroes van extinguiéndose en el recuerdo humano y sólo quedará de ellos la idealización del mito. La Hélade ha entrado plenamente en la historia.

LOS DOCE TRABAJOS DE HERACLES[7]

Primer trabajo: Muerte del león de Nemea

El primer trabajo que el rey Euristeo encomendó a Hércules fue que le trajera la piel del león que asolaba los bosques situados entre Nemea y Cleone de la Argólida, en el Peloponeso. Este león no podía ser muerto por las armas, ya que se decía que era hijo de la serpiente Equidna y del gigante Tifón, y hermano de otro monstruo, la Esfinge de Tebas. Otros en cambio lo hacían descender de Selene y que ésta se lo había dado en préstamo a Hera para sus venganzas. Hércules marchó en busca del león y, al llegar a

7. Algunos mitológicos han querido ver en los Doce trabajos una alegoría solar o astrológica recordando los doce signos del Zodíaco.

las cercanías de Nemea, se encontró con un pobre campesino denominado *Molorco*, cuyo hijo había sido devorado por el temible animal. Molorco acogió a Hércules en su casa con extraordinaria hospitalidad y, para honrarle, quiso sacrificar el único carnero que poseía. Hércules le pidió que aplazara por treinta días su sacrificio mientras no hubiera muerto al león, advirtiéndole que si al cabo de ese tiempo no regresaba es que había sido el león el vencedor y entonces Molorco podía realizar el sacrificio en memoria de Hércules.

Siguió el héroe su camino, añadiendo a sus armas cotidianas una enorme porra hecha con el tronco de un olivo silvestre que había arrancado de cuajo. Llegó a la guarida del león, que consistía en una cueva con dos entradas. Hasta el atardecer no regresó el animal a su cubil, ebrio de sangre. Hércules, cuando lo vio le comenzó a disparar flechas, pero quedó perplejo al darse cuenta de que éstas no le hacían el más mínimo daño.

El león reparó en Hércules y se dispuso a atacarle, y nuestro héroe lo atrajo hasta su cueva, en la que previamente había obturado una de las entradas con una enorme piedra.

Hércules empuñó entonces la descomunal porra y propinó al león un golpe tan tremendo que le hizo tambalear; el héroe aprovechó esta circunstancia para colocarse a grupa del fiero animal y, apretándole entre sus brazos, lo estranguló. Una vez muerto el león quiso despellejarlo, y su asombro no tuvo límites pues no había forma de lograrlo. Entonces se le ocurrió hacerlo con las propias garras del animal y finalmente consiguió su propósito.

Una vez quitada la piel, se confeccionó una coraza con ella y con las mandíbulas un nuevo casco. De regreso a Micenas pasó por la cabaña de Molorco cuando se cumplía el día treinta del plazo fijado. Cuando Molorco iba a sacrificar el carnero en honor de Hércules, creyendo que había muerto, apareció éste y le detuvo. Ambos, con gran alegría, ofrecieron el animal a Zeus. En el mismo lugar del holocausto el héroe instituyó los denominados Juegos Nemeos, para glorificar al Tonante (es decir: Zeus, el que produce el rayo y el trueno).

Finalmente Heracles se presentó ante Euristeo, y al verle el rey con aquel botín dio un salto y se metió dentro de una jarra de bronce, ordenando a sus soldados que a partir de entonces no dejasen entrar en la ciudad a semejante campeón, temiendo que algún día pudiera volverse contra él. Hércules tenía desde entonces que colocar el botín a las puertas de Micenas sin franquear su umbral, orden que no siempre respetó.

Segundo trabajo: La Hidra de Lerna

Este monstruo vivía en un pantano cenagoso cerca de Lerna, en la Argólida. Era también hijo de Equidna y de Tifón. Fue criado por Hera para vengarse de Heracles. Poseía la forma de una enorme y monstruosa serpiente de varias cabezas que los autores hacen variar desde seis hasta cien y hay quien relata que eran cabezas humanas. En lo que todos coinciden es en que, si se cortaba una de ellas, rápidamente volvían a nacer en su lugar tres nuevas. El aliento de sus fauces era sumamente mortal, pues incluso cuando el monstruo dormía mataba al incauto que osaba acercarse a él.

Hércules marchó en busca de la Hidra, tal como se lo había ordenado Euristeo, pero esta vez llevó a su sobrino *Yolao*, mucho más joven que él y gran admirador suyo. Encontró a la Hidra en una colina cerca de la fuente de Amimone y la acometió al instante con flechas encendidas; con ellas el monstruo se enfureció todavía más y, arrojándose sobre él, se enroscó en sus piernas. Hércules hubo de recurrir a toda su fuerza sobrehumana para escapar del peligro. Comenzó a cortar cabeza tras cabeza, pero éstas se multiplicaban prodigiosamente. La Hidra se daba cuenta de que frente a ella tenía un enemigo invencible y llamó en su ayuda a un gigantesco escorpión, que consiguió morder al héroe en un talón. Aunque la herida era muy dolorosa, Hércules pudo finalmente aplastarlo.

Los esfuerzos se redoblaron entonces contra la Hidra. Yolao encendió una hoguera y, con los tizones conseguidos, Heracles pudo ir cauterizando las heridas de los cuellos a medida que iba cortando cabezas, de forma que al quedarse sin sangre no había forma ya de que se reprodujeran. Pero la cabeza central era inmortal y nuestro héroe no tuvo más remedio que doblegarla a golpes de porra, hasta que logró enterrarla colocando encima de ella una enorme piedra para que jamás volviera y nunca mejor empleada la frase: «a levantar cabeza». Pero antes Hércules pudo mojar sus temibles flechas en la última sangre de la Hidra, haciéndolas todavía más mortíferas.

Apolodoro nos cuenta que Euristeo se negó a reconocer este trabajo entre los que había de imponer a Heracles, por haberle ayudado su sobrino Yolao.

Algunos mitólogos de la Escuela Evemerista explican que la Hidra de cabezas que renacían constantemente no era sino el pantano de Lerna, que Hércules consiguió desecar. Las cabezas eran las fuentes que nutrían la ciénaga y que al filtrarse una y otra vez hacían inútiles los esfuerzos del héroe.

Según otros mitólogos, Lerno era un tirano de un país cuya capital se denominaba Hidra. Lerno tenía una guardia personal de cien arqueros y, cuando uno caía, rápidamente era reemplazado por otro. Tal circunstancia habría originado la leyenda de las cabezas que renacían una y otra vez.

Tercer trabajo: Capturar vivo el jabalí de Erimanto

Un enorme jabalí asolaba Arcadia y en especial la región de Erimanto. Euristeo mandó a Hércules para que lo capturara vivo. Cuando se dirigía a realizar este trabajo, se hospedó en casa del centauro Folo, hijo de Sileno, que le invitó a comer carne mientras el centauro, mitad hombre mitad caballo, la comía cruda. Hércules solicitó algo de beber. Le explicó que lo único que tenía era un barril de vino en la bodega, pero que era propiedad de todos los centauros y como éstos eran muy egoístas no deseaban invitar a nadie, y él tenía miedo de hacerlo. Hércules insistió en que tenía mucha sed y en que le defendería de cualquier agresión.

El barril era un presente de Dioniso, quien había manifestado el deseo de que se destapara el barril solamente cuando fuera invitado Hércules. Cuando Folo hubo abierto el barril su magnífico aroma atrajo a los demás centauros, quienes reclamaron su parte con cara de pocos amigos y acto seguido se dispusieron a cogerla por la fuerza. Hércules rehazó a los que iban en vanguardia una vez entraron en la bodega, arrojándoles tizones encendidos, después los persiguió hasta Malea en donde vivía el centauro *Quirón*, gran amigo del héroe. Los centauros perseguidos se escudaron detrás de Quiron y cuando Hércules disparó una flecha fue a clavarse en la rodilla del centauro amigo. Hércules se asustó un tanto viendo a su amigo herido e intentó curarle, pero como sus flechas estaban emponzoñadas con la sangre de la Hidra de Lerna, esto era imposible. Pero Quirón, como era inmortal, tenía que sufrir eternamente agudos dolores. Entonces le pidió a Hércules que le librara de ellos y nuestro héroe así lo hizo, pues liberó a Prometeo de los Infiernos y puso en lugar de él a su amigo.

Tras marchar de casa del centauro Quirón, entró en la de Folo y su pena se acrecentó al ver en ella también muerto a Folo, pues movido por la curiosidad extrajo una flecha de su compañero y, tras observarla y admirarse de como un adminículo tan pequeño podía ser causa de la muerte de un ser tan grande, le cayó a los pies con tal desgracia que se le clavó en uno de ellos, ocasionándole fulminantemente la muerte. Compungido, Hércules enterró a su amigo y finalmente marchó para dar caza al jabalí. Supo sacarlo de su cubil y que corriera detrás de él hasta un campo de forma que consiguió fatigarlo. Entonces lo cargó sobre sus espaldas y regresó a Micenas una vez más. Euristeo sintió temor y volvió a esconderse en una jarra.

Se comprende que en aquellos remotos tiempos la caza del jabalí fuera una aventura muy arriesgada y llena de dificultades, que se acrecentaban al tener que capturar vivo al animal, cosa que Hércules hizo con una red. Por eso el mito intenta dar a la hazaña una valoración adecuada.

Cuarto trabajo: Coger viva a la cierva de Cerinia

Maravillosa cierva de estatura mayor que las demás, cuya cornamenta era de oro y los pies duros y broncíneos, para resistir largas carreras. Poseía cuatro compañeras a las que la diosa Artemis había logrado capturar y uncir a su cuádriga, pero ésta última, consagrada también a la diosa, había sido destinada por Hera para probar una vez más a Heracles. Matar al veloz animal que corría como el viento o incluso tocarlo era considerado un acto sacrílego.

Hércules la estuvo persiguiendo por espacio de un año hasta cansarla. Entonces la arrinconó hasta el río Ladón, en Arcadia. Acto seguido la hirió levemente en una pata con un flechazo. Viva aún, el héroe cargó con ella sobre sus espaldas para llevarla a Micenas. Cuando se dirigía para llevársela a Euristeo, se encontró nada menos que con Apolo y con la hermana de éste, la diosa Artemis, dueña de la cierva. Ambos le interrogaron sobre el animal que llevaba en sus hombros y le acusaron de haberlo querido matar, a la vez que porfiaron por arrebatarle la presa. Hércules contestó que no era su intención cazar a la cierva, ni darle muerte, pero que Euristeo le había ordenado lo primero, por lo que cumplía su mandato. Los dioses quedaron satisfechos con tal respuesta y le autorizaron a que reanudara su camino.

Quinto trabajo: Las aves del lago Estínfalo

Eran unas aves que habitaban un tupido bosque junto al lago Estínfalo, en Arcadia. Habían huido allí acosadas en otro tiempo por los lobos y en aquel lugar se habían multiplicado extraordinariamente, siendo el terror de las cosechas de los campos, y según otras versiones devoraban animales e incluso personas, y hasta se decía que sus plumas eran de acero y las podían disparar como si fueran flechas, tan duras que atravesaban las cotas de malla de los guerreros.

El problema consistía en hacerlas salir de sus dominios, puesto que en ellos era prácticamente imposible la entrada. Hércules se valió para ello de unas enormes castañuelas de bronce. El ruido de este instrumento las hizo salir de la espesura y entonces el héroe las fue matando con las flechas emponzoñadas en la sangre de la Hidra de Lerna.

Sexto trabajo: Limpiar los establos del rey Augías

Euristeo, lleno de temor ante las hazañas de Hércules viendo que nunca resultaba vencido, le ordenó un nuevo trabajo: en un solo día debía dejar limpios los establos del rey Augías, soberano de Élide en el Peloponeso. Hijo de Helio (el Sol), había heredado de su padre un numerosísimo rebaño de reses que se hallaba encerrado en un amplio cercado frente al Palacio Real. El hacinamiento provocó la falta de limpieza. El estiércol se fue amontonando en tanta cantidad que se desarrollaron todo tipo de gérmenes infecciosos, que extendieron la peste por toda Grecia. Este trabajo era indigno y vergonzoso para un héroe y parecía que su realización era imposible consumarla en un solo día.

Hércules se presentó ante Augías y se ofreció a realizar la limpieza sin decir que venía de parte de Euristeo. Augías, contemplando un héroe tan apuesto, pensó para sus adentros que éste no conseguiría su propósito, puesto que el trabajo era más propio de esclavos, por ello le ofreció trescientos bueyes de recompensa por la empresa.

Hércules aceptó la oferta y se llevó consigo a Fileo, hijo del monarca, para que fuera testimonio de su trabajo. A continuación abrió un boquete en un extremo del enorme establo y, tras haber excavado un canal, hizo desviar las aguas de los ríos Peneo y Alfeo hacia el cercado. Las aguas de los ríos arrastraron todas las inmundicias y el establo quedó perfectamente purificado.

Cuando Augías se enteró de que aquel trabajo Hércules lo había llevado a cabo por orden del rey Euristeo, no quiso pagarle lo estipulado e incluso negó que hubiera tal acuerdo. Pensó que lo mejor sería someterse a un arbitraje, en el que tenía aparentemente todas las de ganar, pero no contó con que su propio hijo, que amaba la justicia, declaró en contra de él y entonces Augías ordenó a sus soldados que expulsaran del territorio al héroe y a Fileo. Pronto Hércules atacó con los que quisieron seguirle, hartos de la tiranía de Augías, el reino de éste, y le venció y dio muerte, colocando en el trono a Fileo. Seguidamente tomó los bueyes que le correspondían y marchó para presentarse ante Euristeo, quien no quiso reconocer que aquel trabajo lo hubiera realizado Hércules como expiación, por haber solicitado un salario a cambio.

Séptimo trabajo: El toro de Creta

En ciertas versiones se relata que el toro que raptó a Europa no era el propio Zeus metamorfoseado, sino un animal que le sirvió para estos fines. Éste sería el famoso toro de Creta, protagonista del Séptimo trabajo hercúleo. Sin embargo, otros mitógrafos relatan que en cierta ocasión Minos, rey de Creta, había ofrecido a Posidón el sacrificio de lo primero que saliera del mar, o apareciera en la superficie de las aguas. De pronto un hermoso toro empezó a hacer cabriolas y a retozar por la orilla, Minos, al verlo, no quiso sacrificarlo y en su lugar fue pasto de las llamas un animal de inferior calidad. Al darse cuenta del cambio, Posidón se enfureció y volvió loco al toro salvado, de forma que embestía en Creta a todo lo que se le ponía por delante.

Sabedor Euristeo de esta circunstancia, ordenó a Hércules que pasara a la isla de Creta y le trajera vivo al temible morlaco. Así lo hizo Hércules, con el beneplácito de Minos, que de esta manera se veía libre de un gran peligro para su país. Hércules volvió a Micenas con el toro, quizás a lomos del propio animal, al igual que Zeus había hecho con Europa (en aquel caso ella a la grupa de él). Llegado a presencia de Euristeo, el rey quedó tan prendado del toro que tras largo rato de contemplación lo soltó. El animal, al verse libre, volvió a las andadas, asolando los campos de Laconia y Arcadia y se dirigió a Maratón, hasta que otro héroe, Teseo, lo cogió también vivo y, paseándolo por la ciudad de Atenas, lo llevó al templo de Apolo para ser inmolado.

Octavo trabajo: Robar las yeguas de Diomedes

Diomedes era hijo de Ares y rey de los Bistones, y poseía unas yeguas tan salvajes que se nutrían de carne humana y tan vigorosas que necesitaban estar atadas con cadenas de hierro a pesebres del mismo metal. Euristeo quiso poseer aquellos singulares ejemplares y decidió que Hércules fuera a buscarlos. Nuestro héroe marchó a Tracia, en donde se hallaba emplazado el reino de Diomedes, y una vez llegado allí dio a comer a las yeguas al propio Diomedes, logrando amansarlas, pero entonces los bistones acudieron en venganza de su rey y Hércules tuvo que luchar contra ellos, encomendando la vigilancia de las furiosas yeguas a Abdero, hijo de Hermes. Cuando regresó victorioso, contempló con estupor que las yeguas habían despedazado a Abdero. Hércules enterró con todos los honores a su amigo con gran dolor en su corazón y fundó la ciudad de Abdera, en recuerdo suyo. Redujo de nuevo a los terribles animales y los condujo a Micenas, a presencia de Euristeo, quien los consagró a Hera, su aliada. El relato se completa explicando que las yeguas, bien que salvajes, dejaron de practicar la antropofagia y fueron fácilmente domesticables gracias a la hazaña de Hércules. Tuvieron tan larga descendencia, que incluso el rey Alejandro el Grande de Macedonia tuvo como corcel favorito a Bucéfalo, descendiente de aquella estirpe.

Noveno trabajo: Apoderarse del cinturón de Hipólita, reina de la Amazonas

Este trabajo lo realizó Hércules para satisfacer los deseos de Admete, hija de Euristeo, que deseaba un famoso cinturón, regalo de Ares a Hipólita, reina de las Amazonas. Las Amazonas habitaban el país de Temiscira, en el Ponto (Mar Negro), constituyendo un numeroso pueblo de mujeres guerreras que esclavizaban a los hombres con el único objeto de la procreación, y para que no constituyeran ningún peligro les iban dando muerte. Según la leyenda, para manejar con mayor soltura el arco se extirpaban o no se dejaban crecer el pecho derecho. (¿Recordará históricamente este relato restos de algún pueblo primitivo en el que se practicara el más exagerado matriarcado?)

Representación de alguno de los trabajos de Heracles. Mosaicos griegos (Museo arqueológico, Madrid)

Hércules se embarcó para realizar la empresa acompañándole otros héroes famosos como Teseo, Telamón y Peleas, y tras numerosas aventuras llegaron al tenebroso Mar Negro. Subieron aguas arriba del río Termodonte y llegaron por fin a Temiscira, capital de las mujeres guerreras.

Hipólita recibió al héroe y, al contemplar su arrogante aspecto, se prendó de él, prometiéndole el cinturón, pensando quizá que gozaría para siempre de su amor. Hera no podía consentir que Hércules fuera feliz ni un instante y, cogiendo la forma de una de las Amazonas, incitó a sus compañeras contra nuestro héroe, argumentando que su intención era raptar a la reina. Las amazonas cargaron contra Hércules montadas en briosos corceles y éste tuvo que luchar contra ellas lanzando sus infalibles flechas, que eliminaron a muchas de ellas. Finalmente Hércules capturó a Melanipa, capitana del ejército amazónico, y las demás guerreras depusieron las armas. Hipólita entregó a Hércules el cinturón a cambio de la libertad de Melanipa y después, comprendiendo que no podía retener al héroe para siempre, lo dejó marchar no sin sacrificio. En otras versiones, Hércules, creyéndose traicionado, da muerte a Hipólita.

A continuación nuestro héroe se dirigió a Troya. En la costa encontró a Hesione atada a una roca y cuyo destino era el vientre de un terrible monstruo enviado por Posidón. La historia es ésta: una vez que Posidón contribuyó a construir los muros de Troya se dirigió a cobrar su salario y, al no recibirlo, raptó a Hesione, hija del rey Laomedonte, y la destinó al sacrificio. Al pasar Hércules por el lugar, Laomedonte prometió al héroe que si liberaba a su hija le daría unos magníficos caballos consagrados a Zeus. Así lo hizo Hércules tras una titánica lucha, pero entonces Laomedonte, acostumbrado a no cumplir, también negó al héroe lo estipulado, quien volvió con un ejército y dio muerte a Laomedonte y a todos sus hijos, excepto a Príamo. Acto seguido marchó a Micenas y entregó a Euristeo el cinturón de Hipólita, el cual según una tradición pasó finalmente a manos de una de las amantes de nuestro héroe.

Décimo trabajo: La captura de los bueyes de Gerión

Euristeo, impulsado por Hera, no concedía a Hércules un momento de respiro y, no bien acabado con la aventura del cinturón de Hipólita, le ordenó capturar los toros del gigante Gerión. Éste poseía en la isla de Eritia, más allá del golfo de Gadir [Cádiz], una manada de magníficos toros de color rojizo vigilados por el gigante Euritión y por el monstruoso perro Orto, nacido de Tifón y Equidna. El propio Gerión era también un enorme monstruo que poseía tres cabezas, tres troncos, seis brazos y seis piernas y tenía una estatura formidable.

Hijo de Crisaor, rey de toda Iberia, el cual, además de Gerión, tenía otros tres hijos también gigantescos, jefes a su vez de un formidable ejército.

Quizás esta era la empresa más difícil de todas cuantas Euristeo había mandado a nuestro héroe y en su fuero interno el rey pensaba que por fin se desembarazaría de él de una vez para siempre. No sabía el infeliz que Hércules era un predestinado a imposibles hazañas y que precisamente Zeus le había infundido el don de la fuerza, que limpiará el mundo de monstruos y bandidos. Pero Euristeo era un simple mortal y no podía saber tales cosas.

En primer lugar Hércules reunió una escogida tropa que se concentró en la isla de Creta, en donde tuvo que luchar con el gigante Anteo, hijo de Gea, que poseía la virtud de recuperar las fuerzas cada vez que tocaba con los pies a su madre. Hércules se dio cuenta de esta propiedad y, rodeando al enemigo con sus poderosos brazos, le ahogó manteniéndole siempre en vilo.

A continuación la marcha fue larga y penosa. Atravesó diversas regiones secas y áridas, libró a Libia de numerosos monstruos y, en cierto lugar extraordinariamente fértil, fundó la ciudad de Hecatómpilos (que quiere decir Cien Puertas). Después llegó al Atlántico, frente a Cádiz en donde se hallaba el fabuloso reino de Tartessos (históricamente comprobado). Según la tradición, Hércules erigió en el Estrecho que separaba el Mediterráneo del Océano las famosas columnas que desde entonces llevaron su nombre.[8]

Pero ¿cómo cruzar el tenebroso Océano hasta Eritia? Como el Sol era muy fuerte en aquellos parajes, Hércules, no pudiendo resistirlo, arrojó sus flechas contra Helio, el cual sorprendido de la osadía y a la vez admirado por la valentía del héroe, le prometió lo que quisiera. Hércules solicitó prestada al caluroso dios la gran copa de oro en la que éste se embarcaba todas las noches, cuando llegaba al Océano y regresaba a su palacio emplazado en el Oriente de la Tierra. Helio se la prestó de mala gana y, para poner a prueba al héroe, lo fue sacudiendo con violencia sobre las olas. Pero Hércules, para amansar a Océano, le iba disparando de vez en cuando sus flechas y así consiguió su propósito.

Cuando llegó a Eritia, el perro bicéfalo *Orto* se lanzó contra el héroe. Hércules lo abatió de un golpe con su terrible porra. Lo propio aconteció con el boyero *Euritión*, cuando acudió en defensa de su perro. Hércules cogió los bueyes e inició el camino de regreso, pero *Menetes*, pastor de Hades, fue a avisar a Gerión de lo sucedido. El gigante alcanzó a Hércules a orillas del río Antemo y allí se produjo una lucha descomunal en la que la propia Hera acudió en ayuda de Gerión. Hércules disparó una de sus mortíferas flechas y consiguió herir a la diosa en el pecho, lo que hizo que Hera tuviera que abandonar a su protegido. Hércules dirigió entonces sus tiros contra Gerión, quien después de una tenaz resistencia pudo ser abatido.

Nuestro héroe reunió el rebaño y regresó entonces a través de Iberia, en la que encontró a los otros hermanos de Gerión, a los que venció también y subyugó su reino. Pasó a la Galia y en la Liguria, camino de Italia, fue atacado por los indígenas. Hércules realizó con ellos una verdadera carnicería, hasta tal punto que se le terminaron las flechas. Entonces dirigió

8. ¿Calpe = Gibraltar; y Ceuta? Es decir, los dos montículos al abrigo de los cuales se asientan dichas poblaciones. Los montículos para Hércules eran «simples columnas».

una plegaria a su divino padre, quien inmediatamente hizo llover una gran cantidad de piedras, que Hércules utilizó como proyectiles; los ligures que no fueron alcanzados huyeron despavoridos.

Poco después, dos bandidos, hijos de Posidón, llamados *Alebión* y *Dércino*, intentaron robarle los bueyes, pero Hércules les dio muerte. Atravesó el país de los etruscos y, cuando llegó al Lacio, tuvo que enfrentarse con Caco, que pretendía los bueyes, y terminó con sus andanzas de ladrón en el mismo lugar en que más tarde se emplazaría la ciudad de Roma.

En la región del sur de Italia llamada Calabria, uno de los toros se escapó y salvó a nado el estrecho de Mesina, llegando hasta el reino de Erix, quien quiso reducir al furioso animal y quedárselo en sus dominios. Hércules llegó tras él y mató a Erix.

Finalmente nuestro héroe y el rebaño alcanzaron el litoral del mar Jónico. Allí Hera les envió unos tábanos terribles que volvieron furioso a los toros, los cuales se dispersaron por la región de Tracia. Hércules los persiguió y reunió, sólo a una parte, los restantes vagaron libres por aquellos parajes y originaron las bandas salvajes que erraban por el país de los escitas.

Al presentarse ante Euristeo con los animales que había podido recuperar, manifestó a éste que había realizado ya los diez trabajos prescritos, pero como el taimado monarca había rechazado dos, no tuvo más remedio que realizar dos más.

Undécimo trabajo: Arrastrar a Cerbero fuera de los Infiernos

Desesperado Euristeo porque en lugar de destruir a su rival había acrecentado su fama a cimas inaccesibles, haciéndolo aparecer como exterminador de todo cuanto había de maligno en la Tierra y bienhechor de todos los mortales, decidió encomendarles un trabajo en donde sus heroicas virtudes no le sirvieran para nada. La hazaña consistía en traerle el monstruoso perro que guardaba la entrada de los Infiernos y que se llamaba el Can Cerbero, monstruo de tres cabezas de cuyo tronco colgaba una cola de dragón y llevaba además enroscadas en la cabeza y el tronco numerosas serpientes venenosas. Conocedor Hércules de las dificultades de la nueva tarea, se trasladó a la ciudad de Eleusis, en el Ática, y allí consiguió que el sacerdote Eumolpo le iniciase en los misterios eleusinos, que enseñaban a los creyentes la manera de llegar con plena seguridad al otro mundo después de la muerte.

Siguiendo el relato admitido por la mayoría de mitólogos, Hércules se dirigió al Peloponeso, hacia la ciudad espartana de Tenaro, donde se encontraba la boca del Tártaro. Si bien los habitantes de Heraclea, en el

Mar Negro, relataban que el héroe había descendido y regresado por la que ellos llamaban boca del Infierno, que se encontraba no lejos de su ciudad. Sea como fuere, Hércules consiguió la ayuda de Hermes, que además de mensajero de los dioses era conductor de almas, quien le acompañó hasta la profunda sima en la que se iniciaban los reinos de Hades. Al ver llegar a un mortal, las sombras de los que fueron, que erraban llenas de tristeza por aquellos sombríos parajes huyeron despavoridas. Sólo se mantuvieron firmes la gorgona *Medusa* y el espíritu de *Meleagro*.

Hércules desenvainó la espada para acometer a Medusa, pero Hermes le detuvo, diciendo que no le podía hacer ningún daño porque era una sombra vana y era por tanto invulnerable a su espada. Contra Meleagro (del que hablaremos más tarde) tensó el arco, pero su espíritu se acercó a Hércules y le relató su fin de forma tan conmovedora que llegó a arrancar copiosas lágrimas al héroe, quien prometió que se casaría con su hermana, *Deyanira*.

Después Hércules distinguió a los héroes *Pirítoo* y *Teseo*, grandes amigos suyos que habían bajado a los Infiernos para llevarse a Perséfone y Hades los había encadenado ante tanta osadía, amarrándoles a la misma piedra en que los dos héroes se habían sentado unos momentos para descansar. Hércules, con permiso de Perséfone, pudo libertar a Teseo, pero no pudo hacer lo propio con Pirítoo, porque cuando lo intentó la tierra comenzó a temblar peligrosamente bajo sus pies. Seguidamente Hércules liberó a Ascálafo, que desde que delató a Hades diciendo que Perséfone había comido un grano de granada, rompiendo así el ayuno prescrito, había sido castigado por Deméter, la madre de aquélla, inmovilizándole bajo una gran roca (liberación que le sirvió de muy poco, porque entonces Deméter lo transformó en lechuza).

Con el fin de proporcionar sangre a los muertos, pues se creía que mediante libaciones sangrientas podían recuperar un poco de vida (¿recuerdo lejano del mito posterior de Drácula y el vampirismo?), Hércules sacrificó parte de los rebaños de Hades. El pastor Menetes intentó oponerse a Hércules, pero nuestro héroe le fracturó las costillas y hubiera terminado con él de no ser por los ruegos de Perséfone.

Finalmente, Hércules llegó a presencia de Hades y, según unas versiones, el dios se opuso en redondo a que se llevara a Cerbero, pero Hércules le disparó una flecha que dio en el hombro del rey Infernal, haciéndole sentir el dolor propio de los mortales. Hades accedió entonces a la petición del héroe, pero con la condición de que para dominar al terrible can tenía que emplear sólo las manos y revestirse simplemente con su coraza y la piel de león que envolvían el cuerpo hercúleo.

El héroe cogió a Cerbero por las patas y, rodeándole el cuello con sus poderosos brazos, lo mantuvo bien apretado a pesar de que la cola del animal era una mezcla de escorpión y venenosa serpiente que le picó repetidas veces. Hércules no hizo caso al dolor y no soltó la presa hasta que la tuvo bien dominada. Subió a la Tierra por la citada boca del Infierno y, cuando Cancerbero vio la luz del día empezó a escupir baba por la boca, brotando de ésta la venenosa planta denominada acónito.

Hércules condujo a Cerbero hasta Euristeo, quien al verle experimentó tal terror que corrió a refugiarse en su jarra, su refugio habitual. El rey no sabiendo qué hacer con aquel monstruoso animal, ordenó a Hércules que lo devolviera a su dueño, Hades, cosa que así hizo.

Duodécimo trabajo: Traer las manzanas de oro de las Hespérides

El último trabajo consistió en robar las manzanas de oro del Jardín de las Hespérides. El árbol que las producía había sido regalado por Gea (la Tierra) en los solemnes desposorios de Zeus y Hera, y se hallaba en el jardín de las inmediaciones del monte Atlas. Como las Atlántidas acostumbraban a robar en el jardín, Hera confió la guarda del maravilloso árbol y de su fruto a un monstruoso dragón inmortal que poseía cien cabezas, nacido ¡cómo no! de Tifón y Equidna. Además había colocado como guardianas a tres ninfas del atardecer, conocidas como las *Hespérides*, y cuyos nombres recordaban los matices del cielo cuando el astro rey marcha hacia su ocaso, pues se denominaban la «Resplandeciente», la «Roja» y la «Aretusa de Poniente».

Al iniciar la aventura, Hércules desconocía donde se hallaba el Jardín anhelado, por lo que pasó primero a Tesalia, en donde mató al gigante Termero. Llegó después a orillas del río Equedoro y allí se encontró con Cigno, hijo de Ares y de Pirene, quien al preguntarle el héroe por el Jardín recibió por toda respuesta un violento ataque; Hércules no tuvo más remedio que darle también muerte. Entonces el propio Ares acudió en defensa de su hijo y ambos colosos lucharon hasta que Zeus los separó, porque no deseaba que hubiera una lucha fraticida.

A continuación Hércules llegó a la costa de Iliria (en la costa del Adriático), morada de algunas de las hijas de Zeus, formulándoles la misma pregunta. Éstas le contestaron que el dios río Nereo, sabio entre los sabios, quizá le indicaría el camino. Nereo quiso escabullirse adoptando mil formas diversas, pero finalmente cayó en manos de nuestro héroe y no tuvo más remedio que revelarle el emplazamiento de lo que tanto buscaba.

A partir de aquí, el itinerario se hace confuso y repetitivo, y hasta incluso se superpone al trabajo de apoderarse de los bueyes de Gerión. Así pues, desde Iliria pasó a Libia y de aquí a Egipto, donde su rey *Busiris* sacrificaba a todos los extranjeros que atravesaban el país. Hércules cayó también prisionero, pero deshizo sus ligaduras y mató a su vez a Busiris. Visitó Asia, Arabia y volvió a África, en donde embarcó en la Copa del Sol, que lo llevó hasta el Caúcaso. Durante la ascensión de esta montaña libertó a Prometeo, tal como explicamos, y colocó en su lugar al centauro Quirón. Agradecido, Prometeo le aconsejó que no cogiera por propia mano las manzanas de oro, sino que enviase a hacerlo a Atlante, mientras el héroe cargaba con la bóveda celeste, misión encomendada a aquél.

Fue fácil convencer al titán, puesto que en su fuero interno pensaba que así se libraría para siempre de tan pesada carga. Se dirigió hacia el maravilloso árbol y, encontrando el dragón adormecido, robó las tres manzanas, matando de paso al monstruoso guardián. Volvió entonces donde estaba Hércules y le dijo: «Mis hombros han comprobado la sensación tan agradable de no tener que soportar la carga del Universo, por lo que no pienso continuar haciéndolo». Acto seguido arrojó las tres manzanas a los pies de Hércules. El héroe recurrió entonces a la astucia y le contestó: «De acuerdo, pero deja que me ponga una almohadilla sobre los hombros». Atlante cayó en la trampa, recogió de nuevo la bóveda para que Hércules hiciera lo que había dicho, momento en que el héroe aprovechó para apoderarse de las manzanas y dejar de nuevo a Atlante con su eterna carga.

Hércules regresó ante Euristeo, quien le regaló las manzanas y el héroe las consagró a Atenea. Finalmente la diosa las devolvió al Jardín de las Hespérides.

Otras hazañas de Hércules

Terminado los Doce Trabajos y según algunas versiones muerto Euristeo a manos del propio Hércules, el héroe recorrió el mundo helénico vengando injurias o prestando la fuerza de su poderoso brazo a los oprimidos e indefensos.

La primera aventura de nuestro héroe en este segundo período de su vida fue la emprendida contra el rey *Euritos*, de Ecalia. Este monarca prometió que daría la mano de su hija *Yola* a quien le venciera en el tiro con el arco, del que era muy experto. Yola era una hermosísima virgen que tenía muchos pretendientes. Hércules se presentó y triunfó en el desafío, pero entonces el rey se negó a cumplir su palabra. La furia de Hércules, sólo comparable a la de *Aquiles*, estalló incontenible. Sus consecuencias fueron la muerte del rey y la de su hijo *Ifitos*. Hércules raptó además a la bella princesa y la convirtió en su amante.

Según otra versión, fue Hera la que infundió la cólera a Hércules y le llevó a la enajenación, lo que provocó la muerte de Ifitos (no del padre de éste). Al recobrar la lucidez mental se arrepintió del crimen y marchó a purificarse al Oráculo de Delfos, solicitando consejo de la Pytia o Pitonisa, que en principio rehusó responderle. Hércules, tras una agria disputa con Apolo y gracias a la intervención de Zeus, supo que debía servir durante un año como esclavo a *Onfalia*, reina de Lidia, y pagar a *Euritos* el equivalente de su salario para resarcirle de la muerte de su hijo.

Onfalia era una bellísima mujer, tan diestra como la maga Circe en la fabricación de filtros mágicos de amor. Prendada de Hércules y para que siempre permaneciera a su lado, le dio a beber una pócima que borró de la memoria del héroe todo lo pasado. Olvidó su fuerza, su deseo de aventura y todo cuanto había sido. Hércules fue un juguete de Onfalia, quien le sometía a sus más nimios caprichos. Según la leyenda, su afeminamiento llegó a grados tan inconcebibles que se vistió con ropas de mujer y, rodeado de coronas de flores y de los más sabrosos manjares y dulces vinos, solamente servía para el deleite de Onfalia. Los mitólogos explican este período de molicie en la vida de Hércules como un deseo de evadirse de la rutina diaria de buscar aventuras y de encontrar relajamiento y descanso.

Pero esta vida fácil, al lado de una mujer extraordinaria en belleza y sensualidad, no era para Hércules, que incluso sentado a los pies de Onfalia había aprendido a hilar mientras la soberana se apropiaba de los atributos del héroe: maza y piel de león. Este cambio de personalidad aparentemente folklórico tiene, según los mitólogos, connotaciones moralizantes más profundas.

Finalmente Hércules se cansó de aquella vida fácil y un buen día se quitó las ropas de mujer y rechazó la copa del elixir mágico que le ofreció Onfalia. De esta forma, rompió el hechizo. El héroe se vistió de nuevo con la piel del león de Nemea y abandonó la corte de Lidia, ante la desesperación de la reina, que lloró amargamente.

Parece ser que siendo esclavo de Onfalia, Hércules llevó a cabo varias empresas que la reina le ordenó. Así cogió prisioneros a los *Cércopes*, dos bandidos que asaltaban a los pobres viajeros que se cruzaban en su camino; mató al rey de Áulide, Sileo, que obligaba a los extranjeros a trabajar en sus viñedos y después los ahorcaba; liberó las orillas del Sangaro de una serpiente que las desbastaba y finalmente se vio obligado a luchar contra Litierses, el «segador maldito», hermano del rey Midas, que obligaba a los extranjeros a segar y cultivar y luego les cortaba la cabeza de un tajo de hoz. Estas hazañas fueron las que por último hizo que Onfalia concediera la libertad al héroe.

Hércules también participó en la expedición de los *Argonautas*, si bien fue uno más entre tantos héroes.

Muerte y Apoteosis de Hércules

Hércules se casó con *Deyanira*, tal como prometió a Meleagro en los Infiernos. Cierto día el matrimonio llegó a orillas del río Eveno, en donde el centauro *Neso* ayudaba a los viajeros a atravesar el cauce. Neso era hijo de *Ixión* y de *Nefele*. Hércules aceptó los servicios de Neso sin sospechar nada malicioso. El centauro pasó primero al héroe y cuando hizo lo propio con Deyanira quiso violarla. La joven pidió auxilio angustiada y su esposo disparó una flecha al mitad hombre mitad caballo, que lo hirió de forma irreversible. Neso, antes de morir planeó su última venganza, pues le dijo a Deyanira que si en alguna ocasión su esposo se apartaba de ella podría reavivar su amor con la sangre que manaba de su herida. Deyanira, crédula, recogió ésta y se la guardó para cuando fuera necesario.

Pasó el tiempo, un día Deyanira se enteró de que Hércules se había enamorado de *Yole*, bella princesa de Ecalia. Hércules la raptó y la alojó en su palacio. Entonces Deyanira creyó que era el momento oportuno para probar las cualidades de la sangre de Neso con ella, empapó una túnica y se la ofreció como regalo a Hércules, quien aceptó complacido el obsequio y se la puso enseguida. Pronto los efectos letales se dejaron sentir y el veneno penetró hasta los huesos del héroe. Hércules intentó quitársela, pero la túnica se hallaba tan adherida a la carne que se arrancó con ella pedazos de la misma.

En un estado ya muy lamentable, Hércules fue transportado a Traquis por mar. Preparó una pira en el monte Eta, extendió sobre ella su piel de león y, echándose encima, ordenó a *Filoctetes*, único testigo de su muerte, que nunca revelaría el emplazamiento de la pira. En otra versión se relata que, antes de morir, un hijo de Hércules le contó la verdad de lo ocurrido y el héroe perdonaría a Deyanira quizá demasiado tarde, porque ésta al darse cuenta de lo que había provocado se suicidó. Hércules rogó a su hijo que se casara con Yole y a Filoctetes le regaló las flechas envenenadas que éste emplearía en la guerra de Troya para matar a Paris.

Al parecer, Filoctetes fue interrogado sobre los momentos finales del héroe y, para no romper la promesa, se negó a pronunciar palabra alguna, pero trasladado al lugar de su autoholocausto golpeó el suelo como asintiendo. Aunque había eludido la prohibición de Hércules, ello no le impidió que fuera castigado con una llaga en el mismo pie, lo que obligó a sus compañeros a abandonarle hasta que no curara, debido a la pestilencia que emitía y los gritos que profería.

En un relato distinto se narra que habrían sido los rayos del Sol los que habrían inflamado la túnica fatal, al exponerse a ellos Hércules con el fin de que se secara cuanto antes. Como una tea viviente, Hércules se habría arrojado a las aguas de un riachuelo intentando apagar el fuego que lo consumía y finalmente habría perecido ahogado. Desde entonces las aguas de aquel torrente permanecerían cálidas y por ello aquel lugar angosto se denominaría las Termópilas, en donde todavía existe una fuente termal. (En griego *Termos* = cálido, caliente; y pilas = puerta.)

Sea como fuere en los dos relatos interviene el fuego para consumir la parte mortal que poseía el héroe. Zeus lo ascendió hasta el Olimpo y quiso incorporarle al número de los doce dioses mayores, pero Hércules renunció a este honor porque no habiendo plaza vacante le pareció injusto despedir a otra divinidad y entonces obtuvo la categoría de semidiós. Hera, reconciliada con él, se convirtió en su madre inmortal y finalmente se casó con *Hebe*, la divina escanciadora, uniéndose así la eterna juventud con la fuerza. Hércules, con sus trabajos y sus sufrimientos, se había ganado a pulso la inmortalidad.

Muchos mitólogos argumentaron que eran tantas y tan extraordinarias aventuras las realizadas por Hércules, que era imposible que un solo hombre pudiera ser el único protagonista de todas ellas, aunque fuera un semidiós, y así han admitido la existencia de muchos Hércules. Diodoro de Sicilia los reduce a tres: uno nacido en Egipto, donde llegó a ser rey y tras someter a su imperio de los pueblos vecinos hizo elevar en África una columna; otro era cretense y se le atribuye la invención de los Juegos Olímpicos; y finalmente el tercero, hijo de Zeus y de Alcmena, fue el más famoso de todos y nació y vivió poco antes de la guerra de Troya y viajó por numerosísimos países para obedecer las órdenes del rey Euristeo. Por su parte, Cicerón asegura que hubo hasta seis Hércules, y Varrón ¡cuarenta y tres! Algunos tratadistas piensan que la pluralidad de Hércules, es debida a que muchos varones ilustres tuvieron como honor llevar tan ínclito nombre y hay quien afirma que Hércules más que un nombre propio era un adjetivo que se otorgaba a navegantes famosos dedicados al descubrimiento de nuevas tierras.

El mayor amigo de Hércules, Filoctetes, construyó un mausoleo sobre sus cenizas mortales y pronto se transformó en altar donde nunca se dejaron de celebrar sacrificios. Por toda Grecia y otros países testigos de las extraordinarias hazañas se levantaron en su honor suntuosos y numerosos templos, monumentos, estatuas y bajorrelieves.

Las Artes plásticas nos han inmortalizado la figura de Hércules ofreciéndonos una expresión de la fuerza unida a cierto grado de belleza. La escultura nos lo presenta con cuello por lo general grueso y la cabeza pequeña poblada de cabello corto y crespo. En ciertas ocasiones aparece coronado de hojas de álamo blanco, árbol que le estaba consagrado por haber ceñido su cabeza con una rama cuando descendió a los Infiernos. Entre las estatuas mejor logradas del héroe que han llegado hasta nosotros se halla la del *Hércules Farnesio*, obra atribuida al ateniense Glicón. El teatro también se ha apoderado de la figura hercúlea y sabemos que una tragedia del gran trágico Sófocles poseía por argumento la muerte de Hércules, y Séneca el Retórico se inspiró también en su figura para escribir *Hércules furioso* y *Hércules en el monte Eta*.

La descendencia de Hércules. Los Heráclidas

En sentido amplio se denominan *Heráclidas* no sólo los hijos de Hércules, sino todos los descendientes hasta la última generación. En la época Helenística (siglo III al I a.C.) alguna familias de sangre noble manifestaban ser todavía «Heráclidas» y remontaban su árbol genealógico hasta el propio Hércules. Sin embargo, en sentido estricto se reserva el nombre de Heráclidas a los hijos de Hércules habidos con Deyanira que colonizaron el Peloponeso y a sus descendientes directos.

Sucedió que tras la muerte del héroe, estos hijos de Hércules se vieron perseguidos nuevamente por Euristeo (en las versiones que hacen que este rey sobreviva), de forma que tuvieron que huir de reino en reino hasta que Teseo, o según otros su hijo *Demofón*, los acogió en Atenas. Este gesto de Demofón fue suficiente para que estallara la guerra entre Euristeo y los atenienses. *Yolao* o Hilo, antiguo amigo y compañero de Hércules (y en muchos relatos hijo del propio Hércules o sobrino), dirigió la lucha y terminó por eliminar a Euristeo, con lo que los Heráclidas creyeron que podrían regresar rápidamente al Peloponeso, pero entonces estalló la peste y, acusados por el Oráculo de ser los causantes de la epidemia, tuvieron que exiliarse de nuevo.

Yolao intentó de nuevo la empresa de invadir el Peloponeso, pero encontró la muerte luchando contra el rey de *Tegea*. Una tras otra las expediciones fracasaron al no interpretar bien el Oráculo que les aconsejaba escoger la ruta marítima. Las generaciones de «Heráclidas» se sucedieron hasta que *Témeno*, representante de la tercera generación después de Yolao (número predicho también por el Oráculo), construyó una flota para la invasión de una ciudad que desde entonces se denominó de Naupacto (que en griego significa *construir un navío*). Poco antes de salir se presentó un adivino llamado Carno, el cual abrigaba buenas intenciones, pero los Heráclidas lo tomaron por un brujo enviado por los peloponesios para echarles algún conjuro y perderles y uno de los Heráclidas le mató. Irritado Apolo con el fin de su sacerdote, destruyó la flota y arrasó la expedición.

Consultado nuevamente el Oráculo de Delfos, reveló que este castigo era fruto de la cólera divina y que el autor de la muerte del adivino debía ser desterrado por diez años, añadió que era necesario para el éxito de la empresa que fueran guiados por alguien que tuviera tres ojos. Los consejos del Oráculo fueron finalmente escuchados y entonces vieron aparecer a *Oxilo*, rey de Élide, montado en un caballo y que reunía las condiciones del Oráculo, pues como era tuerto los dos ojos del animal más el de él sumaban tres. Oxilo se transformó en el jefe de los Heráclidas y finalmente el Peloponeso pudo ser conquistado, repartiéndose los Heráclidas y los dorios el país. Oxilo consiguió recuperar su reino de Élide, del que había sido expulsado por una muerte involuntaria. Se cuenta que de las diversas provincias del Peloponeso sólo tres fueron objeto del reparto: Argos, Mesenia y Laconia (es decir Esparta). Sea como fuere, la leyenda como todas posee un fondo de verdad, puesto que refleja la entrada y posterior asentamiento de las invasiones dorias en dicho escenario (actual subpenínsula de Morea o en realidad isla, debido al estrecho de Corinto).

¿Pero cuántos hijos tuvo en realidad Hércules? Pierre Grimal le atribuye (según la leyenda) de sus mujeres legítimas y amantes o concubinas más de cien, de los que sólo cinco serían propiamente de Deyanira: *Yolao* o *Hilo, Ctesipo, Gleno, Hodites* y una hija, *Macaria*, muerta trágicamente.

TESEO, EL GRAN HÉROE ATENIENSE

Mientras Hércules es el héroe dorio por excelencia, pero con un carácter más universal, ya que su padre fue Zeus y alcanzó la categoría de semidiós, Teseo, mucho más modesto, es el héroe ateniense por antonomasia, mucho más humano, aunque alguna versión lo crea hijo de Posidón (cosa dentro de toda lógica). Atenas marítima, por definición de raigambre jonia, tenía el ancho mar como escenario de sus hazañas, mientras que los dorios y entre éstos los espartanos eran terrestres por naturaleza, ¿por qué el principal héroe ateniense no podía descender del dios del mar?

El propio Teseo se gloriaba de ser hijo de Posidón y quería a todo trance que se le reconociera esta alcurnia. Se cuenta que al presentarse ante el rey Minos de Creta manifestó que quería ser tratado como verdadero hijo de Posidón y, como Minos cuestionaba tal ascendencia, Teseo aceptó realizar cualquier prueba que aseverara su afirmación. El cretense lanzó su anillo al mar. Si el héroe era hijo del dios de las aguas, recuperar la preciada joya dorada le sería fácil. Teseo se zambulló sin dudar un instante y «a caballo» de un delfín alcanzó el palacio subterráneo de la diosa Anfítrite, esposa de Posidón. Tras un tenso período de espera, los cretenses y su soberano vieron surgir a Teseo hacia la superficie con

Teseo. Frontón del Partenón. Escultura atribuida a Fidias (440 a.C.)

aspecto triunfante, pues llevaba el anillo en una mano y una magnífica corona sobre su cabeza, regalo de la diosa.

Nacimiento e infancia de Teseo

Sea como fuere, la madre de Teseo era *Etra*, hija de Piteo, rey de Trecén. Sucedió que Egeo, soberano de Atenas, no tenía descendencia a pesar de haberse casado varias veces. Desesperado, fue a consultar al Oráculo de Delfos. La Pitia le contestó en forma oscura, puesto que le indicó que «no vaciara el odre de vino antes de volver a casa». De regreso, Egeo se hospedó en el palacio del rey de Trecén, Piteo, quien comprendiendo el significado oculto del oráculo se las ingenió para embriagar a su regio amigo y durante la noche colocarle al lado del lecho a su hija, Etra, quien de esta unión daría a luz al futuro héroe. La leyenda cuenta que Posidón se aprovechó de aquella maravillosa noche e hizo también de las suyas. ¿Cuál era pues el verdadero padre de Teseo? El enigma de la leyenda está servido, querido lector.

Y sucedió que Egeo tuvo que volver a su patria estando adelantado el embarazo de Etra. Antes de despedirse de su amada escondió sus sandalias y su espada debajo de una enorme piedra y dijo a Etra que, si alumbraba a un varón, cuando tuviera fuerza suficiente levantara la piedra y calzado con las sandalias y ciñiéndose la espada se dirigiera de incógnito a Atenas, donde su padre lo reconocería, pues le estaría esperando anhelante.

Como al parecer Piteo había sido el culpable de todo, no tuvo más remedio que perdonar el desliz de su hija (lógicamente, pues lo había provocado). Cuando Etra dio a luz un niño le puso por nombre Teseo, y lo crió y educó en su corte, argumentando firmemente que el padre era el mismísimo Posidón, y así acalló las habladurías.

El niño creció día a día en fortaleza y belleza. A la edad de siete años conoció al gran Hércules, invitado a un banquete por Piteo. Hércules, para comer más cómodamente, se despojó de la piel del león de Nemea y, al apoyarla en un descansillo, algunos invitados que llegaban tarde a la mesa no osaban entrar creyendo que el animal estaba vivo. Teseo no se amilanó, arrebató un hacha a un criado y se abalanzó decidido sobre el despojo que parecía dotado de movimiento. Pronto salió de su error, pues el propio Hércules detuvo su brazo, pero le agradó la valentía del muchacho y le animó a que siguiera sus pasos.

Ya adolescente, Teseo ofreció como era tradición su cabellera al dios Apolo en Delfos, pero solamente lo hizo en parte, pues ofrendó únicamente el pelo de la parte delantera de la cabeza y así dicen los mitólogos que dio origen a una moda atestiguada en el mundo helénico ya muy entrada la época histórica.

Poco después (o poco antes, que para el caso es lo mismo, aunque hayan versiones discrepantes), Etra reveló a su hijo el secreto de su origen y le llevó al lugar donde Egeo había escondido los objetos. Teseo, animoso y lleno de júbilo, levantó ante el estupor de su madre la pesada piedra, se calzó las sandalias y se ciñó la espada, mientras exclamaba e interrogaba a la vez «¡Mi padre rey de Atenas! ¿pero dónde está Atenas?» Su abuelo Piteo, que le quería con pasión, le situó en un mapa de la época la esplendorosa ciudad donde reinaba Egeo. Para llegar a ella Teseo podía seguir dos caminos: el marítimo, fácil y seguro porque las naves de Trecén enlazaban constantemente con Atenas, y el terrestre, no recomendable por la cantidad de bandidos que infestaban su recorrido y que eran el terror de los viajeros. Teseo, para probarse a sí mismo, escogió este último.

Camino de Atenas

El camino de Atenas fue un sendero de gloria para Teseo. Ya en el territorio de Epidauro, en donde después se construiría el famoso teatro con una sonoridad acústica única en el mundo, tuvo que luchar contra Perifetes, gigante que iba armado con una enorme maza con la que aplas-

La Mitología griega proporcionó los más diversos temas para los argumentos teatrales. En todo el ámbito helénico se construyeron numerosos teatros. Uno de los más famosos por su sonoridad acústica fue el de Epitauro.

taba a todo el que pasaba por allí. Teseo venció al malvado y, apoderándose de su terrible arma, una vez muerto se la guardó como trofeo de su primera victoria. En algunas versiones, Perifetes, es denominado Corinetes, y tenido por hijo del propio Hefesto; tal nombre derivaría del griego *coriné;* que quiere decir clava. Los mitólogos modernos quieren ver en esta figura una de tantas personificaciones de las negras nubes que avecinan tormenta y el rayo sería el reflejo atmosférico de la clava.

Al pasar por el istmo de Corinto, Teseo topó con el cruel bandido Sinis, del que se decía que era hijo del propio Posidón. Para matar a los infelices que caían en sus manos, encorvaba dos pinos hasta juntar sus ramas y ataba a ellos los brazos de sus víctimas: al recobrar los árboles su posición normal, el pobre prisionero quedaba partido en dos. Una variante de este suplicio era atar a la víctima a la copa de un pino encorvado por Sinis hasta el suelo. Cuando el bandido lo soltaba, el pino se enderezaba lanzando al infeliz lejos y estrellándose finalmente contra el suelo. Teseo se sometió a tan terrible tortura y salió ileso. Entonces cogió a Sinis y le aplicó el mismo suplicio. Nuevamente los mitólogos modernos que desean dar una explicación natural a las hazañas de los héroes, ven en Sinis una personificación del huracán, cuya furia dobla y desgaja los árboles más corpulentos.

Después Teseo se encontró con *Escirón,* bandido al que le entusiasmaban las tortugas alimentadas con carne humana. Apostado en los desfiladeros de las rocas bañadas por el mar de Salamina, obligaba a los viajeros a lavarle los pies, y cuando los desgraciados iban a realizar tal acción y se agachaban para ello, les pegaba un soberano puntapié que les arrojaba a las olas del mar, en donde tenía un vivero de tortugas hambrientas. Como se comprenderá, fue Teseo el que arrojó a su vez a las olas a Escirón y se dice que una vez devorado por los pesados animalitos, sus huesos se transformaron en los arrecifes y escollos que se hallan todavía en aquel lugar.

Junto a Eleusis, Teseo midió sus fuerzas con el arcadio *Cerción*, quien tenía una hija seducida al parecer por Posidón y muerta por su propio padre al conocer lo ocurrido. Como Cerción no podía vengarse en el dios, mataba a cuantos viajeros pasaran por delante de la tumba de la infeliz doncella. Teseo llegó ante ella y dio muerte a Cerción, arrastrándolo por el suelo.

Poco antes de llegar a Atenas, Teseo se cruzó con Procusto, padre de Sinis, a quien nuestro héroe había dado muerte y que ardía en deseos de vengar a su hijo. Procusto utilizaba un refinado método para asesinar a los viajeros: cuando alguien solicitaba su hospitalidad (naturalmente sin saber quién era), el bandido les ofrecía un lecho, en el que si la talla del huésped era superior le cortaba todo lo que excedía de más, y si era inferior le decoyuntaba los miembros para acomodarse a sus medidas mediante pesas y poleas. Nunca coincidió el lecho con la estatura del viajero. Procusto intentó colocar a Teseo en el artilugio, pero el héroe le venció y le condenó a morir en el mismo suplicio. Este castigo, conocido como «el lecho de Proscuto», viene a ser un reflejo de la ley del talión interpretada como «lo mismo que tú me hiciste a ti te lo harán».

Tras haberse purificado de todos estos asesinatos a orillas del río Cefiso por los sacerdotes de Zeus, ya que alguno de estos bandidos no dejaba de ser pariente suyo, realizó su entrada en Atenas.

Teseo entra de incógnito en Atenas

Las hazañas de Teseo habían llegado a oídos de los atenienses, considerando a éste como digno sucesor de Hércules en el mundo de los héroes, pero nadie pensaba que podía ser hijo de su propio rey y heredero del trono. Un día, cuando vieron entrar por la puerta de la ciudad a un joven que vestía larga túnica blanca y portaba una hermosa cabellera rizada, algunos ciudadanos se burlaron del aparente afeminamiento del forastero. Cuando Teseo pasó junto al templo de Apolo Délfico, que estaba en construcción, los insultos de los obreros arreciaron contra el héroe. Teseo no hizo ningún comentario, pero cuando vio un carro muy pesado tirado a duras penas por dos bueyes llegó hasta él, desunció a los animales y tomando el carro con ambas manos lo lanzó con fuerza a mucha distancia de allí. Los obreros enmudecieron y los transeúntes comenzaron a rodear a aquella singular figura, que se dirigió a palacio.

Egeo, rey de Atenas, se hallaba casado entonces con la famosa y autoritaria *Medea*, cuyo anterior esposo había sido *Jasón*, el caudillo de la expedición de los Argonautas. En realidad era Medea la que gobernaba el país. Los reyes recibieron amablemente a Teseo y le invitaron a la mesa, pero Medea, sospechando que iba a suceder algo extraordinario, receló del joven y se dispuso a desembarazarse de él en el banquete ofrecido en su honor, envenenándole con una copa de vino. Teseo tuvo entonces una especie de premonición y dejó caer la copa de sus manos, derramándose su contenido. Entonces Egeo reconoció a su hijo primogénito, al darse cuenta de que la espada que llevaba era la misma que había escondido en Trecén y, sacando fuerzas de flaqueza, desterró a Medea y a su hijo Medo (históricamente éste sería el caudillo epónimo del pueblo de los medos) y asoció a Teseo en el gobierno.

Desde este momento todos los esfuerzos del héroe se encaminaron a reforzar el trono de su padre; en primer lugar luchó contra los *Palántidas*, primos de Teseo, quienes aspiraban a suceder a Egeo. Teseo les venció y la guerra se dio por terminada. Marchó después en busca de un furioso toro que desbastaba el territorio de Ática. Este animal era el mismo que Hércules ya había dominado en uno de sus trabajos. Teseo lo sorprendió en la llanura de Maratón, lo capturó vivo, se paseó con él por las calles de Atenas cogiéndole por los cuernos y finalmente lo ofreció en sacrificio a Apolo Delfiniano.

La *aventura* del Minotauro

El rey de Creta se hallaba casado con *Pasifae*, a la que Posidón había infundido una pasión irresistible por un hermosísimo toro destinado a ser sacrificado en honor del dios de las aguas, pero salvado en el último momento por el monarca cretense, lo que le atrajo la cólera de Posidón.

Mediante el auxilio del escultor, arquitecto e inventor *Dédalo*, que había moldeado en estatua una bellísima ternera, la reina metida dentro de ella había podido satisfacer su pasión por el animal, concibiendo un horrible monstruo con cuerpo de hombre y cabeza de toro denominado el *Minotauro*, al que Minos ordenó encerrar en el *Laberinto* construido por el propio Dédalo. Enterado el monarca de que el genial sabio había ayudado a su esposa en sus fines eróticos, mandó que lo tuvieran prisionero también en el singular edificio, junto con su hijo *Ícaro*.

Sin embargo, Ícaro y Dédalo pudieron huir de su cautiverio, pues este último construyó unas alas y las adhirió con cera a su cuerpo, haciendo lo propio con las alas de su hijo. De esta forma, escaparon volando del Laberinto. Ícaro, embriagado por la sensación de remontar la altura, con imprudencia temerari se acercó demasiado al Sol y el calor hizo desprender las alas, por lo que cayó al vacío y murió. Entretanto Minos, a consecuencia de la muerte de su hijo *Androgeo* en Atenas, en extrañas circunstancias, había impuesto a la ciudad el tributo anual de siete muchachos y siete muchachas como castigo. Estos desgraciados, cuando llegaban a Creta, servían de alimento al Minotauro.

Conmovido Teseo por los gemidos y lágrimas de los padres de las víctimas de aquel año, se ofreció a ser incluido en la expedición. Antes de partir ofreció sacrificios a Afrodita y Apolo, a fin de que le ayudaran en tan difícil empresa. El Oráculo le predijo el buen éxito de la misma si el guía era el amor. Egeo acudió a la playa a despedir a su hijo y le dio para el barco dos juegos de velas, negras por si por desgracia Teseo hallaba la muerte en la aventura, lo que era aparentemente lo más probable, y blancas si gracias a los dioses y a su valor triunfaba en su empeño. Según el juego de velas que la nave llevara a su regreso, Egeo sabría si su hijo había resultado vencedor o no tan pronto divisara la nave desde la ciudadela.

Cuando llegaron Teseo y sus compañeros a Creta, fueron conducidos ante Minos. Teseo se dio a conocer y ya hemos explicado como pudo probar sus palabras. Pronto *Ariadna*, hija de Minos y de Pasifae, se enamoró del héroe y en secreto le ofreció su ayuda a cambio de que Teseo le prometiera llevarla con él a Atenas. Ariadna le dio un ovillo de hilo que el héroe fue desenrollando a medida que se adentraba en el Laberinto, hasta que llegó a presencia del terrible Minotauro, luchó con él y le mató a puñetazos. Después fue recogiendo el hilo tendido por los intrincados ángulos y tortuosidades y consiguió escapar del Laberinto con sus compañeros.

Cumplida felizmente su hazaña, Teseo se embarcó para Atenas junto con Ariadna. Según la versión más aceptada no llegó a poseerla, puesto que en la isla de Naxos y cuando ella se hallaba más confiada, la abandonó por orden de los dioses, ya que al parecer Dioniso se había prendado de ella. Nada sospechaba Ariadna, cuando despertó y vio alejarse la nave de su amado. Gritó y lloró amargamente, pero pronto el amor divino le compensó del abandono del héroe. Llegó Dioniso a las riberas de Naxo y, al contemplar a la hermosa virgen tendida en la orilla del mar, su rubia cabellera al viento y gimiendo desconsolada, el dios del vino y su cortejo de Sátiros, Silenos y Bacantes quedaron tan prendados que el resto se lo puede imaginar el lector… Una vez más se cumplía el aforismo de «no hay mal que por bien no venga» o «a rey muerto, rey puesto». ¡Cuán fácilmente se consuelan las mujeres, sobre todo si las consuela un dios! Ariadna obtuvo así el don de la inmortalidad. ¿Qué más podía pedir?

Cuenta la leyenda que en Atenas se aguardaba impacientemente el regreso del príncipe heredero. Cierta mañana la multitud prorrumpió en gritos de entusiasmo al vislumbrar un navío en la lejanía cuyas formas eran las del trirreme real. Sin embargo Egeo, que avizoraba el horizonte cada día bien desde la atalaya de su fortaleza, bien desde una elevada roca, no compartía todavía la alegría general. De pronto el velamen se hizo más visible y ¡oh desilusión! ¡era un velamen negro! El viejo Egeo no pudo resistir más… ¡su hijo había sido devorado por el Minotauro! Lleno de desesperación se arrojó al mar desde el acantilado y desde entonces aquel mar recordó su nombre: Mar Egeo. Teseo, en su prisa por llegar, triste también por haber tenido que abandonar a Ariadna, se había olvidado de cambiar las velas.

Teseo soberano de Atenas, nuevas aventuras del héroe

El júbilo de todos por la vuelta del héroe se trocó en desolación. Teseo quedó consternado al conocer el trágico fin de su progenitor. Nuevo soberano de Atenas y de la comarca del Ática, ordenó que tributaran solemnes honras fúnebres a Egeo durante varias semanas. Luego en acción de gracias por el feliz éxito de su viaje, instituyó la fiesta de las *Panateneas*, en honor de Atenea. Se cuidó también de hacer cumplir un voto ofrecido a Apolo, disponiendo también de sacrificios anuales en su honor. Los atenienses hicieron remontar hasta su gobierno los orígenes de la democracia. Le atribuyeron la reunión en una sola *polis* o ciudad a los habitantes de la montaña, el llano y el litoral, dando impulso a la gran Atenas, orgullo de la Historia. Hecho esto, habría constituido las primeras asambleas populares para deliberar sobre los asuntos políticos, reservándose él tan sólo el poder ejecutivo. En este sentido, pues, habría sido el primer republicano. Nada hay que atestigüe estas trascendentales innovaciones, pero como la gloria del nacimiento de la democracia nadie se la puede quitar a Atenas, era natural que consolidada ésta, mucho más tarde sus artífices quisieran remontar sus orígenes al de su héroe más singular.

Después de dejar fortalecido el poder en Atenas, Teseo sintió nostalgia de las proezas pasadas y se lanzó de nuevo al mundo de la aventura. Muchas son las hazañas atribuidas al héroe después de su segundo regreso a Atenas; las más importantes y en general coincidentes en las diversas versiones son las realizadas junto con su amigo *Pirítoo*, rey de los lapitas, pueblo tesalio dedicado a la caza que interviene en no pocos pasajes mitológicos.

Se cuenta que Pirítoo, que había oído hablar de Teseo con admiración, quiso poner a prueba al héroe y le robó parte de sus rebaños. Teseo lo descubrió y cuando iban a llegar a las manos, la atracción del lapita por el joven soberano ateniense fue tal, que le solicitó el perdón y deseó ser su esclavo. Teseo, atraído a su vez por la sencillez de Pirítoo, descendiente al parecer del propio Zeus, lo hizo entonces su íntimo amigo. Naciendo así un nuevo amor mutuo, rayano en la homosexualidad, de la que, como ya dijimos en su lugar, no debe escandalizarnos.

Precisamente Teseo asistió a la boda de su gran amigo Pirítoo con *Hipodamia*, doncella de extraordinaria hermosura. Al banquete fueron invitados los centauros, por estar emparentados con los lapitas. Uno de ellos. Eurito, bebió más de la cuenta y preso de los vapores etílicos intentó propasarse con la recién desposada. Teseo, Pirítoo y los lapitas pudieron detener al insolente y, tras cortarle las orejas y la nariz, lo echaron violentamente del banquete. Los centauros, compañeros de Eurito, quisieron vengarlo y se entabló una terrible lucha inmortalizada por Fidias en uno de los frontones del bellísimo templo del Partenón de Atenas dedicado a Atenea. Teseo y Pirítoo, tras ímprobos esfuerzos, fueron los artífices de la victoria y los centauros terminaron por batirse en retirada.

Siguiendo los pasos de Hércules, su admirado modelo, Teseo también luchó contra las Amazonas. Ayudado por su fiel Pirítoo raptó a la reina *Antíope*, quien se enamoró de Teseo a pesar de su exacerbado feminismo y accedió a vivir con él en Atenas. Las Amazonas no se conformaron con la traición de la que entonces era su soberana, pues después de la derrota de Hipólita ante Hércules les era difícil digerir un segundo triunfo masculino y atacaron a su vez a la ciudad de Atenas. Tras sangrientos combates, las supervivientes tuvieron que regresar nuevamente derrotadas a su país.

Los mitólogos modernos, contrariamente a la tradicional creencia de que las amazonas se rebanaran un pecho para tensar mejor el arco (concretamente el seno derecho), opinan que a la palabra amazona hay que darle el sentido del prefijo con un carácter aumentativo, no el significado de *sin*. En este caso, *amazona* querría decir dotada de muchos senos. Cosa que cuadraría con la interpretación de que estos seres serían una representación de las nubes que galopan incesantemente y de cuyos pechos manan las aguas que riegan y fertilizan la tierra.

Las amazonas no permitían que entre ellas vivieran los varones y únicamente sostenían relaciones con ellos una vez al año (en este caso iban a buscar a los vecinos a los que hacían prisioneros y luego mataban) para perpetuar la especie, conservando de estas uniones forzadas tan sólo a las niñas, que eran educadas de acuerdo con sus principios morales y guerreros. El mito tiene un trasunto en la Mitología Germánica en las *Valquirias* y pasa al Nuevo Mundo en su exploración y conquista, confundiéndose con el de *El Dorado* y tantos otros, dando nombre al río más caudaloso de la tierra: el Amazonas.

Teseo y la trágica historia de Fedra

La bella Antíope vivió feliz muchos años con Teseo y le dio un hijo llamado *Hipólito*, que iba a tener un fin desgraciado. Al cabo de un tiempo se cansó de la amazona y la repudió. Entonces contrajo nuevo matrimonio con *Fedra*, hermana menor de Ariadna, en el aspecto político, para terminar de una vez para siempre con las tensas relaciones entre Atenas y Creta, y en el sentimental, porque no había olvidado nunca a su primer amor, un amor que físicamente no había podido consumar, y Fedra ¡se parecía tanto a su hermana! Además tenía la ventaja entonces de que era más joven. Por su parte, Fedra recordaba a Teseo de niña, conocía todos los detalles de su vida y sabía que ahora era un rey muy poderoso que tenía un hijo de Antíope llamado Hipólito…

Fedra, ambiciosa, casó entusiasmada con Teseo, pero pronto se dio cuenta de que su augusto esposo buscaba en ella un parecido moral con su hermana que ella no podía ofrecer, y pronto vino la rutina y el cansancio. Fedra entonces buscó la forma de vengarse…

La ocasión la encontró en el pobre Hipólito, que se había convertido en un apuesto mancebo. Fedra se enamoró apasionadamente de su hijastro y, tras declararle sus sentimientos, intentó una y otra vez entregarse a él. Hipólito, que había consagrado su vida a Artemis, recibió con asco la proposición y rechazó todos los requerimientos. Fedra, despechada, terminó por ahorcarse. En una carta dirigida a su esposo contó la historia al revés, afirmando que había tomado aquella decisión porque Hipólito había intentado mancillar su honor (viene a ser un nuevo reflejo en la Mitología Clásica de la historia de la mujer de *Putifar*, capitán de la guardia del Faraón, y del casto José, vendido por sus hermanos a los egipcios… Pero historias como la de Fedra ¡han habido y seguirán habiendo tantas!). Al leer la carta de su esposa, Teseo montó en cólera y maldijo a su hijo, quien pronto sufrió un accidente y murió destrozado bajo su propio carro, cuando los caballos de éste se asustaron ante la presencia de un toro que se dirigía contra ellos y provocaron el vuelco.

Sin embargo, Hipólito recobró su dignidad gracias a que Artemis hizo saber a Teseo la verdadera historia. El héroe comprendió entonces su error y cuán profundos eran el respeto y amor de su hijo, que desde entonces pasó a ser considerado como modelo de piedad filial. Algunos mitólogos ven en Antíope a una diosa lunar y en Fedra a una Aurora. Hipólito sería la estrella matutina, que poco antes de despuntar el día brilla en el firmamento, donde su madre la Luna es todavía reina y señora. Pero el lucero del alba excita pronto los deseos apasionados de la Aurora y es lanzado del firmamento por el Sol, desapareciendo en la bruma marina.

En las escuelas psicoanalíticas modernas el «complejo de Fedra» se ha venido a añadir a los de Edipo y Electra (de cuya historia nos ocuparemos más tarde), complejo de la mujer madura que llega a una edad la en que ya no puede concebir, pero si amar, junto a una serie de trastornos fisiológicos y psíquicos. Complejo llamado así en recuerdo de aquella esposa de Teseo que las circunstancias hicieron que no pudiera gozar plenamente del amor como ella hubiera deseado.

Últimas hazañas del héroe

A los cincuenta años, Teseo continuaba deseando ardientemente la compañía del bello sexo y entonces se le ocurrió raptar a *Helena*, que a la sazón contaba apenas diez años y naturalmente todavía no era esposa de *Menelao* ni había sufrido el segundo rapto más famoso y trascendental. También acompañado de Pirítoo, inició la aventura. Ambos amigos se dirigieron a Esparta y se trajeron cautiva a Helena. Los dos se habían prendado de ella y la echaron a suertes: la fortuna sonrió a Teseo. Pero entonces los hermanos de Helena denominados los *Dióscuros*, *Castor* y *Pólux*, la recuperaron poco después y en venganza se apoderaron de la madre de Teseo, Etra, que pasó al servicio de Helena, quien se la llevó a Troya al ser raptada por Paris, hasta que los griegos la liberaron al ocupar la capital del reino de Príamo.

Teseo consoló a su amigo al no sonreírle el azar y le prometió ayudarle a conquistar otra mujer, por difícil que esto fuera. Pirítoo se encaprichó nada menos que de Perséfone, reina de los Infiernos. Nada acobardó a los dos héroes, que descendieron a las profundidades de los dominios de Hades y, fatigados por el largo camino, se sentaron a descansar en una piedra de forma que cuando quisieron levantarse no pudieron. Como hemos relatado ya, Hércules pudo salvar a Teseo, pero le fue imposible hacer lo propio con Pirítoo.

Muerte de Teseo

Al regresar a Atenas, Teseo se encontró el reino en franca rebeldía contra él. Un pariente suyo llamado *Mnesteo* se había apoderado del trono, con el beneplácito del ejército y de parte de sus súbditos. Amargado por los acontecimientos, Teseo se exilió en la corte del rey de Esciros, *Licomedes*, quien envidioso de la gloria del ateniense y quizá sobornado por Mnesteo, despeñó a Teseo por un acantilado cuando más confiado se hallaba. Su cuerpo terminó por estrellarse contra la arena de la playa. Los restos del héroe fueron inhumados en Esciros y, recogidos más tarde por Cimón cuando conquistó la isla, fueron transportados a Atenas y colocados en la urna del Teseión.

Se contaba que en plena batalla de Maratón, que terminó con una espléndida victoria de los griegos sobre los persas (490 a.C.), un guerrero de talla prodigiosa y de inigualable valor había contribuido al triunfo ateniense. Todos coincidieron en señalar que el misterioso personaje que luchaba en cabeza del ejército era Teseo. La Mitología griega inicia así la tradición de los héroes que aparecen para decidir el curso de una batalla, ni más ni menos a lo que después sucedió con Santiago «matamoros» en la Edad Media española.

Glorificación terrenal de Teseo

Cuando Cimón, por orden del Oráculo de Delfos, ordenó el traslado de los restos de Teseo a Atenas para ser enterrados con todos los honores, se inició la glorificación terrenal del héroe. Numerosos monumentos se erigieron a partir del siglo V a.C. recordando su vida. Los artistas lo han representado siempre en la flor de la belleza y la juventud. Quizá más humano y no tan titán sobrenatural como Hércules. Sin embargo, un tema repetido es el de la escena en que Teseo levanta la piedra que oculta las pruebas de su nacimiento. Desgraciadamente no nos ha llegado ninguna estatua de su figura, pero sí bajorrelieves y escenas en céramica. Por lo que respecta a las fuentes literarias, tenemos noticia de una tragedia sobre Teseo por *Eurípides* y de los poemas sobre la historia del héroe de *Filostrato* o *Nicostrato*. Para reconstruir sus hazañas hemos de acudir a *las Vidas Paralelas de Plutarco* (ya entre los siglos I y II d.C.) y a algunos pasajes de *Apolodoro*, además de las alegorías y relatos de diversos poetas.

La figura de Fedra también fue motivo de inspiración, pero desgraciadamente sendas tragedias compuestas nada menos que por *Sófocles* y *Eurípides* (siglo V a.C.) también se han perdido y únicamente se conservan dos tragedias referidas al desgraciado *Hipólito*, obras de *Eurípides* y *Séneca* (esta última del siglo I d.C.)

Bajorrelieves, medallas, mosaicos y pinturas han repetido una y otra vez la lucha de Teseo contra el Minotauro.

Sabemos por la Historia, que entre el tercer milenio antes de Cristo y la segunda mitad del primer milenio también antes de nuestra Era se desarrolló en la isla de Creta una refinada civilización que tuvo por centro, entre otras ciudades, la de Cnosos, desde cuyo palacio el soberano o

«Minos» dirigió una esplendorosa vida comercial marítima, siendo el toro objeto de veneración e incluso de juegos de destreza en una especie de circos. Los cretenses pudieron someter a su imperio mercantil la comarca ateniense del Ática, pero los aqueos (griegos) terminaron finalmente con ese dominio cretense conquistando la isla (relato del tributo ateniense y de la posterior conquista aquea de la isla reflejada en la figura de Teseo). Sin embargo, la superior cultura cretense terminó a su vez por refinar y «conquistar» a los vencedores. El británico *Evans*, a finales del siglo XIX y comienzos del XX, fue el descubridor de esta esplendorosa civilización, que de sus soberanos o «Minos» recibió el nombre de *Minoica*, y en la actualidad podemos contemplar todo lo conservado del palacio de Cnosos y de una construcción singular que recuerda un laberinto...

LA EXPEDICIÓN DE LOS ARGONAUTAS EN BUSCA DEL VELLOCINO DE ORO

La expedición de los Argonautas es una de las más célebres aventuras narradas, no ya por la Mitología griega, sino por la Mitología universal. Tuvo por objeto la conquista del *Vellocino de Oro*.

Frixo y su hermana *Hele*, hijos del rey beocio *Atamante*, a causa del odio de su madrastra *Ino*, huyeron en un morueco (especie de carnero) que les había proporcionado Hermes por orden de Zeus cuando iban a ser sacrificados. Este animal, que estaba dotado de razón y de palabra, poseía un vellocino de oro y gracias a sus alas podía moverse tanto por tierra como surcar los aires. En el curso del viaje, Hele cayó al mar y se ahogó, dando nombre al lugar en que esto sucedía: el Helesponto (mar de Hele o Helen, que baña los estrechos que separan el Mediterráneo del Mar Negro, actual Mar de Mármara). Frixo llegó sano y salvo hasta la *Cólquida*, al fondo del Ponto Euxino [Mar Negro]. Allí sacrificó el morueco a Zeus y entregó el Vellocino al rey del país, Eetes, el cual lo colgó de un árbol tras consagrarlo a Ares y confió su custodia a un dragón que nunca dormía.

Eetes había dado en matrimonio a Frixo su hija Calcíope y el beocio pasó el resto de su vida en aquellas lejanas tierras, muriendo a edad avanzada, aunque en alguna versión se habla de asesinato.

En el siglo XIII a.C., el rey de Iolco en la región de Tesalia, llamado *Esón*, fue destronado por su hermano *Pelias*, cosa de la cual no cabe sorprenderse mucho, pues era moneda corriente entonces y lo fue después... Sin embargo, los dioses anunciaron que a su debido tiempo el usurpador sería expulsado del trono y quizá muerto por un hijo de Esón. La mujer de éste, *Alcimeda* o *Polimede*, dio un vástago varón a Esón, que recibió el nombre de *Jasón* y al que hubo de preservarlo de la persecución de su tío, temeroso de que algún día pudiera arrebatarle la corona.

Así pues, Esón confió la custodia de su hijo al centauro *Quirón*, maestro de la mayoría de los héroes, mientras difundía la noticia de su muerte. Cuando Jasón hubo cumplido los veinte años de edad, dejó a su sabio preceptor y se fue a consultar al Oráculo, que le ordenó que se vistiera al estilo de los macedonios de Magnesia, se cubriera con una piel de leopardo y, armado con dos lanzas, se presentara ante su tío, el usurpador Pelias.

Por el camino el río Enípeo se había desbordado y, mientras meditaba como atravesarlo, vio venir a una anciana que, ante el asombro de Jasón, logró pasarlo en sus hombros a la otra orilla. Fue la prueba de que los dioses le habían predestinado para grandes hazañas, puesto que bajo los rasgos de la robusta anciana creyó reconocer a Hera. Mientras vadeaba el cauce, Jasón perdió una sandalia y el Oráculo había predicho a Pelias que se guardase «del hombre con un pie calzado y el otro descalzo»...

Cuando Jasón llegó a Iolco (en la actualidad Volo), atrajo la atención de sus habitantes por la extraña manera de vestir, su rara hermosura y sus aires marciales. Llevado a presencia de Pelias, éste lo interrogó y Jasón le reveló que era su sobrino y que venía a reclamar el trono de su padre. Pelias, que había perdido la estima de sus súbditos, no se atrevió a usar la violencia contra Jasón temiendo provocar un movimiento en favor del joven. Entonces buscó el medio de alejarle y, tras convocar a la corte, llamó a Jasón y le dijo:

«A causa de unas terribles pesadillas, he consultado al Oráculo y éste me ha ordenado que apaciguara a los espíritus familiares fallecidos en la Cólquida y trajera a la patria las cenizas de ellos, pero debido a que por mi edad avanzada no podía colocarme al frente de la expedición, deseaba que Jasón la realizara y que además trajera el famoso Vellocino que Frixo había regalado, demasiado generosamente a Eetes, cuya recuperación colmaría a Jasón de gloria y riqueza. Te juro por Zeus —manifestó finalmente Pelias— que una vez realizada esta hazaña te cederé el trono que perteneció a tu padre, Esón.»

Jasón, que se hallaba en aquella edad en que uno se siente ávido de gloria, no se lo pensó dos veces: dio a conocer el propósito de su expedición por toda Grecia y acudieron numerosos voluntarios con objeto de enrolarse en la empresa. Jasón escogió cincuenta y cinco de los héroes y príncipes más famosos, entre los que destacaban *Argo,* hijo de Frixo, según algunas versiones el constructor de la nave que daría el nombre de la misma; *Tifis*, el piloto, que murió durante la aventura y fue reemplazado por *Ergino*, hijo de Posidón; *Orfeo*, el maravilloso músico que marcaría la cadencia de los remeros y que serviría como antídoto contra los traicioneros cantos de las sirenas; los denominados Dióscuros, *Cástor* y *Pólux*; los dos hijos de *Bóreas: Zetes* y *Galais;* los adivinos *Idmón* y *Anfirao*, etc. Las dos relaciones de nombres conservados más importantes, obra de *Apolonio* y *Apolodoro*, concuerdan en mencionar la intervención de *Hércules*, aunque como simple comparsa. Lo propio sucede en otras versiones con *Teseo* y *Pirítoo*.

Argo dirigió la construcción del barco que llevaría su nombre siguiendo las instrucciones de Jasón en el puerto de Tesalia, de Pagasas. La diosa Atenea ayudó en la empresa y regaló para mascarón de proa un trozo de madera de roble sagrado de Dodona consagrado a ella, que poseía el don de la palabra y era capaz de profetizar.

Terminado ya el navío, fue botado por los héroes en medio de una expectante multitud en la playa de Pagasas y, tras ofrecer sacrificios a Apolo, los Argonautas iniciaron su expedición, según cómputos históricos, el año 1263 antes de nuestra Era, es decir, pocos años antes de la famosa guerra de Troya.

La primera escala fue la isla de Lemnos, habitada por unas mujeres que habían copiado el estilo de vida de las Amazonas debido a la siguiente circunstancia: en vista del poco caso que hacían de los deberes conyugales Afrodita, para vengarse, les envió un olor tan insoportable que los maridos terminaron por huir de la isla y buscaron otras amantes. Entonces ellas se vengaron eliminando cada una a su hombre. Sólo se salvó el rey *Toas*. Por eso la isla de Lemnos quedó despoblada de varones. Sin embargo, al pasar el tiempo, las mujeres sintieron nostalgia de la compañía masculina y cuando llegaron los argonautas creyeron solucionar su problema. *Hipsipila*, hija del rey, tomó naturalmente por compañero a Jasón (suponemos que Afrodita las perdonaría y les haría desaparecer el olor fétido).

Durante dos años la isla fue una verdadera orgía y de aquellas uniones nacieron muchos hijos que darían esplendoroso futuro para Lemnos. Sin embargo, aquellas «vacaciones» iban a terminar pronto para los argonautas porque, un buen día, Jasón ordenó a sus hombres reanudar la travesía, cosa que realizó no sin tener que vencer la oposición de las mujeres, que no deseaban volver a estar solas.

Aconsejados por Orfeo, los expedicionarios pusieron rumbo a la isla de Samotracia, en la que fueron iniciados en los misterios sobre el alma y el más allá. Después penetraron en el Helesponto y arribaron a la isla de *Cícico*, gobernada por un soberano del mismo nombre. Sus habitantes atendieron a los argonautas magníficamente y, a la noche siguiente, los griegos marcharon de la isla, pero una borrasca les hizo volver a la misma cuando apenas despuntaba el alba. Los doliones, habitantes de Cícico, no pudieron imaginar que los que desembarcaban eran sus huéspedes de unas horas antes y los confundieron con piratas que asolaban frecuentemente la isla. Quisieron jugar el factor sorpresa y cayeron violentamente sobre ellos. Cícico cayó muerto a manos del propio Jasón y los argonautas realizaron una gran matanza de los isleños. Cuando las primeras luces del día iluminaron el escenario, ambos contendientes se dieron cuenta de su error y suspendieron el combate. Cícico fue enterrado con todos los honores y los griegos instituyeron juegos en su memoria. *Clite*, joven esposa del rey de los doliones, no resistió la muerte de Cícico y se ahorcó. Las lágrimas vertidas por las ninfas por tanta tragedia produjeron una fuente que llevó el nombre de la infortunada reina. Para aplacar a los elementos, los argonautas erigieron en el monte que domina la isla una estatua a Cibeles.

La embarcación tocó después en la costa de Misia, cuyos indígenas llenaron de regalos a los griegos. Un amigo de Hércules llamado *Hilas* se adentró para buscar agua potable y entonces quedó cautivado por la belleza de unas ninfas que se entretenían bailando. Cuando éstas descubrieron que las estaba observando, se prendaron de la belleza del joven y quisieron conservarlo para siempre. Atrajeron a Hilas a una fuente en donde se ahogó. Hércules partió junto con *Polifemo* en busca de su amigo, pero se perdieron en el bosque y los argonautas, desesperando de volverlos a encontrar con vida, zarparon al día siguiente. De esta forma, Hércules continuó solo sus aventuras y según la versión más aceptada no participó en la conquista del Vellocino.

Jasón y sus amigos tuvieron que luchar a continuación contra los belicosos bébrices, a los que hicieron batir en retirada. Poco después, antes de entrar en el Bósforo, se encontraron con *Fineo*, adivino ciego hijo de Posidón sobre el que pesaba la maldición de que cada vez que iba a realizar un opíparo banquete llegaban las *harpías*, que eran unos seres mitad mujer y mitad aves y se comían todos los manjares, no dejando más que sus excrementos. Los argonautas preguntaron a Fineo sobre el resultado de la expedición y éste les prometió revelarles la parte que le estaba permitida, a condición de que los griegos le libraran de la maldición. Jasón y sus compañeros invitaron a Fineo a la mesa y entonces se presentaron las harpías. Calais y Zetes, hijos del dios del viento, como eran alados se precipitaron en su persecución, obligándolas finalmente a jurar por la Estigia que no volverían a molestar al adivino. Hecho esto, Fineo les aconsejó que se guardaran de las Rocas Azules, unos escollos flotantes que chocaban contra las embarcaciones que intentaban superarlos. El adivino recomendó a Jasón que soltara una paloma si las rocas se cerraban sobre la nave y la destruían, señal de que los griegos no podían continuar la empresa.

Cuando la nave *Argo* avistó las rocas, Jasón les envió la paloma recomendada por Fineo y las peñas intentaron juntarse y aplastar al ave, pero ésta fue más ligera y evitó el ser emparedada, si bien no pudo salvar las plumas de la cola, que quedaron entre los escollos. Los griegos esperaron a que las rocas se abrieran nuevamente y entonces a toda velocidad penetraron entre ellas. Argo se salvó de caer destrozada cuando las rocas volvieron a cerrarse, pero la popa sufrió daños de poca consideración, tal como le había acontecido al ave. A partir de aquella hazaña las denominadas Rocas Azules se quedaron clavadas en el mar y ya no fueron obstáculo para la navegación, tal como los hados habían predicho.

Jasón y sus compañeros alcanzaron por fin en el Mar Negro. En el país de los Mariandinos murió el adivino *Idmón*, durante una cacería. Asimismo halló la muerte el piloto Tifis, que tuvo que ser sustituido en el timón por *Anceo* o *Ergino*. Finalmente, tras sortear el país de las Amazonas costearon el Cáucaso y llegaron a la Cólquida, objetivo del viaje. Una vez allí advirtieron al rey Eetes de lo que se proponían. Éste consintió en darles el Vellocino, pero les puso por condición una empresa nada fácil: Jasón tenía que domar en un solo día dos toros de pezuñas y cuernos de bronce y de boca llameante; luego era preciso uncirlos y que arasen un campo consagrado a Ares y acto seguido sembrar los dientes de un dragón, que se transformarían en feroces guerreros a los que se debía aniquilar. Por último, había que matar al dragón que guardaba celosamente el Vellocino.

Las diosas Hera y Atenea acudieron en auxilio de Jasón, pero la ayuda quizá más valiosa la obtuvo de Afrodita, haciendo encender en el pecho de *Medea,* hija de Eetes, una encendida pasión por el héroe. Uno y otro se amaron cara al cielo en la verde pradera a la luz de la luna y se juraron amor eterno. Jasón prometió hacerla su esposa y ella ayudarle a vencer en la difícil empresa.

A la mañana siguiente, el monarca con su lucido séquito salió de la ciudad y acompañaron a Jasón y a los griegos al campo dedicado a Ares; los guardianes soltaron a los dos terribles morlacos y, gracias al bálsamo mágico suministrado por Medea, experta en ciencias ocultas, los presentes contemplaron con asombro como Jasón los dominaba, les sujetaba el yugo y sembraba el campo; los dientes se transformaron en belicosos guerreros armados de espadas y lanzas, y antes de que le pudieran atacar el héroe lanzó una piedra al centro del grupo, de forma que comenzaron a atacarse entre sí, culpándose recíprocamente de haber arrojado aquel proyectil y de esta forma se fueron exterminando mutuamente. Por último, con un brebaje suministrado también por Medea, el héroe consiguió dormir al dragón guardián del Vellocino y, tras degollarlo, se apoderó del preciado trofeo.

Eetes sintió entonces temor de los extranjeros e intentó incendiar la nave *Argo* sin conseguirlo, puesto que Jasón llegó a tiempo, puso en fuga a los presuntos saboteadores y, haciendo subir a Medea a la embarcación junto con él, ordenó a sus compañeros que levaran anclas. Eetes quizá hubiera llegado a tiempo de impedirlo, pero tuvo que pararse por el camino hacia la playa recogiendo los restos de su hijo Apsirto, a quien Medea, sin importarle que fuera su hermano, había ordenado degollar y esparcir sus miembros con objeto de demorar la persecución.

Irritado Zeus por el asesinato de Apsirto, envió una tempestad que alejó al *Argo* de la ruta de regreso. El mascarón se puso a hablar y reveló a los atónitos griegos la necesidad de ser purificados por la maga *Circe* del crimen. Ésta los acogió en sus dominios y, tras celebrar una entrevista con Medea, que era su sobrina, se avino a purificar a Jasón pero se negó a acoger a los expedicionarios. Desde la Italia meridional, patria de la maga Circe, la nave atravesó el mar de las *Sirenas*. Para que éstas no hicieran caer a los griegos en los hechizos que conducían a la muerte a los navegantes, Orfeo cantó una melodía tan bella que ahogó las insinuantes llamadas de los taimados seres.

Los expedicionarios atravesaron sin contratiempos el peligroso estrecho de Escila y Caribdis (estrecho de Mesina) y contemplaron después las denominadas entonces islas errantes, de las que se elevaba un enorme penacho de llamas y fuego (¿las islas Lipari? ¿el volcán Estromboli?). Por último, alcanzaron la isla de Corcira (en la actualidad Corfú), habitada por los feacios y cuyo rey Alcínoo acogió cordialmente a Jasón y Medea y a los demás compañeros. Llegaron entonces emisarios de Eeetes con el propósito de llevarse a Medea, si todavía era virgen. Alcínoo se apresuró a casar a los dos jóvenes, por si quedaba alguna duda, y los emisarios, temiendo la ira de su rey, resolvieron quedarse en el reino de Feacio. Jasón, su esposa y compañeros se echaron nuevamente a la mar.

Una nueva tempestad les arrojó a las costas de Libia. Los argonautas tuvieron que transportar la embarcación a hombros hasta el lago Tritonis, en donde el dios del lago, llamado *Tritón*, les mostró una salida al mar, y los griegos reanudaron el viaje hasta la isla de Creta. Al desembarcar allí un monstruo autómata llamado *Talo*, obra de Hefesto y al servicio del rey Minos, les cerró el paso. Arrancaba gigantescas rocas y las arrojaba sobre las naves, destruyéndolas antes de que llegasen a la orilla. Los argonautas burlaron su vigilancia y consiguieron desembarcar. Medea adivinó que solamente en una vena que tenía en el tobillo era vulnerable el monstruo. Le envió visiones engañosas y el propio autómata, lanzando piedras sin ton ni son, terminó por herirse a sí mismo y poco después quedó «sin vida».

Jasón y sus compañeros se vieron envueltos en el mar cretense en una oscura y extraña noche. Imploraron a Febo para que les indicara el camino de regreso. Febo se dignó atender los ruegos y provocó un misterioso resplandor gracias al cual alcanzaron un islote de las Esporadas. De aquí tocaron en Engina y, rodeando la isla alargada de Eubea, alcanzaron Yolco después de una navegación de cuatro meses y trayendo consigo el codiciado toisón o Vellocino de oro, y con la gloria de haber dado cima a la mayor hazaña de aquellos tiempos.

Sin embargo, Pelias no cumplió lo prometido y, aunque Jasón le trajera el Vellocino, no dejó la corona. Entonces Medea, cuya fama de nigromante había crecido, aseguró a las hijas del rey que poseía un secreto mágico para rejuvenecer a su padre y para demostrarlo cogió un caldero, hizo hervir una pócima secreta en él y, cuando se hallaba en ebullición, descuartizó un carnero y echó los pedazos a cocer. Los presentes, con gran asombro, vieron salir de entre la humareda del caldero a un hermoso joven corderillo. Las hijas, ante este ejemplo, no se lo pensaron más e hicieron lo propio con Pelias, pero naturalmente esperaron y esperaron y Pelias no volvió. Horrorizados los súbditos ante este crimen, coronaron rey a *Acasto*, hijo de Pelias, quien temeroso de las artes de Medea no quiso violentarse contra ella, pero la desterró junto con su esposo.

Jasón y Medea marcharon a la ciudad de Corinto, donde vivieron bastante tiempo relativamente tranquilos y felices. A partir de entonces las versiones discrepan. Según Diodoro de Sicilia el héroe, enamorado de *Creusa* o *Glauce*, hija de Creón, soberano de Corinto, hizo que Medea huyera a Tebas, donde se hallaba Hércules, quien le había prometido que si algún día Jasón la abandonaba él la acogería a su lado. Cuando llegó ante el héroe, artífice de los Doce Trabajos, éste se hallaba en uno de sus famosos ataques de locura por Hera. Medea consiguió curarlo con ayuda de su ciencia secreta, pero dándose cuenta de que no había suscitado su amor, marchó a Atenas, donde a la sazón reinaba Egeo, que consintió en hacerla su esposa con el propósito de conseguir un heredero (Egeo no sabía entonces que Etra había tenido a Teseo). Poco después de la boda, llegó Teseo a Atenas y ya hemos contado como Medea intentó envenenarle pero fracasó. Desterrada pasó a Fenicia y de allí a Asia Superior, donde terminó por unirse a uno de los monarcas más poderosos de aquel escenario, con quien tuvo un hijo denominado Midas o Medes.

En otro relato se lee que repudiada Medea por Jasón, que deseaba casarse con Glauce, fingió resignarse y hasta envió a su rival un traje lleno de un veneno especialmente preparado. Glauce, sin sospechar lo más mínimo, se lo puso, siendo invadida por un fuego abrasador que terminó con ella. La cólera de Medea no se aplacó y degolló a los hijos habidos de Jasón. Entonces huyó a Atenas y se casó con su rey Egeo.

Sin embargo, existen también historiadores-mitólogos defensores de Medea, manifestando que su única falta fue su irresistible pasión por Jasón, quien indiferente terminó por abandonarla para echarse en los brazos de Glauce, más joven que ella. Esgrimen también que Medea sólo empleó sus filtros y artes para hacer el bien, curando a todo el que se lo pedía. Reina enamorada, se vio obligada por las circunstancias a exiliarse de país en país. Historiadores como *Pausanias* manifiestan que Medea se retiró a Corinto porque poseía fundados derechos a la corona de aquel país, y *Diodoro de Sicilia* relata que fueron los propios corintios los que la fueron a buscar a Yolco para que accediera al trono de Corinto.

Ante estas opiniones tan contradictorias, ¿cuál es el verdadero retrato de Medea? *Eurípides* nos dejó una estupenda tragedia sobre su figura, atribuyéndole la muerte de sus hijos. Sin embargo, su objetividad puede ser puesta en entredicho porque cobró para que acumulara en la obra episodios con «gancho». Otros escritores no tienen ninguna duda de que Medea fue la autora de los asesinatos de Apsirto, Pelias, Creón y Glauce, amén de la tentativa de envenenar a Teseo.

Además de *Eurípides, Séneca, Esquilo* y *Sófocles* se inspiraron también en las hazañas de Medea. Existen también versiones de color de rosa que indican que Jasón terminó por reconciliarse con la maga y ambos, tras regresar a la Cólquide, restablecieron a Eetes en el trono. Marchó después a Asia, a semejanza de lo que años después haría Alejandro y, tras conquistar gran parte de ella, terminó siendo glorificado como un dios.

Sin embargo, muchas versiones coinciden en que Medea profetizó a Jasón un final trágico. Cierto día, después de vivir muchos años, mientras se hallaba descansando junto a su querido navío Argo, la popa de la embarcación se desprendió de puro vieja y le aplastó. Los dioses quisieron que la memoria de *Argo* perdurara, transformándola en constelación.

Dicen los eruditos actuales que el signo trágico de Jasón se explica por el empleo de los poderes ocultos de Medea, propios de un mundo extraño a la mentalidad racionalista de los griegos. Sea como fuere, lo que es cierto es que mitificada por la leyenda, la expedición de los argonautas fue una de tantas empresas comerciales y de colonización de los helenos poco antes de terminar el primer Milenio antes de nuestra Era.

LA HISTORIA DE EDIPO, JUGUETE DEL DESTINO

El rey de Tebas *Layo*, del linaje de Cadmo, estaba casado con Yocasta, hija del noble *Menoceo*. Como pasaban los años y no tenían descendencia, consultaron al Oráculo de Apolo en Delfos, quien les contestó que puesto que pedían un hijo les podría ser concedido si así lo deseaban, pero que a causa de él les sobrevendrían muchas desgracias, llegando incluso a ser el asesino de Layo, su padre, y terminando por casarse con su propia madre. El terror se apoderó de los dos esposos, que resolvieron vivir y dormir separados. Pero un día en que Layo había bebido más de la cuenta, tuvo ganas de ayuntarse con Yocasta y aunque ésta en principio se resistió, como le amaba entrañablemente consintió en ello, quedando embarazada.

De este amor nació un hijo varón y, recordando ambos progenitores el terrible destino que se cernía sobre sus cabezas, resolvieron luchar contra él con todas sus fuerzas y para ello, según una versión, fue abandonado («estilo Moisés») en un cesto en las procelosas olas del mar, y según otro relato, uno de los criados de Layo agujereó los talones del casi recién nacido y, pasando unas cuerdas por los orificios abiertos, lo dejó en el monte Citerón, colgando de una rama de un árbol. Un pastor que acertó a pasar por allí se apiadó de la pobre criatura y lo recogió, llevándole al palacio del rey *Pólibo,* de Corinto. La esposa de éste, Mérope, le curó los pies y lo crió como si fuera hijo suyo. Al tener los pies hinchados por el horrible suplicio, el niño fue denominado *Edipo* (en griego *Oidipous:* literalmente «pies deformes»).

Ya al llegar a la edad viril, uno de los compañeros de Edipo se había enemistado con él y, con objeto de amar-

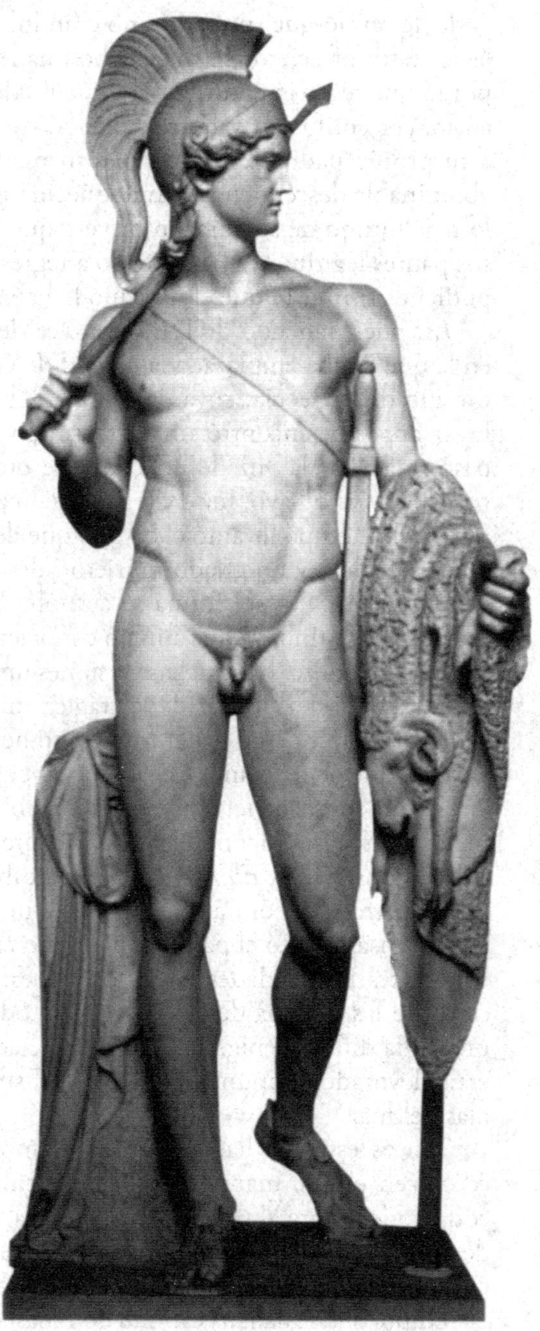

Escultura del danés Thorvaldsen (1768-1844) que representa a Jasón con el Vellocino de Oro (museo de Copenhague)

garle, le reveló que sus padres no eran los reyes de Corinto. Al llegar a palacio, éstos ofrecieron al muchacho una respuesta muy poco convincente, por lo que resolvió consultar al Oráculo de Delfos, quien todavía le sumió en mayor confusión y horror cuando oyó por boca de la Pitia: «Matarás a tu propio padre, te casarás con tu madre y dejarás a los hombres una abominable descendencia». Enloquecido por estas predicciones y como en lo más íntimo de su corazón creyera que Pólibo y su esposa Mérope eran sus padres legítimos, no se atrevió a regresar a Corinto por miedo a que se pudiera cumplir lo que el Oráculo le había manifestado.

Así pues, saliendo de Delfos en vez de marchar hacia el sur, dirección en la que estaba emplazada la ciudad de Corinto, se dirigió hacia el norte, camino de la Beocia, cuya capital era Tebas. Por el camino, al llegar a un lugar angosto, encontró un carro tirado por caballos que le obstruyó el paso, mientras la voz de un criado le ordenaba que se apartara y dejara paso al anciano Layo, rey de Tebas, quien a su vez increpó con insolencia al muchacho. Edipo levantó el cayado que llevaba y poco después el cochero, el propio Layo y un criado murieron descalabrados por el muchacho, sin sospechar que de esta forma se cumplía la primera parte del dictado del inexorable destino, ya que aun no conociendo su identidad había asesinado a su propio padre. En muchas versiones uno de los criados consigue escapar y lleva a Tebas la noticia de la trágica muerte. Edipo no hubiera podido vencer a los tres de no haber sido como héroe que era ayudado por los dioses para que ocurrieran los hechos a los cuales ni ellos podían sustraerse.

Como consecuencia de esta irreparable pérdida, *Creón* o *Creonte*, hermano de Yocasta, ocupó el trono vacante de Tebas. Poco después un horrible monstruo, la *Esfinge*, que poseía cabeza y senos de mujer, cuerpo de perro, garras de león, alas de águila y una cola provista de un mortífero dardo, ensangrentó el país tebano como castigo enviado por Hera ante las constantes infidelidades hacia los dioses. El terrible engendro se colocó cerca de las puertas de la ciudad y a todo viajero que pasaba delante le proponía difíciles enigmas. Los desgraciados, al no encontrar la solución, eran devorados impunemente por la Esfinge y arrojados sus restos a las olas del mar.

Tantos estragos había causado el monstruo, que Creón publicó un edicto en el que manifestaba la intención de casar a su hermana viuda con el que librara al país de aquella plaga. Anunciaba a su vez la intención de entronizar a Yocasta y el salvador de la región, y retirarse él del poder, cuando ya uno de sus hijos había perecido ante el singular animal.

Edipo, que se hallaba camino de Tebas, oyó el pregón y como no tenía su vida en mayor estima a causa de las revelaciones del Oráculo, se dirigió hacia donde se hallaba la Esfinge con objeto de que le planteara un enigma.

El monstruo no se hizo de rogar y le preguntó: «¿Cuál es el animal que tiene cuatro pies por la mañana, dos al mediodía y tres por la tarde?» Edipo al escucharlo se sonrió, ya que encontró facilísima la respuesta:

«Este animal es el hombre —le manifestó—, pues por la mañana, es decir, en su infancia, anda con pies y manos, o sea, a gatas, con las cuatro extremidades; al mediodía, esto es, en la plenitud de la edad, se sostiene sobre sus dos piernas; y en la tarde de la vejez necesita un bastón para apoyarse, es decir, "tres pies, tres apoyos".»

No bien Edipo hubo pronunciado estas palabras, la Esfinge se lanzó al abismo, desapareciendo para siempre. Edipo recibió en recompensa el reino de Tebas y la mano de Yocasta, todavía joven de buen ver, que era su propia madre. Yocasta le dio cuatro hijos, dos de ellos gemelos: *Eteocles* y *Polinices*, varones, y dos hembras, *Antígona* e *Ismene*.

Durante algunos años Edipo, ignorante de todo, gobernaba a su pueblo junto con Yocasta. Sin embargo el incesto, por inconsciente que fuera, terminó por atraer la cólera de los dioses. Una espantosa epidemia se abatió sobre Tebas: las crías de los animales y los hijos de los humanos se deshacían en el seno de sus madres; los frutos se corrompían; las simientes se pudrían en la tierra antes de germinar. Los tebanos buscaron protección en su soberano, al cual desde la aventura con la Esfinge lo tenían como protegido de los dioses. El decano de los sacerdotes se presentó ante Edipo y le expuso la negra situación por la que atravesaba el país. Éste les contestó que le afligía mucho contemplar todo aquel estado y que intentando buscar solución había enviado a su cuñado Creonte a que consultara al Oráculo. Todavía no había terminado la entrevista, cuando regresó Creonte, comunicando que por orden de los dioses la peste no terminaría hasta que se hubiera descubierto y castigado al culpable del asesinato de Layo.

Sin sospechar nada, Edipo decidió entonces investigar la muerte de su antecesor y pregonó por todo el reino que si alguien tenía algún indicio sobre quién era el culpable que lo manifestara y sería espléndidamente recompensado. Paralelamente, envió a buscar al adivino *Tiresias*, cuyas artes solamente eran superadas por Apolo. Se presentó Tiresias y Edipo lo condujo ante el pueblo, comunicándole a que le ayudara a encontrar al asesino. Ante esas palabras, Tiresias prorrumpió en lamentos: «¡Es horrible saber aquello que sólo traerá desgracias cuando se sepa!» Edipo no comprendía tanto desconsuelo e incluso llegó a acusar al adivino de encubridor. Finalmente Tiresias, no pudiendo resistir más manifestó: «No hables más puesto que tú eres el regicida y vives además en relaciones abominables».

Yocasta no quería dar crédito a tales palabras y replicó acremente al adivino, diciéndole que aquello no era posible, ya que los que se dedicaban a tal oficio prácticamente nunca acertaban, puesto que habían predicho que sería el propio hijo el que mataría a Layo y, sin embargo, éste había sido asesinado por unos bandidos, y su hijo, abandonado en un lugar desértico, había muerto a los tres días. Entonces el semblante de Edipo se nubló e inquirió en más detalles: «¿Dónde murió exactamente el rey?» «En una encrucijada de caminos y en un lugar en que la vía hacia Tebas se hacía más angosta.»

«¿Cómo era?» La propia Yocasta se lo describió y, para aseverar más sus palabras, mandó llamar al criado, que en la mayoría de versiones huye despavorido tras contemplar la escena y que al parecer era el mismo que había abandonado a Edipo recién nacido en el bosque.

Antes de que éste llegara fue introducido un emisario de Corinto, que comunicó a Edipo la muerte de Pólibo, rogándole que regresara a aquella ciudad para hacerse cargo del trono. Edipo y Yocasta respiran, si Pólibo es el verdadero padre, ha fallecido de muerte natural y el Oráculo no se ha cumplido, pero queda la segunda parte de la maldición. ¿Y si al regresar a Corinto termina cometiendo incesto con la reina viuda? El emisario entonces, intentando tranquilizarle, le dice que no se preocupe ¡que Pólibo no es su verdadero padre! ¡Que él fue un niño recogido de una rama de un árbol en la que pendía por los pies y de resultas de lo cual éstos le permanecieron hinchados durante mucho tiempo!

Edipo ya no pudo más. Sus últimas esperanzas se desvanecieron y apareció la verdad al desnudo. Enloquecido, se precipitó como un enajenado por todos los aposentos de palacio en busca de Yocasta, que rápidamente había huido horrorizada. Cuando llega ante ella, la encuentra sin vida, pues se había suicidado. Edipo entonces, para no ver más las terribles desgracias que había acarreado, se saca los ojos con el prendedor del vestido de Yocasta. Acto seguido, manda que le presenten ante el pueblo de Tebas como parricida, incestuoso, maldición del cielo y estigma de la Tierra. Los criados obedecieron, pero el pueblo, recordando lo justo y generoso que había sido hasta entonces, no sintió la más mínima aversión, sino una compasión infinita. Edipo entregó el trono a Creonte, su cuñado, en calidad de regente de sus hijos. Solicitó una tumba para inhumar los restos de su madre y esposa y se desterró voluntariamente.

El mito de Edipo que el médico vienés, padre del psicoanálisis, Sigmund Freud (1856-1939) aplicó al *complejo de Edipo* (amor del hijo a la madre y aversión contra el padre, considerándole un rival) sólo funciona a partir del momento de la catástrofe: suicidio de Yocasta y autoceguera de Edipo. Otro mito que redime en cierto modo toda esta tragedia: la ternura filial de *Antígona*, una de las hijas de Edipo. Nada le importa que sea una hija nacida de una unión aberrante, es decir de madre e hijo. Su padre es víctima del destino y ha obrado inconscientemente. Es un hombre triste y desgraciado que abandonado necesita la mayor comprensión y cariño.

También *Ismene* comprende a su padre y se queda en casa para abogar en su favor, pero el peso del sufrimiento lleva a éste a Antígona. La doncella, acostumbrada a los refinamientos de la corte, pasó innumerables fatigas, pero siempre con la alegría de ayudar a su padre. Ella fue guía y báculo de Edipo en su vagar por los caminos. El Oráculo le había concedido un rayo de esperanza, puesto que los dioses, al considerar que sus faltas eran involuntarias, le auguraron que el castigo no sería eterno. Vivieron de las limosnas de las gentes compasivas y con una gran pobreza y frugalidad.

De país en país llegaron hasta una aldea del Ática muy alegre, llena de vides y olivos. Cansado por jornada tan fatigosa, el ilustre ciego se sentó a descansar en una piedra. Al poco rato pasó un lugareño y, sorprendiéndose de aquella extraña pareja, les indicó que debían marcharse de allí porque era lugar sagrado. Edipo, por los datos que le ofrecía, se dio cuenta de que había llegado al término de su viaje, ya que el Oráculo le manifestó que sus penas finalizarían en cuanto llegara a la región habitada por las *Euménides*, y aquello era Colono, en donde se decía que moraban estas terribles diosas de la Venganza. Protectoras del Ática cuando se las aplacaba, ¿se conformarían con las penalidades llevadas hasta entonces por Edipo como reparación de sus crímenes o continuarían comportándose como *Furias* perseguidoras, que era el aspecto que tomaban más frecuentemente?

La noticia de que un anciano vestido con miserable ropaje, pero de majestuoso aspecto, se había establecido acompañado de una joven en el sagrado bosque consagrado a las Furias, corrió con rapidez por el pueblo cercano y una multitud se dirigió hacia el lugar no con muy buenas intenciones, al considerar el hecho como una profanación. Antígona y Edipo intentaron aplacar a la multitud enfurecida. Enton-ces llegó Ismene a galope de un esbelto corcel y, tras abrazar a su padre y hermana, les comunicó que sus hermanos Eteocles y Polinice, no contentos con expulsar a su padre, habían roto el compromiso pactado entre ambos por el que reinarían en Tebas cada año alternativamente. Eteocles, terminado el plazo, se había negado a dejar el trono. Polinice tras casarse con la hija de Adrastro, rey de Argos en el Peloponeso, había reclutado un ejército e invadido Tebas en son de guerra.

«Hemos consultado al Oráculo —continuó Ismene— y nos ha advertido que, para evitar una guerra fraticida, había que traer al padre de los dos contendientes, vivo o muerto.»

Edipo preguntó a Ismene si caso de regresar a su país sería enterrado en una digna sepultura. Ismene le contestó que por ella no habría problema, pero para los demás sus crímenes eran tan horrendos que no le permitirían ser inhumado en tierra tebana. Comprendiendo el desgraciado anciano que la ambición de sus hijos era superior a su amor filial, les maldijo y solicitó a los habitantes de Colono, que contemplaban con gran espectáculo todo lo sucedido, asilo para él y sus amadas hijas.

Casi no había terminado este ruego cuando el lugareño, que había descubierto a Edipo y a Antígona descansando en la piedra sagrada, anunció que había corrido a avisar al monarca de Atenas, capital de la región emplazada no lejos de los acontecimientos. El soberano, que a la sazón era nada menos que Teseo, acudió con su séquito presuroso para saber más detalles. Descubrió al ciego y le preguntó cuál era el objeto de su viaje. Edipo le replicó que su único motivo era terminar sus días en aquel lugar y después ser enterrado dignamente, cosa que reportaría grandes beneficios para su reino. Teseo le invitó a trasladarse a su propio palacio, pero Edipo prefirió quedarse en Colono para cumplir su destino.

Poco después llegó su cuñado Creonte con gente armada, con el propósito de llevarse por la fuerza a Edipo para Tebas. Éste no sólo se resistió, sino que le conmino que anunciara a sus dos hijos que por su comportamiento la única tierra que poseerían sería la de su propia tumba. Creonte dijo a sus soldados que prendieran a Edipo, pero los habitantes de Colono se lo impidieron. Entonces Creonte se apoderó de Antígona e Ismene como rehenes. Suerte que Teseo con su tropa terminó por liberarlas y obligó a Creonte a renunciar a la empresa.

Los sobresaltos de Edipo no habían terminado. Se le anunció entonces que un nuevo pariente solicitaba una entrevista. El anciano comprendió que era Polinice, el hijo destronado, el que deseaba verlo y rehuyó su encuentro. Una vez más la bondad de Antígona logró que padre e hijo se entrevistaran. Polinice se abrazó a las rodillas de su padre y le solicitó su perdón, explicándole cómo tras ser expulsado por su hermano cuando había llegado el tiempo del relevo del trono, se había refugiado en Argos y, casándose con la hija de su rey, no solamente había obtenido su apoyo, sino el de siete príncipes más. Pero para obtener el éxito necesitaba el regreso de su padre.

Edipo, inflexible, contestó a Polinice que ahora ya no era tiempo de ruegos, que sino hubiera sido por sus dos hijas hubiera ya perecido miserablemente y nadie le hubiera enterrado en tierra sagrada, ya que tanto él como Eteocles le habían expulsado de la ciudad como un perro. Y terminó maldiciéndole una vez más: «Yacerás en tu sangre como tu hermano en la suya».

Antígona intentó entonces que su hermano se quedara en Argos, junto a su esposa, y que no se desencadenara una guerra civil. Pero la respuesta de Polinice fue negativa, aduciendo que se hallaba en juego su honor y que lucharía contra Eteocles hasta la muerte. Dichas estas últimas palabras, montó en su carro y se alejó.

Al poco tiempo la tierra tembló. Edipo comprendió que había llegado

Edipo se enfrenta a la Esfinge

al final de sus días. Hizo llamar a Teseo y en su presencia bendijo a la ciudad de Atenas.

Se internó después con paso firme, como si un milagro le hubiera devuelto la vista, hacia el interior del bosque de las furias o Erinias y llegó a una cueva cuyo umbral se hallaba revestido de bronce, y que según la tradición comunicaba directamente con el reino de Hades. Tomó uno de los senderos abiertos dentro de ella hasta que llegó a donde se hallaba una gran piedra. Allí se despojó de sus andrajos, se lavó cuidadosamente y se vistió con un traje limpio, traído por sus hijas. De pronto se escuchó un pavoroso estruendo que llenó de temor a Antígona e Ismene, las cuales se abrazaron temblorosas a su padre. Éste, con voz firme, les dijo: «¡Hijas mías, a partir de este momento ya no tenéis padre!» Los sollozos de las muchachas se interrumpieron al oír una voz más potente increpando: «¡Edipo! ¿Qué esperas?» Edipo confió a Teseo las dos hijas y ordenó que ambas se alejaran de allí sin volverse. Teseo quedó momentáneamente junto a él y pudo atisbar como la tierra se entreabría con suavidad y recibía a Edipo sin causarle violencia ni dolor. El Oráculo había predicho que mientras no se descubriera el lugar de la muerte de Edipo, Atenas sería próspera.

Teseo, que en el último trance de su amigo había intentado ocultarse la cara con las manos, levantó éstas al cielo para implorar clemencia de los dioses y, acabada la plegaria, alcanzó a las doncellas que se habían adelantado, dirigiéndose a su palacio, sumido en el dolor y en hondas meditaciones.

Tiempo después, Eteocles y Polinice entablaron la batalla definitiva, pereciendo los dos en el combate singular al que ambos se retaron. Creonte, que reinó nuevamente en Tebas, concedió el honor de dar sepultura a Eteocles, pero no a Polinice, por haberse aliado con los enemigos de su patria contra ésta. Una vez más, la orden sublevó la piedad de Antígona, que había regresado a Tebas después de la muerte de su padre. Enterrado Creonte, apostó a su guardia con el fin de que sorprendieran a Antígona cuando lloraba sobre las cenizas de su hermano, que había sepultado en la tierra para que tuviera eterno descanso. La abnegada joven fue condenada a ser enterrada viva. Pero la valerosa Antígona eludió esta afrenta ahorcándose. El hijo de Creonte, Hemón, que amaba a la joven, se suicidó también al conocer lo sucedido.

Tal es la historia de este héroe desgraciado y de su descendencia. Y aunque la voluntad, que es la que hace el crimen, no tuvo parte alguna de culpa en lo sucedido, los poetas considerando que la maldad, aun siendo involuntaria, empaña el alma y no hay lugar para la redención, han situado a Edipo una y otra vez en el Tártaro, en medio de los grandes delincuentes. ¡Pobre Edipo! ¡pobres familiares suyos! A todos alcanzó la inexorable rueda del Destino y ni los mismos dioses pudieron evadirlos del trágico final presentido y predestinado desde un principio.

Desde los grandes trágicos griegos clásicos por excelencia, *Esquilo, Sófocles* y *Eurípides* hasta la actualidad, las figuras de Edipo y Antígona han sido inmortalizadas una y otra vez por la literatura de todos los países y de todos los tiempos. *Séneca* continuó esta tradición a partir del siglo I de nuestra Era y autores como *Corneille* (1659), *Racine* (1644) *Voltaire* (1718) y *Alfieri* (1783) mantuvieron viva su memoria. En nuestro siglo, escritores como *J. Cocteau* (1934), *B. Brecht* (1948) y *S. Espriu* (1959) han renovado su memoria. También la música y finalmente el Séptimo Arte se ha apoderado de dichas figuras, conservando el hondo patetismo que las ha hecho inmortales, de forma que a buen seguro, lo que los dioses y el Destino negaron a Edipo, los hombres se lo han concedido: el don de la Inmortalidad y el recuerdo de la dulce Antígona, que perdurará para siempre.

LA MÁS FAMOSA LEYENDA DE LA ANTIGÜEDAD: LA GUERRA DE TROYA

La guerra de Troya es el acontecimiento más famoso, así como la empresa más extraordinaria en la que intervinieron los héroes griegos. Como veremos este suceso posee pruebas fehacientes de verosimilitud histórica, sin embargo, la Mitología clásica lo hizo tan suyo que, al hacer intervenir en la contienda a héroes, dioses, hombres, de un lado y del otro, elevó la Lírica y la Épica a grados inalcanzables. La Guerra de Troya y su continuación constituye uno de los núcleos más importantes de las denominadas Leyendas heroicas, en las que según la tradición se inspiró *Homero*, el más antiguo poeta griego conocido (siglo VIII a.C.) para componer los dos grandes poemas épicos: la *Ilíada* y la *Odisea* (cuestión que ha sido muy controvertida, en especial por lo que se refiere a la paternidad del último poema), gracias a los cuales y al resto de fuentes referentes a aquel acontecimiento nos hallamos en condiciones de reconstruir paso a paso aquella fantástica lucha.

Antecedentes

Lacedemón, casado con *Esparta*, reinó y dio el nombre de su esposa a la ciudad-estado más importante del Peloponeso. De entre sus descendientes se encuentran: *Hipocón*, muerto por Hércules; cierto *Icarios*, a quien Dioniso enseñó el secreto del vino y que fue muerto por unos pastores borrachos, y finalmente *Tindáreo*, que casó con Leda, hija de Testio, rey de Etolia, la cual dio a luz varios hijos de los cuales cuatro son los que nos interesan: *Cástor* y *Pólux*, varones; y *Helena* y *Clitemnestra*, mujeres.

La mayor parte de los relatos hacen a Zeus responsable de su nacimiento, puesto que el padre de los dioses, convertido en cisne, se había ayuntado con Leda el mismo día en que ésta tuvo también trato carnal con su esposo. (Leda había intentado rehuir las insinuaciones de Zeus una y otra vez, hasta que cayó en sus redes.) Los autores no se ponen de acuerdo sobre quiénes son los hijos de Tindáreo y quiénes los de Zeus; la mayoría creen que fueron Helena y Pólux, nacidos de dos huevos, mientras que Cástor y Clitemnestra serían de Tindáreo. La confusión aumenta cuando a Cástor y a Pólux se les añade el epíteto de *Dióscuros*, esto es «Hijos de Zeus» (literalmente «hijos del dios»), lo cual puede significar que los cuatro mantuvieron siempre una estrecha amistad.

Muchos mitólogos explican el carácter semidivino otorgado a los Dióscuros a causa de las supersticiones que rodearon el nacimiento de gemelos en los pueblos primitivos.

Cabeza que representa a Homero,el poeta-rapsoda a quien se le atribuyen la recopilación de los grandes poemas épicos mitológicos: la *Ilíada* y la *Odisea*

En otra versión, Helena pasa por ser hija de Zeus y de *Némesis*, quien huyendo de éste se transformó en roca, pero el padre de los dioses, metarmorfoseado a su vez en cisne, consiguió su propósito. A consecuencia de esta unión, Némesis puso un huevo que abandonó a su suerte en un bosque sagrado. Un pastor acertó a pasar por allí y, encontrando aquel extraño huevo, se lo llevó a Leda, quien lo cuidó hasta que rota la cáscara salió una niña, a la que puso por nombre Helena y a la que crió como hija suya, junto con sus otros hijos.

Hazañas de los Dióscuros

Entre las hazañas de los Dióscuros se cita la expedición que realizaron contra Atenas para recuperar a Helena, que había sido raptada por Teseo y Pirítoo, tal como ya hemos relatado. Mientras Teseo y su amigo bajaban a los Infiernos en busca de Perséfone (ya que la suerte entre ambos había favorecido a Teseo por lo que respecta a Helena, Teseo, para compensar a su compañero, quiso ayudarle en tal descabellada empresa, que acabó trágicamente). Cástor y Pólux, al frente de un ejército, recuperaron a su hermana y se llevaron a la propia madre de Teseo, Etra, como esclava a Troya, hasta que sus nietos la liberaron después de su entrada en la conflictiva ciudad.

Participaron también junto a Jasón en la expedición de los Argonautas y Zeus manifestó el gran cariño que sentía hacia ellos, salvándolos de una terrible tormenta que puso en peligro de zozobrar al navío *Argo*. Mientras Orfeo imploraba a los dioses con una preciosa balada, dos llamas se colocaron en las cabezas de los Dióscuros. Este fenómeno, que se conoce con el nombre de *Fuegos de Santelmo*, se debe a luces que se forman algunas veces en los mástiles de los barcos debidos a la electricidad de la atmósfera y fue durante muchos años motivo a la vez de terror y de esperanza para la navegación sin vapor. Aquellos marinos invocaban, a partir de la Baja Edad Media, a San Pedro González, español del siglo XIII, más conocido entre las gentes del mar como San Telmo.

Por causas todavía no esclarecidas, los Dióscuros dirigieron una expedición contra sus primos, los *Afaridas*, y durante una batalla Pólux, famoso por la fuerza de sus puños, mató a *Linceo*, mientras Cástor caía herido mortalmente por *Idas*. Pólux, que era inmortal, lloró amargamente la muerte de su hermano, solicitando a los dioses perder el don de la inmortalidad para poder acompañar a Cástor al Hades. Asombrado Zeus de tan hondo amor fraternal, consintió que ambos hermanos, alternativamente, tuvieran la cualidad que tenía el otro. Es decir, Pólux moría un día para acompañar a Cástor y éste resucitaba a su vez al día siguiente para hacer lo propio con Pólux. Además fueron colocados como astros en la constelación de los *Gemelos*.

Los Dióscuros se transformaron en divinidades tutelares de los marineros griegos, así como protectores de la Hospitalidad. Frecuentemente se presentaban en las ciudades cubiertos con una blanca vestidura, manto purpúreo y llevando sobre la cabeza un gorro cuajado de estrellas, con el fin de dar la bienvenida a los extranjeros.

Helena casa con Menelao

Una vez los Dióscuros hubieron salvado a Helena y ésta regresara a Lacedemonia, la joven creció cada día en mayor belleza de forma, que para los entendidos logró ser considerada como la mujer más bella de toda la Hélade (es decir, el mundo griego). Tindáreo consideró entonces que había llegado la hora de su matrimonio. Convocó a los pretendientes a una asamblea y quedó asombrado del extraordinario número que acudían a su llamada. Sintió entonces temor de que si elegía a uno los demás quedaran descontentos y le declararan la guerra, por ello dio su aprobación al consejo de *Ulises*, que propuso que fuera la propia Helena la que eligiera y que, en el caso de que alguien intentara alguna acción contra la bella muchacha, todos debían unirse para castigar al osado. Consejo tan sensato valió a Ulises la mano de Penélope.

El juicio de Paris

Se celebraban las bodas de Peleo, rey de Ptía en la región de Tesalia del centro de Grecia, con la nereida *Tetis*, y a la ceremonia fueron invitadas todas las divinidades, excepto *Éride*, la malvada diosa de la Discordia, por quien sus compañeros inmortales no sentían la más mínima simpatía. Durante el banquete que siguió a los esponsales apareció Éride y, dirigiéndose al cortejo de diosas presente, les arrojó con desprecio una manzana de oro en la que podía leerse: «Para la más bella». Tras una serie de exclusiones, la elección quedó reducida a tres de las diosas principales: Hera, Atenea y Afrodita. Éstas solicitaron de Zeus que actuara de árbitro en la concesión del preciado premio, pero éste, con muy buen tino, no quiso meterse en aquel berenjenal que le proponían sus compañeras inmortales y sugirió que fueran a buscar a Paris, hijo de Príamo, rey de Troya, experto en estas lides y que a la sazón se hallaba en el monte Ida apacentando los rebaños reales de aquella ciudad.

Un oráculo había predicho a Príamo que su hijo causaría la ruina de su familia y de su país, y por eso el rey resolvió alejarlo de su lado, obligándole a realizar un oficio de pastor no acorde con su condición principesca. Paris compartía entonces su vida sentimental con una cautivadora ninfa llamada Enone y hacía tiempo que su padre no sabía nada de él.

Cierto día Paris se hallaba absorto, pensando quizás en delicadas caricias mientras los rebaños triscaban por el monte, cuando vio aparecer ante él las bellísimas figuras de las tres grandes diosas, que le expusieron el objeto de su visita. Una por una intentaron sobornarle para que resultara la elegida. Hera le prometió el poder sin límites, Atenea la sabiduría, por último Afrodita le prometió el amor de la mujer más bella de aquel entonces. Paris, que ya tenía bien ganada la fama de *playboy* de la época, no dudó un instante y concedió la manzana a la diosa del amor. Éste fue el famoso juicio de Paris, inmortalizado también por las artes y cuya decisión originaría la guerra de Troya.

El rapto de Helena

La mujer más bella era entonces de Helena, pero existía una pega: estaba casada con Menelao, rey de Esparta, por muerte de su suegro Tindáreo. Sin embargo, eso no constituía una dificultad insalvable para Afrodita. Sin pensar en la pobre Enone, que no había hecho nada para merecerlo, condujo a su protegido a Esparta, donde Menelao y Helena, sin sospechar nada, atendieron maravillosamente al huésped, ya que en aquella época las leyes de la hospitalidad eran sagradas. Y aconteció la ocasión favorable que estaba esperando Paris, apoyado por su divina aliada: Menelao tuvo que ausentarse a Creta con el fin de estar presente en las exequias del rey cretense *Catreo*, y Helena hubo de reemplazar a su

Representación de una copa ateniense de Helena
sirviendo a Príamo, rey de Troya

esposo en las funciones de anfitrión. Afrodita había trabajado bien y en el corazón de la bella estalló una pasión irresistible que en ausencia de Menelao ya no tenía ningún obstáculo. Al parecer la entrega fue mutua. ¿Quién iba a resistirse a la diosa del Amor?

Cuando Menelao regresó se encontró con la desagradable nueva de que los dos «tortolitos» habían marchado hacia Troya. Sus lágrimas y gemidos estremecieron por entero no sólo el Peloponeso, sino toda Grecia. La afrenta era mayor porque además Paris se había aprovechado de las leyes de la hospitalidad para conseguir su objetivo. Así que, apelando al juramento realizado por los príncipes griegos cuando Helena le había escogido, convocó a todos ellos para hacerse a la mar y reducir a cenizas a la altiva Troya.

Sin embargo, la guerra de Troya entre griegos y troyanos se desencadenará inapelablemente no sólo como consecuencia del rapto de Helena, sino en primera instancia por el odio que Hera y Atenea sintieron contra Paris al verse postergadas por el apuesto mancebo. En una palabra: ¡si los humanos frecuentemente no sabemos perder, los dioses griegos tampoco...! ¡Y mucho menos las diosas! Además Éride esperaba contemplar pronto con fruición el fruto de la entrega de la «manzana de la discordia».

Preparativos para la guerra

Según algunas versiones, ya durante el viaje de regreso a Troya, Paris y Helena sufrieron las acometidas de Hera, que desvió la nave en que viajaban hasta la ciudad fenicia de Sidón (costas del actual Líbano). La *Ilíada* alude a este episodio. Cuando llegaron por fin los amantes a su destino, no todos los troyanos se hallaban de acuerdo con la conducta de Paris e incluso parece ser que sus otros dos hermanos casados le instaron a que devolviera a Helena a su esposo, por los grandes males que su rapto acarrería. Sin embargo, ¿habían intentado rescatar a Europa sus paisanos cuando ésta desapareció a la grupa de un hermoso toro? ¿Se había pedido algo a Teseo tras su fuga con Ariadna? ¿Y cuando Medea huyó voluntariamente con Jasón? ¿Por qué no iba a suceder lo mismo? Por otra parte, Príamo acababa de reencontrar a su hijo Paris, que había alejado hacía tiempo de su lado por temor a las predicciones del Oráculo, y como con la vejez todo se olvida y perdona, había vuelto a admitirlo en el seno de su familia, no era cuestión ahora de enojarse de nuevo. Así pues Paris y Helena se quedaron contra viento y marea en Troya, y poco después se celebró su boda.

Fueron los oficios de Hera los que recordaron a los griegos el juramento que había realizado, y *Agamenón*, hermano del ultrajado Menelao, fue nombrado jefe supremo de la expedición de castigo. Sin embargo, éste intentó antes el entendimiento por las buenas. Así pues, envió embajadores a Troya exigiendo la inmediata devolución de Helena. Pero Príamo aprobó la conducta de su hijo y contestó a aquéllos desabridamente: no debían esperar los griegos satisfacción a su demanda, puesto que los mismos helenos habían robado en otro tiempo a diversas princesas e incluso a *Hesione*, su propia hermana.

Regresaron los embajadores con la negativa del rey troyano, lo cual significaba la declaración inmediata de la guerra. Agamenón había conseguido reunir una extraordinaria flota para transportar un formidable ejército, al frente del cual iban los príncipes de toda Grecia, incluso dos de los más reticentes: Ulises y Aquiles.

Ulises, llamado también Odiseo, rey de la isla de Ítaca bañada por el mar Jónico, estaba casado con la dulce *Penélope,* que le había dado un niño que a la sazón era todavía de corta edad: *Telémaco*. Pasaba por ser el hombre más sagaz e inteligente de toda Grecia y no quería abandonar a su familia para rescatar nada menos que a una mujer infiel. Agamenón le envió un emisario para que acudiera a su llamada. Al saber Ulises que lo andaban buscando, simuló haber perdido la razón y con ropa de campesino fingió sembrar sal en lugar de trigo. Pero el emisario, que también era astuto, no se tragó el anzuelo. Cogió al pequeño Telémaco y lo colocó delante de la reja del arado de su padre. Al constatar el peligro inminente en que se hallaba su hijo, Odiseo no tuvo más remedio que girar la reja del arado salvando así a Telémaco de una muerte cierta, pero demostrando a su vez que estaba bien cuerdo. Como el juramento era sagrado, Ulises, refunfuñando, tuvo que seguir al mensajero.

Aquiles, por su parte, era hijo de Peleo, rey de un pequeño estado de Tesalia, y de la nereida Tetis, cuya negligencia al no invitar a la Discordia al casamiento había provocado la cólera de ésta. Cuando nació Aquiles, su madre lo sumergió en la laguna Estigia, haciéndolo invulnerable, salvo en la parte por donde lo había sostenido, el talón (idea que en la Mitología germánica se expondrá haciendo invulnerable a Sigfrido tras bañarse en la laguna sagrada, pero al secarse el sol, una hoja desprendida de un árbol se posó en su espalda, perdiendo en aquel lugar sus propiedades inmortales). La nereida sabía que si su hijo iba a la expedición perecería. Por ello lo disfrazó de mujer y lo envió a la corte del rey Licomedes, el asesino de Teseo. Agamenón encargó a Ulises que averiguara donde se hallaba escondido. Habiendo sabido que Aquiles se escondía allí, Ulises se disfrazó de mercader ambulante y se presentó en aquella corte. Todas las mujeres y muchachas quisieron comprar al improvisado vendedor muñecas, cosméticos y abalorios femeninos, mientras que Aquiles reparó despreocupado en unas espadas y puñales que el astuto Odiseo había ocultado entre las chucherías propias del bello sexo. Entonces Ulises descubrió quién era la supuesta damita y no le costó gran esfuerzo convencer al héroe de que debía incorporarse a la flota helénica.

Homero hace ascender la flota griega a mil setenta navíos. El ejército de desembarco se componía, según el propio historiador Tucídides, de setenta y cinco mil combatientes. Agamenón, el caudillo supremo, era rey de Micenas, Sicione, Corinto y otras ciudades, y se tenía por el más rico de todos los soberanos griegos.

En la *Ilíada* se nos ofrece una lista de todos los pueblos helénicos que intervinieron en la contienda. Son los siguientes: los arcadios, atenienses, argivos, beocios, cretenses, espartanos, etolios, eubeos, foceos, los de Ítaca, Megara y Salamina, los locrios, mesenios, mirmidones, tesalios, etcétera.

Por lo que respecta a los troyanos, contaron con los aliados y auxiliares que se relacionan a continuación, algunos de ellos plenamente mítico-legendarios: abantes, amazonas, ciconios, dardanios, frigios, licios, misios, pelasgos, persas, etíopes, tracios, etcétera.

Los propios dioses se dividieron en dos bandos, sin que Zeus pudiera ponerlos de acuerdo porque la diosa Discordia había sembrado incluso entre ellos la cizaña de la desavenencia. Poseidón, Hera y Atenea (lógicamente estas dos últimas diosas fueron las postergadas por Paris) ayudaron a los griegos. Los troyanos únicamente tuvieron la protección especial y constante de Afrodita (en esto fue agradecida) y la ocasional de Ares y Apolo. Zeus, que al principio demostró predilección por Héctor, hijo de Príamo y hermano de Paris, el más valiente y más humano de los caudillos troyanos, abandonó después a la odiada ciudad a su propia suerte para que se cumpliera su fatal destino.

La flota griega en Áulide: sacrificio de Ifigenia

La flota se reunió en el puerto de Áulide y aguardó los vientos favorables para atravesar el Helesponto. Pero los dioses no se mostraron favorables con sus deseos. Los soldados griegos comenzaron a impacientarse y en algunos de ellos cundió el desánimo, hasta el punto de pretender abandonar la empresa. Consultado el adivino *Calcante*, éste, tras hacerlo a su vez al Oráculo, manifestó que la diosa Artemis se hallaba ofendida con el rey argivo por haberla querido emular en la caza matando a una liebre consagrada a ella y no haberle ofrecido sacrificios. La única forma de que soplara el viento favorable hasta Troya sería apaciguar a la diosa con el sacrificio de *Ifigenia*, nada menos que la propia hija de Agamenón.

Este holocausto pareció horroroso a todos los griegos y Agamenón rechazó rotundamente la idea. Sin embargo, finalmente terminó por ceder, a instancias sobre todo de su hermano Menelao y al comprender, tanto él como los demás príncipes, de que no había más remedio que acatar el Oráculo. Mandó en busca de su queridísima hija y, con abundantes lágrimas en los ojos, escribió a su mujer, *Clitemnestra*, hermana «humana» de Helena, que ya tenía preparado un próspero matrimonio para su hija con Aquiles, advirtiéndole que este requerimiento era para celebrar sus esponsales con el héroe griego antes de partir para Troya. Pero cuando llegó engañada, la joven fue conducida al altar para sacrificarla. En el instante supremo del cruel martirio, Artemis, compadecida, sustituyó a la doncella por una cervatilla (¿un sacrificio de Isaac en versión mitológica?). Ifigenia fue llevada a Táuride (actual península de Crimea), en donde la diosa la convirtió en su sacerdotisa. Paralelamente, el viento se hizo favorable y la flota griega pudo zarpar rumbo a su destino.

Comienza la batalla por Troya

Cuando la enorme flota griega arribó a las playas de Troya, advirtieron pronto que sus enemigos eran lo suficientemente valientes para salir a campo descubierto y arrojarles de la playa en cuanto desembarcaran, sin necesidad de resguardarse de los poderosos muros de la ciudad. Capital de un riquísimo reino, gracias al peaje que hacía pagar a todos los barcos que a través del Helesponto (hoy estrecho de los Dardanelos) se dirigían a los países que bordeaban el Ponto Euxino (Mar Negro), Troya desafiaba altiva el paso de los tiempos.

Así pues, los griegos no se atrevían a saltar de sus naves a tierra. Por otra parte, temían la predicción del Oráculo de que el primero que pusiera los pies en tierra sería el primero en perder la vida. Por fin *Protesilao* se ofreció voluntariamente al sacrificio; se lanzó con fiero ademán hacia la playa y pronto una lanza troyana le atravesó. Ello fue la señal de un feroz combate entablado entre unos y otros en el que todos rivalizaron en prodigios de valor. Este primer combate se saldó en tablas. Entonces los sitiados se retiraron tras sus fortificaciones y los sitiadores organizaron el campamento de asalto, construyendo en su torno elevadas trincheras.

Los griegos concedieron a Protesilao honores divinos y los inmortales también reconocieron su valor. Premiaron su acción enviando a Hermes a los Infiernos, con el fin de que lo sacara de allí para que viera por última vez a su mujer, *Laodamia*. Ésta se resistió a perderlo para siempre y, tras la despedida, se suicidó a fin de poder acompañarle al reino de las sombras.

Una vez más los Oráculos no se equivocaron, puesto que habían vaticinado que la guerra duraría diez años y tras los primeros combates la lucha se estabilizó por uno y otro bando. Bien que los sitiadores sometieron muchas poblaciones aliadas de los troyanos, obligándolas a suministrarles alimentos. Sin embargo, aparte de estas acciones, poco más: emboscadas, golpes de mano... El campamento se emplazó junto a la orilla del mar, resguardado por el promontorio Sigeo y protegidas las naves por una fuerte muralla. Durante nueve años los griegos casi construyeron otra ciudad, aguardando el asalto decisivo.

La cólera de Aquiles

Al cumplirse el décimo año de las hostilidades, éstas habían entrado en su fase crucial y Troya se hubiera rendido muy pronto al faltarles agua y provisiones, además de desesperar ya de una posible ayuda exterior. Pero entonces en el campo *aqueo* (nombre que la *Ilíada* hace sinónimo de griego) estalló la discordia, una vez más provocada por una mujer. Sucedió que los griegos habían hecho prisionera a la bella *Criseida*, hija del sacerdote troyano de Apolo, *Crises*. Agamenón, lleno de soberbia, esgrimió el derecho que le apoyaba como caudillo supremo y se quedó a la joven como botín. Pronto se presentó el anciano sacerdote ante el campamento aqueo, solicitando la devolución de su hija, único sostén de su vejez. Agamenón rechazó desabridamente tal súplica. Crises invocó entonces a Apolo y le pidió reparación por el ultraje. *El Flechador* atendió las súplicas de su ministro y desde lo alto empezó a disparar sus flechas ardientes, que diezmaron el ejército griego. Al no poder enterrar éstos los cadáveres con la celeridad requerida, se extendió la peste por el campamento sitiador y las piras funerarias ardían sin descanso.

Por consejo de Aquiles se reunieron los jefes aqueos en asamblea. Convocaron también al divino Calcante y le interrogaron sobre el origen de la cólera de Apolo. El sacerdote expuso su temor en confesarla, a menos que Aquiles no garantizara su seguridad. El hijo de Tetis aceptó, no sin argumentar «que no le importaba que el acusado fuera el propio Agamenón». Palabras que calaron muy hondo entre los reunidos, puesto que todos conocían a fondo el asunto de Criseida, pero no se atrevían a manifestarlo.

Seguro de sí mismo, Calcante afirmó que el mal sólo desaparecería si Criseida era devuelta a su padre. Todos los jefes le apoyaron y Agamenón se vio obligado a ceder a regañadientes. Volviéndose amenazador hacia Aquiles, le desafió: «Está bien, yo perderé a Criseida, pero como se halla en juego mi honor, deseo que otra la sustituya».

Al tiempo que Criseida marchaba hacia Troya para reunirse con su amado padre, Agamenón enviaba dos esbirros a la tienda de Aquiles, a quien consideraba el responsable de su derrota moral, con órdenes de llevarse a Briseida, hermosa esclava al servicio del hijo de Tetis y de la que éste se había enamorado. Aquiles les tranquilizó, manifestándoles que ellos no eran responsables de la tropelía que iban a cometer llevándose a la esclava, pero que haría pagar caro a Agamenón su atrevimiento.

Los esbirros cumplieron el mandato de Agamenón y Aquiles, a partir de entonces, se encerró en su tienda y se negó a participar en la lucha. Seguro de su fuerza, sabía que sin su intervención Troya terminaría venciendo. Su propia madre, Tetis, le espoleó en esta decisión, como único camino para intentar salvar el hado adverso que planeaba sobre su hijo; a requerimiento de éste se presentó ante Zeus, a fin de que otorgara la protección a los troyanos. El padre de los dioses consintió, pero hasta cierto punto: temía la cólera de su esposa Hera, volcada hacia los griegos, y aparentaba siempre mostrarse neutral porque debía dar ejemplo como árbitro del Universo.

Durante los meses y meses que duró la inactividad de Aquiles en su tienda, los combates entre griegos y troyanos se sucedieron, llevando estos últimos la mejor parte. En cierta ocasión, después de haber luchado con ardor por uno y otro lado, de pronto los dos ejércitos se replegaron y quedaron frente a frente en un espacio entrambos los dos únicos rivales que habían suscitado el problema: Paris, aunque antaño siempre había demostrado su valor, había terminado por ser conquistado por la vida muelle y regalada que sus múltiples «conquistas» le habían proporcionado y poco le quedaba de la virilidad de otro tiempo. Su hermano, el valiente Héctor, el héroe troyano más importante, le reprochó su conducta y Paris no tuvo más remedio que combatir. Desde lo alto de las almenas de la ciudadela troyana el anciano rey Príamo contemplaba con angustia la escena, le acompañaba la disputada Helena, que a pesar de todo había terminado por hacer exclamar: «¡Bien vale la pena luchar por ella, su rostro es como el de una diosa!»

Paris lanzó su lanza, pero Menelao la detuvo con su escudo. Éste a su vez lanzó la suya, que desgarró la cota de malla de su adversario, pero sin herirle. Acto seguido sacó su espada con tanta furia que resquebrajó su empuñadura. Lleno de rabia se arrojó sobre Paris con el propósito de arrastrarle triunfante hasta sus líneas. Pero entonces intervino Afrodita y salvó a su protegido, llevándoselo hasta Troya escondido en una nube.

Ambos ejércitos convinieron, por huida de Paris, que Menelao era el vencedor; y los troyanos hubieran llegado hasta devolver a Helena, de no ser porque en el interior de Hera anidaba el deseo de que la guerra no terminara sino con la destrucción de Troya, por eso persuadió a Atenea para que pusiera nerviosos a los troyanos. Un soldado de su ejército no pudo más y disparó una flecha sobre Menelao, que sólo le hizo un rasguño. Sin embargo, la improvisada tregua quedó rota y la guerra continuó.

Los troyanos a punto de vencer a los griegos: muerte de Patroclo

De nada sirvió que, en ausencia de Aquiles, Ayax Telamón y Diomedes multiplicaran el esfuerzo griego contra los troyanos. Afrodita acudió en ayuda de su hijo *Eneas*, hijo adoptivo de Príamo, cuando éste —el más valiente troyano después de Héctor— estuvo a punto de perecer ante la acometida de *Diomedes*, quien llegó a herir a la diosa. Afrodita abandonó a su hijo y se refugió en el Olimpo, provocando el regocijo de Zeus, que le manifestó que su puesto no estaba en el campo de batalla sino en lugares más íntimos y quizá más pacíficos. Apolo sustituyó a la diosa del amor en la misión de salvar a Eneas y se lo llevó en una nube hasta la ciudad de Pérgamo (Asia Menor), en donde la hermana del dios, Artemis, le curó la herida. Eneas no podía morir porque el destino le había reservado que de su estirpe nacerían Rómulo y Remo, fundadores de la gloriosa ciudad de Roma.

Hecho un jabato, Diomedes se creció y, animado por Hera, hirió esta segunda vez nada menos que al dios de la guerra Ares. La propia Atenea guió la lanza del héroe. El dios de la guerra tuvo que abandonar así el campo de batalla. Pero entonces Zeus recordó que había prometido a Tetis vengar el ultraje que los griegos habían infligido a Aquiles y se inclinó por ayudar a los troyanos. Héctor, con esta ayuda divina, se creció y los aqueos hubieron de refugiarse tras sus naves.

Los griegos se reunieron en asamblea y Agamenón fue del parecer de regresar a Grecia, Ulises le espetó diciéndole que en lugar de pensar en semejante retirada vergonzosa lo que debía hacer es hallar el modo de deponer la cólera de Aquiles, puesto que con él no hubieran sido derrotados. Agamenón se arrepintió y prometió que devolvería a la dulce Briseida a Aquiles, y ordenó a Ulises que transmitiera al hijo de Tetis su decisión.

Aquiles se encontraba a la sazón platicando con su amigo íntimo *Patroclo*, cuando llegó Ulises y le explicó el objeto de su visita. No se fió de las promesas de Agamenón y no depuso su cólera, al contrario, aunque atendió bien a Ulises y le contó que se hallaba haciendo los preparativos para el regreso, y recomendaba a los griegos que hicieran otro tanto.

Los aqueos rechazaron por unanimidad el consejo de Aquiles, pero a pesar del denuedo que pusieron de nuevo en el combate, la victoria fue otra vez troyana. Hera no lo podía consentir y, tras robar el famoso cinturón a Afrodita, apartó a Zeus de la lucha, distrayéndolo en sus brazos. Harto de amor, el padre de los dioses reparó en que todo había sido una añagaza de su esposa y se encolerizó contra ella. Hera acusó a Posidón de haber sido el artífice de la victoria momentánea de los griegos. Zeus, que en el fondo quería a su esposa, respiró al no tenerla que castigar y ordenó a Iris que marchara hasta donde se hallaba el dios marino y le comunicara la necesidad de que se retirara de aquel lugar para que se cumplieran sus deseos.

Héctor sintió de nuevo que los dioses se hallaban con él y redobló la lucha, dirigiendo el contraataque troyano, y los griegos retrocedieron hasta donde se hallaban sus naves. Patroclo corrió hacia la tienda de su amigo y solicitó a Aquiles que depusiera su cólera y saliera para defender el campamento aqueo, que en aquel momento estaban saqueando los enemigos. Era imposible que permaneciera inerme ante la matanza. En vista de la negativa del hijo de Tetis, Patroclo le solicitó por lo menos que le dejara vestir su armadura. Quizás así los troyanos creerían que él había regresado al combate, y antes de que se repusieran de la sorpresa podrían organizar la defensa. A esto sí que consintió su amigo: «Toma mi armadura —le dijo— y al frente de mis hombres defiende las naves, porque sino estamos perdidos. Yo no lo puedo hacer porque mi honor no me lo permite».

De momento, las cosas salen como pensaba Patroclo. Al aparecer en la línea de combate con la armadura de su amigo, los troyanos le tomaron por el mismísimo Aquiles y retrocedieron. Patroclo se comportó tan valerosamente como podía hacerlo el hijo de Peleo. Pero de pronto se encontró frente a frente con Héctor y el Destino le fue adverso. La lanza de su mortal enemigo le atravesó de parte a parte y el Hades tuvo enseguida un nuevo huésped. La pérdida de Sarpedón del lado troyano, a manos de Patroclo, se saldaba con la muerte de éste por Héctor.

Aquiles venga la muerte de Patroclo matando a Héctor

Cuando las sombras de la noche ganaron la batalla a la luz el combate tocó también a su fin. Aquiles aguardaba en su tienda el regreso de su amigo, con nerviosismo y un negro presentimiento. Cuando le comunicaron la muerte de Patroclo su dolor no tuvo límites. Su primera intención fue quitarse la vida para seguir a su amigo del alma. Su madre acudió presurosa a consolarle. Aquiles se tranquilizó al fin y entonces le manifestó: «Vengaré a Patroclo o pereceré en el intento». Tetis le recordó que si así lo hacía encontraría él mismo la muerte. Aquiles concluyó: «Sea, ya que yo no he sabido defender a mi amigo en el momento preciso».

De esta forma, la famosa cólera de Aquiles contra Agamenón, elemento fundamental de la *Ilíada*, se transformó en ira desatada contra Héctor. No pudiendo hacerle cambiar de parecer, Tetis trajo a su hijo nuevas armas, casco y coraza fabricados por el propio Hefesto, y lleno de satisfacción Aquiles se las vistió rápidamente.

Salió al campo de batalla al frente de sus mirmidones y en el corazón de los griegos brilló de nuevo un rayo de esperanza. La aparición del héroe aqueo cambió el signo de la lucha, que se había inclinado de forma tan favorable para los troyanos. La retirada de éstos se convirtió en desbandada general y el campo quedó cubierto de cadáveres de ambos lados. Troya abrió sus pesadas puertas pensando que acogería el regreso de sus soldados victoriosos y en cambió tuvo que rendirse ante la evidencia de la derrota.

Sólo Héctor no quiso resguardarse ante la acometida aquea y decidió retar en encuentro singular al héroe griego, a sabiendas de que quizás éste sería el postrer combate de su vida.

La última despedida de su mujer *Andrómaca* y de su hijo, todavía de corta edad, *Astinacte*, alcanzaron unos grados de patetismo inigualables. Al llegarle a aquélla la noticia de que los suyos se retiraban derrotados, se llegó con el niño hasta Héctor con la ilusoria esperanza de retenerlo a su lado: «Quédate con nosotros —le suplicó—, no nos conviertas en una viuda y un huérfano». Con extraordinaria dulzura no exenta de energía, éste la apartó, mientras intentaba convencerla que por su honor debía dar ejemplo a sus soldados y no podía mostrar ninguna señal de flaqueza; lo único que le turbaba era dejarlos en aquel estado si el Destino tenía que llevárselo pronto al Hades. Abrazó a Andrómaca y, al ir a hacer lo propio con Astinacte, éste tuvo miedo y rompió a llorar, por lo que su padre hubo de quitarse el esbelto casco para que pudiera reconocerle. Finalmente tomó al niño en sus brazos y elevándolo hasta el cielo, imploró: «¡Oh Zeus! ¡Qué en el futuro puedan los hombres decir de este hijo mío cuando vuelva de las batallas: Todavía es más valiente que su padre!»

Andrómaca recogió al niño devuelto por su esposo y, con los ojos arrasados en lágrimas, apretó una vez más la mano del que tanto había amado. Héctor, presintiendo la más negra fatalidad, quiso disipar su congoja con estas últimas palabras: «Amada mía, es el Destino que lo rige todo el que nos tiene en sus manos, ningún hombre podrá matarme sino ha llegado mi hora». Dicho esto, caló de nuevo el casco y marchó valiente a la línea de combate. Andrómaca y el niño se retiraron a sus habitaciones de palacio sin dejar de gemir desconsoladamente.

Desgraciadamente para Héctor, el Destino había dispuesto ya la derrota del troyano y su muerte a manos de Aquiles. Los dos caudillos se encontraron por fin frente a frente. Entonces los dioses se reunieron convocados por Zeus para decidir la suerte de ambos contendientes. El padre de los dioses se levantó y, extendiendo una balanza de oro, puso en los platillos dos pesas: una para Héctor y otra para Aquiles; luego, cogiendo la balanza por el fiel, observó que el platillo de Héctor descendía hacia el Hades, mientras que el de Aquiles subía, con lo que la suerte estaba echada.

Al contemplar aquel resultado, Apolo, muy a pesar suyo, no tuvo más remedio que abandonar a su protegido, y en cambio Atenea corrió gozosa a situarse al lado de Aquiles. Al comprobar la prestancia de su adversario y la gallardía de quien le acompañaba, Héctor comprendió que los dioses le habían dejado solo. Por primera vez en su vida una sensación de temor se apoderó de sus entrañas más íntimas. Volvió la espalda y emprendió la fuga. Tres vueltas dio al circuito amurallado de Troya, perseguido siempre por su tenaz enemigo. De pronto, una fuerza sobrenatural frenó la carrera del caudillo troyano, que se dispuso a vender cara su vida, suplicando a Aquiles que si acaso cayera muerto en la lucha su cuerpo fuera respetado por su adversario, prometiendo él hacer otro tanto si el resultado del combate le era favorable. Aquiles rechazó el trato, porque la virtud de la generosidad no era en él una cualidad destacada.

No bien había terminado de manifestar su negativa, cuando el Pélida (es decir, el hijo de Peleo) arrojó con furia su lanza, Héctor dobló la rodilla y el proyectil pasó volando sobre su cabeza. Atenea lo recogió y se lo devolvió a su aliado. Héctor a su vez arrojó su lanza y ésta golpeó con fuerza el centro del escudo de Aquiles, pero como las armas del griego estaban forjadas por Hades eran invulnerables. Ambos contendientes desenvainaron sus espadas y se embistieron con denuedo. Héctor se hallaba protegido por la antigua armadura de Aquiles, lo que hacía muy difícil poder herirle con arma corta. El Pélida lo comprendió y tras separarse de un primer embiste cuando Héctor se arrojaba de nuevo contra él, cogió la lanza recuperada por Atenea y logró clavársela al troyano por una pequeña juntura que existía entre el casco y la armadura, atravesándole así la garganta.

El júbilo de Aquiles en aquel momento fue extraordinario y gritaba como un poseso, anunciando que daría el cadáver de Héctor a los perros como compensación a la muerte de su amigo Patroclo. El troyano agonizante respondía suplicando que fuera devuelto a su ciudad natal para que le fueran rendidos honores fúnebres. Finalmente su alma marchó hacia el Hades y hasta los dioses lamentaron su destino, pues reconocían que había sido un digno rival de su adversario y quizás en grandeza humana hasta incluso le había superado.

Funerales de Patroclo y de Héctor

El vencedor Aquiles despojó a Héctor de su armadura y de sus armas, ató sus pies con dos cordones de cuero que unció a su carro y dirigió los corceles hacia las murallas de Troya, ante cuyo recinto dio de nuevo tres vueltas. No contento con esta venganza, ordenó que el cuerpo de su noble enemigo fuera privado de los honores de la sepultura y abandonado a los buitres. Los gritos de dolor de Príamo y Hécuba ante la muerte de su hijo, así como los de su mujer Andrómaca e igualmente de todos los troyanos, atronaron sin cesar el escenario, mas todavía sabiendo la suerte que el vencedor disponía a su cadáver.

Paralelamente, en el Olimpo continuaba reinando la Discordia. Excepto para Hera, Atenea y Posidón, el maltrato infligido a los restos de Héctor por Aquiles era del desagrado de los Inmortales y sobre todo del de Zeus, que por encima de todos debía mostrarse justo y generoso. Así pues envió a Iris a Troya para que recomendara a Príamo que se presentara ante Aquiles con un carro repleto de magníficos tesoros y con humildad le solicitara el cuerpo de su hijo.

Representación de Aquiles en un vaso griego

Príamo, lleno de desesperación, pero atendiendo al consejo de la diosa, salió por la famosa puerta Escea de Troya y en presencia de Aquiles se arrojó a sus pies suplicante. De momento Aquiles, «se hizo el duro» y fingió no sólo no atender a su demanda sino que, dirigiéndose hacia donde se hallaban los barcos y su campamento, preparó la pira que había de consumir el cadáver de su amigo Patroclo y organizó unos solemnes funerales para éste, así como los juegos fúnebres que debían conmemorar su muerte.

Poco a poco las palabras del viejo troyano fueron ablandando el duro corazón del Pélida, hasta que éste, aconsejado por las voces de los dioses que resonaban en su interior, abrazó a Príamo y le tributó los honores de su rango, al tiempo que ordenaba que ungieran los restos de su hasta hacía poco encarnizado, pero noble adversario, le vistieran con un digno vestido y de esta forma lo entregaran a su padre, conviniendo griegos y troyanos una tregua para que celebraran ambos sendos funerales por Patroclo y Héctor.

El cadáver de Héctor volvió a Troya y hubo lamentaciones durante nueve días, finalmente fue incinerado, recogieron sus huesos calcinados y los depositaron en un sudario púrpura dentro de una urna de oro que encerraron en una magnífica tumba. Así concluye la *Ilíada*, pero la guerra continuó...

Aquiles vence a la amazona Pentesilea

Lo que sucedió tras la muerte de Héctor hay que reconstruirlo a través de las leyendas héroicas más o menos fragmentadas conservadas, de los *flash-back* que realiza la *Odisea*, de las tragedias de *Sófocles* y de *Eurípides* y del magno poema latino la *Eneida,* del escritor *Virgilio* (siglo I a.C.), que en cierto modo pretende continuar el relato de las dos grandes obras griegas atribuidas a Homero.

Cuando los troyanos se hallaban más deprimidos por la desaparición de su principal caudillo, les llegó una ayuda inesperada: la de *Pentesilea*, reina de las Amazonas, que iba al mando de un ejército de hermosísimas doncellas. Pentesilea era nada menos que hija de Ares, el dios guerrero, y había jurado no descansar hasta dar muerte a Aquiles. Príamo la atendió debidamente y hasta alegró su semblante con su presencia.

Pentesilea y su hueste dejaron muchos cadáveres griegos en la arena hasta que un día el propio Aquiles se enfrentó con ella. El héroe le clavó su lanza invencible en su único seno y le produjo la muerte de forma instantánea. Los troyanos, al contemplar a su aliada muerta, se volvieron a retirarse al interior de la ciudad. El dolor de Ares ante el cadáver de su hija fue inmenso y muy mal lo hubieran pasado los griegos de no ser por la voz de Zeus, su padre, que en medio de una horrible tempestad ordenó al dios de la guerra que se retirara.

Se cuenta que Aquiles, ante su rival muerta, la vio tan hermosa que se enamoró de ella. Un tal *Tersite* se burló de esta pasión y Aquiles lo mató a puñetazos, ya que su cólera no tenía límites. Esta vez sí que el Pélida no se hizo rogar, cuando Príamo le envió una embajada para recoger el cadáver de la infortunada doncella. Pentesilea fue enterrada en la tumba del rey Laomedonte y con ella doce compañeras suyas que habían perecido en el combate

Muerte de Aquiles

Después de esta derrota, los troyanos quedaron tan desmoralizados que pensaron evacuar la ciudad y resistir en otros lugares más seguros, menos localizables. Príamo anunció entonces la llegada de su sobrino *Memnón*, príncipe de Antioquía e hijo de la diosa Aurora, con un poderoso ejército. Llegó Memnón y los griegos volvieron a ser rechazados, perdiendo hombres tan cualificados como *Antíloco*, hijo del prudente *Néstor*. Pero Memnón terminó por caer bajo las invencibles armas de Aquiles. Sin embargo, ésta fue la última victoria del héroe. El Destino quiso que cuando Aquiles perseguía a los troyanos hasta las mismas puertas de la ciudad, una flecha disparada por Paris y guiada por Apolo, su tenaz enemigo, le alcanzara en el talón, su único punto invulnerable. Un estremecimiento recorrió su cuerpo hasta que cayó al suelo; se arrancó entonces la flecha de la herida incurable y aún pudo matar a otros troyanos hasta que quedó inmóvil para siempre. Ayax Telamón retiró su cuerpo del campo de batalla y Ulises rechazó a los troyanos.

Los griegos celebraron solemnes honras fúnebres en honor de su mejor héroe y su madre, al oír los lamentos, acudió, formando sus lágrimas un verdadero río. Se cuenta que después de ser incinerado en la pira funeraria sus cenizas se mezclaron en la urna con las de su amigo Patroclo.

Muerte de Ayax Telamón

Tras la desaparición de su hijo, Tetis ofreció sus invulnerables armas al héroe griego más valeroso de los que todavía restaban vivos. *Ayax Telamón* y *Ulises* se disputaron la herencia, hasta que una asamblea decidió que fuera Ulises el agraciado por un voto de diferencia. Ayax se sintió ultrajado y su desesperación le llevó a la locura. Comenzó a correr enloquecido por el campo de batalla matando a carneros y cabras, en la convicción de que se hallaba degollando a Agamenón, Menelao (cuyos votos creía, no sin fundamento, que habían ido a parar a Ulises) y el propio Odiseo. Una vez vuelto a su sano juicio y al calibrar la burla que recibiría de sus compañeros, se arrojó sobre su espada, regalo del propio Héctor por su valentía cuando, después de combatir ambos en otra ocasión ardorosamente, decidieron por consejo de los dioses declarar tablas la lucha. Agamenón, al saber el desgraciado fin, no quiso que se le concediera sepultura por ser un suicida. Pero Ulises, que mientras vivía había sido un noble rival, condescendió, con lo que su pira fue casi tan grande como la de Aquiles, ya que quizá había sido después del Pélida el caudillo que más ardorosamente había combatido por la causa griega.

El caballo de Troya: destrucción de la ciudad

Con la muerte de Ayax, tan cercana a la de Aquiles, se alejaban las esperanzas de una fácil y próxima victoria griega. Calcante señaló que en Troya se hallaba un adivino que sabía cómo podría llegar el triunfo aqueo. Ulises consiguió apoderarse de él y éste les señaló que era ne*cesari*o apoderarse del arco y las flechas de Hércules, en poder del príncipe Filoctetes, el último compañero del gran héroe, antes de que sus restos mortales se consumieran en la pira funeraria. Filoctetes había sido mordido por una serpiente, que le había producido una herida al parecer incurable y cuya gangrena despedía un hedor insoportable. Durante el viaje hacia Troya los griegos decidieron abandonarlo en la isla de Lemnos, entonces deshabitada, aunque Jasón y sus Argonautas la habían encontrado poblada de mujeres. Ulises marchó a aquella isla con el encargo de traer las maravillosas armas. Tarea difícil porque Filoctetes, abandonado a su suerte, no iba a cedérselas así como así a los que habían decidido abandonarlo en la isla. Sin embargo Ulises, al que al parecer le acompañó, según unos *Neptolemo*, llamado también Pirro, hijo de Aquiles, según otros *Diomedes*, consiguió con engaño las flechas, el arco y el carcaj maravillosos. Pero entonces sintió lástima del desgraciado Filoctetes y se llevó con él a Troya, en donde un competente médico le curó.

La primera acción de Filoctetes en el combate fue herir sin remisión a Paris. Sus compañeros atendieron su ruego de llevarlo ante la ninfa Enone, que tanto había amado antes de su aventura con Helena. Según él, la ninfa conocía la forma de curarle. Pero Enone no quiso perdonarle que la hubiera abandonado y contempló su agonía junto a él. Después, arrepentida, se dio muerte.

Otra predicción afirmó que la suerte de Troya dependía tan sólo de apoderarse de una estatua de la diosa Atenea, denominada el *Palladio*, que los troyanos guardaban celosamente. Ulises y Diomedes, disfrazados, dieron un golpe de mano y se apoderaron de la codiciada estatua, pero el final de la guerra no se precipitó.

Finalizaba el décimo año, el año de la derrota troyana según el Oráculo, pero Troya seguía en pie y sus defensores no se mostraban amilanados, puesto que si habían perdido grandes caudillos a sus adversarios les había sucedido otro tanto. Cansados los griegos de sostener un asedio tan largo y de ver morir a su gente en ataques tan infructuosos y quizá desconfiando de promesas divinas, apelaron a una estratagema. Este ardid fue obra del sagaz Ulises, quien dijo que se lo inspiró Atenea, diosa de la sabiduría y patrona de la futura Atenas. Este decisivo episodio en la historia de la guerra es narrado con toda profusión de detalles por el poeta romano Virgilio en la *Eneida*. Veamos su relato:

«Construyen los griegos por arte divino de Minerva (la Atenea romana) un caballo grande como un monte, cuyos costados con tablas de abeto ajustadas perfectamente y divulgando la noticia de que aquello es un voto para alcanzar un feliz regreso, consiguen que así se crea. Allí, en aquellos tenebrosos senos, ocultan con gran sigilo la flor de los guerreros designados al efecto por la suerte, y en un instante llenan de gente armada las hondas cavidades y el vientre de la gran máquina.

»Hay a corta distancia de Troya una isla llamada Tenedos, muy afamada y opulenta cuando estaban florecientes los dominios de Príamo y hoy reducidos a una ensenada, fondeadero poco seguro para los buques. Hacia allí se dirigen las naves griegas, después de haber sido levantado con gran estrépito el campamento, y allí se ocultan en la playa desierta mientras creen los troyanos que sus enemigos han dejado el campo libre y levantado definitivamente el sitio. Con esta noticia vuelve la tranquilidad a Troya; se abren las puertas; para todos es un placer salir de la ciudad y ver los campamentos de los griegos, los sitios ya libres de enemigos y la playa abandonada.»

Erguida ante la puerta de la ciudad se hallaba la enorme silueta de un caballo que nadie había visto antes, aparición tan extraña como terrorífica; su mutismo e inmovilidad sobrecogían el ánimo. El silencio más absoluto lo rodeaba. Los troyanos lo inspeccionan y entonces descubren al griego Sinón, que había quedado en el campo. Presentado ante Príamo, cuenta que el Oráculo había dicho a los griegos que si querían regresar sanos y salvos, debían de escoger una víctima para el sacrificio que borrara el realizado con Ifigenia. El elegido había sido él, pero se había escondido para evitar ser inmolado. Por otra parte, la diosa Atenea se hallaba encolerizada por el robo del Palladio y los griegos, para aplacarla, habían construido aquel gigantesco caballo para impedir que lo introdujeran. Si los troyanos lo destruían en la playa la cólera divina cambiaría de signo.

La historia estaba tan bien amañada que los ingenuos troyanos se la creyeron a pies juntillas. De nada sirvió que *Casandra*, hija de Príamo, recorriera las calles de la ciudad con lágrimas en los ojos y mesándose los cabellos, profetizando la ruina de Troya si se dejaba entrar al caballo. También hicieron oídos sordos de *Laocoonte*, el sumo sacerdote de Posidón, que se opuso con enérgicos acentos a la introducción del caballo funesto. Todo fue inútil: el Destino había decidido ya la destrucción de Troya y Atenea envió unas serpientes espantosas que terminaron con Laocoonte y sus hijos, tal como nos muestra con espantoso realismo el grupo escultórico que se guarda actualmente en el Museo Vaticano, obra de los escultores de la Escuela de Rodas helenística, Agesandro y sus dos hijos, Poliodoro y Atenodoro (siglo II a.C.).

Convencidos de que la entrada del caballo les atraería la protección de Atenea, los troyanos se apresuraron a destruir un trozo de muralla para que el enorme armatoste de madera pudiera pasar con facilidad. Hecho esto lo arrastraron hasta el templo de la diosa de la Sabiduría. A continuación se apresuraron a celebrar lo que ellos creían que era la victoria final con festines y danzas, por lo que acabaron vencidos por la fatiga y el sueño.

Entretanto y a favor de la oscuridad de la noche, las naves griegas habían abandonado la isla de Tenedos y llegaron hasta la ribera próxima a Troya. Los troyanos se hallaban entregados al más dulce de los descansos, bien ajenos a los que estaba sucediendo. Entonces Sinón, que inexplicablemente había quedado en libertad, sin ser vigilado por si acaso, se acercó al caballo y dio la señal convenida. Inmediatamente se abrió la disimulada portezuela de debajo del vientre del animal y descendieron de su interior los trescientos soldados al mando de Ulises y Pirro, que allí se habían escondido. Acto seguido dieron muerte a la confiada guardia y abrieron las grandes puertas de la ciudad al grueso del ejército griego que ya se hallaba esperando en formación de combate, facilitando la penetración la brecha que se había abierto para que el caballo entrara sin dificultad.

En medio del horror y el espanto de los troyanos, que apenas podían tenerse en pie por efectos del sueño y el vino ingerido en el último banquete, los griegos —blandiendo antorchas— arrasaron y quemaron cuanto encontraron a su paso, no perdonando a nadie. Pirro, excitado por la muerte de su padre Aquiles, ordenó la muerte de Astinacte, hijo de Héctor y de Andrómaca, que fue lanzado desde lo alto de la muralla; tampoco respetó las canas de Príamo, pues le hundió la espada en el corazón en presencia de Hécuba, su esposa, y ante el altar de Zeus. Asimismo no se respetó la vida de Polite, último hijo de Príamo.

De esta forma, los griegos abusaron de su victoria y se hicieron odiosos a los mismos Inmortales. La profetisa Casandra, hija de Príamo, estuvo a punto de ser violada por el terrible Ayax el Menor, hijo de Oleo. La irritada Atenea castigó tal osadía sumergiendo la nave de Ayax cuando regresaba a su patria. Logró salvarse, pero entonces Ayax desafió a los dioses, alegando que había sido más fuerte que ellos. Posidón se encolerizó y hundió con un golpe de tridente la peña en donde el sacrílego, tras el naufragio, se había posado y lanzado la blasfemia.

La mayor parte de los troyanos fueron pues pasados a cuchillo, especialmente los hombres, niños y viejos; las mujeres, como era costumbre fueron respetadas, salvo las pobres, viejas y decrépitas; las demás, como Hécuba o Andrómaca, sirvieron como esclavas para el vencedor. La ciudad quedó convertida en un montón de cenizas. Así se cumplieron los destinos de Troya.

Pero no todo había perecido para la gran ciudad, además de entrar gloriosamente en la Historia, uno de sus caudillos, Eneas, logró salvarse con su familia y se refugió en lugar seguro. Cuando los griegos se marcharon, Eneas y los suyos embarcaron rumbo a las costas de Italia con el fin de fundar otra ciudad sucesora de Troya y con el unánime beneplácito de los dioses.

La verdera historia de la Guerra de Troya

Cuando las gentes creían que la Guerra de Troya era propia del mundo de la leyenda o de la fábula, en 1876 el alemán Henrich Schliemann, apasionado por la arqueología, descubrió en la colina de Hissarlik, en la costa de Asia Menor (actual Turquía) próxima a los Dardanelos, el asiento de la ciudad de Troya. En dicho lugar, se hallaron las ruinas de nueve ciudades superpuestas. Sin embargo, la destrucción definitiva de la urbe, que vigilaba la ruta del Ponto Euxino (Mar Negro) y hacía pagar peaje de paso, probablemente no sucedió hasta la entrada de los dorios en la historia en el siglo XII a.C., que provocaron la invasión de aquellas tierras por los pueblos tracofrigios, quizá los últimos asaltantes de la inexpugnable ciudad.

Se halla pues perfectamente comprobado que no existió una guerra de Troya, sino varias. Probablemente la provocada por los griegos (en la leyenda el motivo sería obra de un troyano) sería la más famosa, debido a quedar inmortalizada por los cantos épicos. Los griegos, al establecer sus colonias, chocarían con aquella próspera ciudad y se produciría el conflicto. ¿Sin embargo, por qué al móvil puramente económico-político no puede añadírsele el rapto de una mujer bellísima entre las bellísimas? ¿Es qué no dicen los franceses que a veces ante un enigma histórico hay que buscar una mujer detrás de todo ello?: «Cherchez la femme». ¿Por qué a los móviles políticos no pueden añadirse móviles sentimentales? Frecuentemente detrás de un hombre inteligente ha habido una mujer que lo ha alentado y sostenido. Rapto o seducción tanto da, pudo ser el pretexto inmediato para declarar la guerra.

La suerte que corrió Helena

Si sobre el nacimiento, juventud y trayectoria amorosa de Helena las versiones contradictorias se multiplican, lo propio sucede sobre los hijos y la suerte que corrió. Una de ellas habla que de Paris tuvo cuatro hijos y una hija. Homero nos la presenta durante el asedio, serena, altiva y pesarosa de las desgracias ocasionadas por su desliz, henchida de un instintivo desdén hacia Paris, cuya indecisión y cobardía contrastan con el valor y firmeza de Héctor. Cuando Paris muere por una de las flechas de Filoctetes, Helena se entrega a *Deifobo*, otro hijo de Príamo, tal vez en gratitud por haberla defendido siempre.

Sin embargo, cuando los griegos entraron en la ciudad poco importó a Helena traicionarle, condujo a los invasores hasta la habitación del infortunado hijo de Príamo y presenció impasible las horribles mutilaciones

Ruinas de la supuesta Troya Homérica

que le infligieron. ¿Miedo? ¿Remordimiento? Sea como fuere poco después escuchó la voz de Menelao, su «verdadero» esposo: «¿Dónde está esa infiel? ¿Dónde está esa cualquiera? ¡Afirmo que mi puñal ha de ser el primero que atraviese su pecho del que han gozado tantos!...» Cuando la tuvo delante, la mirada de la bella fundió el enojo en blandura, el puñal se desprendió de sus manos y el azorado corazón del ultrajado marido palpitó sobre el de la bella Helena: el perdón y el amor borró todo lo pasado.

Acerca de su muerte existen también varios relatos. Unos afirman que ambos esposos murieron al mismo tiempo y ascendieron al Olimpo. Otros, no tan «apoteósicos», sostienen que primero murió Menelao y que entonces fue arrojada del Peloponeso, como si se tratara de un mal público, huyendo de Rodas al lado de la reina *Polixo*, la cual aunque en principio la atendió cumplidamente, después ordenó que fuese ahogada en el baño y ahorcada, no sabemos si por envidia de la propia reina.

EL TRÁGICO REGRESO DE LOS HÉROES GRIEGOS TRAS LA GUERRA DE TROYA

La maldición de *Casandra* por haber profanado el templo de Atenea y haber atentado contra la persona de la sacerdotisa cayó sobre los principales caudillos griegos, haciendo que el regreso a sus respectivos países fuera un verdadero calvario, que frecuentemente terminó de forma trágica.

Casandra, una de las hijas del rey de Troya, Príamo, fue cortejada por el dios Apolo, que le otorgó el don de la profecía, pero Casandra no se dejó seducir por el dios y entonces éste, despechado, montó en cólera y como no podía arrebatarle el don concedido por aquello de que «lo que se da no se quita», aunque no lo dé un dios, hizo que nadie creyera los oráculos que la profetisa manifestaba. Éste fue el castigo infligido por Apolo por profetizar desgracias, por ejemplo, la caída de Troya y que sus conciudadanos no se lo creyeran.

Ya hemos explicado que mientras los griegos saqueaban la ciudad, Ayax el Menor arrancó a la profetisa del altar de Atenea y la arrastró por los suelos, intentando (o bien de hecho) propasarse con ella. Casandra se quejó a Atenea y ésta buscó a su vez la ayuda de Posidón, que aunque siempre había sido aliado de los griegos, en esta ocasión estaba harto de la forma como se habían comportado en el saqueo de la ciudad. Además Troya ya era un montón informe de ruinas y la venganza contra la ciudad ya había sido cumplida.

Posidón puso manos a la obra y los elementos se desencadenaron contra la flota griega, de regreso a sus puntos de partida. Agamanón perdió todas sus naves y cuando llegó a su patria fue asesinado por su mujer, *Clitemnestra*, quien casada primero con *Tántalo* (no con el Tántalo del famoso suplicio), lo hizo después con Agamenón. Nunca perdonó a éste que hubiera sacrificado a su hija Ifigenia a los dioses, por lo que al regreso de la guerra de Troya lo asesinó con la complicidad de su amante, *Egisto*. Los dos asesinos fueron castigados por *Orestes*, hijo de Agamenón y de Clitemnestra, a quien le ayuda también su hermana (e hija también de ambos) *Electra*.

Menelao fue arrastrado y desviado hasta Egipto, por donde vagó varios años junto con Helena antes de su definitivo regreso. Ya relatamos como el sacrílego Ayax el Menor se ahogó. Otro héroe que dio mucho que hablar fue Diomedes, compañero inseparable de Ulises en la mayoría de sus hazañas. El odio de Afrodita, a quien había herido, le persiguió. Espoleada por la diosa del amor, su mujer le fue infiel en su ausencia y Diomedes, avergonzado, anduvo errante por los mares hasta que se estableció en el sur de Italia (Magna Grecia). Según algunas versiones, murió feliz de vejez tras casarse con la hija de un reyezuelo indígena, mientras que otras dicen que su suegro lo asesinó por temor a que le desbancara.

Idomeneo, rey de Creta, hijo de Deucalión y nieto de Minos, condujo ochenta naves a Troya y se distinguió en el sitio por sus brillantes hazañas. De regreso a su patria, una horrible tempestad le puso en peligro de perecer. Entonces ofreció a Posidón, para que depusiera su cólera, sacrificarle el primer ser vivo que le recibiera al desembarcar en Creta. Quiso el hado adverso que el primero que acudió a abrazarle fue su propio hijo. Idomeneo le recibió emocionado, pero después cumplió la promesa y le sacrificó en honor del dios de las aguas. Sin embargo sus súbditos, indignados ante ese cruel proceder, le obligaron a expatriarse, cosa que realizó en la Magna Grecia (sur de Italia)

LA «ODISEA» DE ULISES TRAS LA GUERRA DE TROYA

La mayoría de los héroes que se habían librado de la terrible tempestad suscitada al regreso de la flota griega había regresado a sus hogares y en general el hado adverso se había cebado en ellos. Sólo quedaba Ulises u Odiseo, prisionero en los dominios de la ninfa *Calipso*, quien le prometía que lo haría inmortal si permanecía para siempre junto a ella. Pero Ulises recordaba a su fiel esposa Penélope, de la que estaba muy enamorado. Atenea que siempre había protegido al rey de Ítaca, porque su sagacidad e inteligencia lo hacían afín a ella, tuvo mucho disgusto cuando hubo de transigir ante el castigo de Posidón y no pudo hacer una excepción. Pero cuando ya habían transcurrido siete años de la destrucción de Troya, un día aprovechó una ausencia del dios de las Aguas para conseguir reunir el Consejo del Olimpo e inclinar a sus compañeros en ayuda del héroe, con el visto bueno del propio Zeus.

Hermes se llegó ante la ninfa y le transmitió el mensaje del Padre de los dioses. Calipso, muy a pesar suyo, cedió. Ulises se construyó una barca y se hizo a la mar. Pero habiendo sido descubierto por Posidón, que regresaba de viaje, éste le envió una tempestad tan fuerte que de seguro hubiera perecido de no ser por la propia ayuda de *Ino* o *Leucotea*, quien dándole su velo le dijo que envuelto en él podría nadar salvo hasta tierra. Como no tenía otra salida, Ulises siguió el consejo tras abandonar la balsa. Posidón redobló sus esfuerzos contra él, pero finalmente con el apoyo de Atenea nuestro héroe, agotado, hambriento y desnudo, arribó a una playa desconocida. Era el país de los Feacios, cuyo rey *Alcínoo* pasaba por ser muy hospitalario y tenía una dulce y hermosa hija llamada *Nausica*.

La mañana era radiante y Nausica había acudido a la playa con una se-

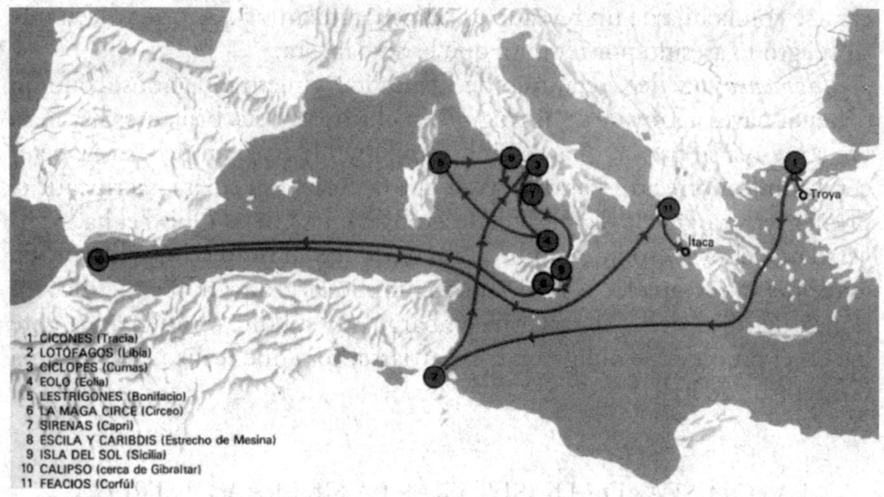

Mapa del supuesto itinerario de Ulises

rie de compañeras. Cuando descubrieron a Ulises, casi exánime, desnudo y rebozado con el lodo de la playa, las muchachas huyeron velozmente, excepto Nausica, a quien Atenea había infundido valor. Nausica disipó los temores de sus amigas y proporcionaron a Ulises, una vez aseado, vestiduras y alimentos. Después, pudorosa, Nausica le acompañó hasta el palacio de su padre. Antes de llegar, la doncella se quedó atrás para evitar habladurías y le aconsejó que ya en palacio procurara ganarse la estima de su madre, ya que era muy considerada por su abuelo y por sus sabias virtudes.

Así lo hizo Ulises y la reina le presentó de inmediato a su esposo. Éste ordenó que prepararan la habitación de los huéspedes para que Ulises pudiera reponer fuerzas y al día siguiente fue agasajado con una serie de juegos de destreza y gimnásticos, en los que el propio Ulises intervino y gracias al favor de Atenea consiguió triunfar de todas las pruebas. A ellas siguió el banquete en su honor, en presencia de la corte. En la sobremesa Ulises narró su aventura:

Comenzó por la salida de Troya y la horrible tempestad. Todas sus naves se hundieron excepto algunas, que al décimo día arribaron al país de los *Lotófagos*, comedores de la flor de loto, que hacía que se perdiera el deseo de volver a los hogares propios. Los compañeros de Ulises la probaron y al héroe le costó ímprobos esfuerzos arrastrar a sus compañeros y encadenarlos a las naves, ordenando con energía salir de allí.

La siguiente aventura fue el encuentro con el gigante *Polifemo*, hijo de Posidón, enemigo inmortal de Ulises. Muchos compañeros fueron devorados por el gigante, cíclope que poseía un solo ojo en la frente, pero al final Ulises y unos cuantos se pudieron salvar, emborrachándolo y clavándole en el ojo una aguzada estaca candente.

Del país de los Cíclopes llegaron al de los Vientos, cuyo rey era el dios *Eolo*, quien recibió a los peregrinos con afabilidad. Sin embargo, cuando se marcharon regaló al héroe un saco de cuero que contenía malévolamente los vientos de las tempestades. Los compañeros de Ulises abrieron el saco, pensando encontrar un tesoro y se desataron de nuevo contra ellos nuevas y terribles tempestades. Calmado el mar, arribaron a la región de los caníbales, en donde según algunas versiones fue allí donde sólo quedó la nave gobernada por el propio Ulises y los demás hombres perecieron y sus barcos fueron destruidos por los antropófagos.

Ulises, con su nave, llegó entonces al reino de la maga *Circe*, bella y taimada, que transformaba en animal a los hombres que arribaban a sus dominios. A los compañeros de Ulises los convirtió en cerdos, excepto a Ulises, gracias a que Hermes se le había aparecido por el camino y le había dado una hierba con la cual la magia de Circe no podía hacer nada.

Al comprobar que sus artes no hacían efecto en Ulises y contemplar la prestancia del recién llegado. Circe se enamoró de él perdidamente. Perdonó a sus compañeros y les retornó a su forma humana. Durante un año fueron obsequiados por la maga, hasta que un día con hondo pesar Circe comprendió que sus huéspedes debían partir y les mostró el camino que tenían que seguir si querían llegar a sus casas sanos y salvos. Éste se hallaba lleno de dificultades. Primero debían salvar el denominado río Océano hasta alcanzar la ribera del Perséfone, que comunicaba directamente con el Hades. El adivino Tiresias, ya fallecido, era el único que sabía el resto de la ruta y como se hallaba en el antro infernal, Ulises debía descender ante su antesala. Allí prepararía un pozo lleno de sangre de los corderos que previamente habría degollado. Al olor de ésta los espíritus acudirían, pues satisfacían su sed con ella (creencia muy «draculina» ¡y como se ve muy antigua!) y así contactaría con el de Tiresias.

Así lo hizo Ulises, y el espíritu del adivino pudo ser interrogado, no sin mantener a raya a los demás que deseaban acabar de un trago con el para ellos indispensable alimento. Tiresias dijo a Ulises lo que con tanto anhelo andaba buscando, pero le advirtió que en la isla en donde pacían los bueyes del sol no causaran daño a aquellos animales sagrados, porque sino serían castigados eternamente.

Después de Tiresias desfilaron ante Ulises los compañeros y familiares ya fallecidos que le habían frecuentado: Aquiles, Ayax Telamón, todos le advertían que en el Hades se aburrían sobremanera y que si Circe le había prometido la inmortalidad junto a ella, era un tonto despreciándola y prefiriendo ir a refugiarse en los brazos de su fiel y bella, pero mortal, Penélope. Ulises, por un momento vaciló, después se repuso, corrió hacia la nave y consiguió hacerse a la vela.

Circe le había advertido que después tenía que costear las islas de las *Sirenas*, en donde debía evitar oír su traicionero canto que al ser muy halagüeño traía finalmente la muerte, porque arrastraba a los marinos a las profundidades. Ulises ordenó que sus hombres se taparan con cera las orejas. En cuanto a él, mandó que le ataran fuertemente al mástil del navío. De esta forma, experimentó en sus oídos el dulce canto de aquellos misteriosos seres, pero éste no pudo hacer nada contra él por estar bien ligado.

Atravesando el estrecho de Caribdis y Escila perdió a seis miembros de la tripulación. Entonces arribaron a la fatal isla del Sol y allí sus hombres, hambrientos como estaban y a pesar de las advertencias, se comieron varios bueyes sagrados. Apenas habían zarpado cuando una nueva tempestad acabó con el navío y con todos los compañeros de Ulises, salvándose sólo él a horcajadas de la quilla de la embarcación. Fue entonces cuando consiguió alcanzar los dominios de la ninfa Calipso, que le retuvo durante varios años. Por último, una enésima tormenta lo arrojó a las playas de los feacios. De allí pensaba regresar a su patria.

Mientras tanto, Atenea se había presentado en Ítaca, en el palacio de Ulises, bajo la forma de *Mentor*, viejo amigo de la familia y al conocerle Telémaco, le atendió maravillosamente. Atenea le aconsejó que dijera a los pretendientes de su madre que regresaran a sus casas y que no asediaran más a Penélope, porque no era seguro que Ulises hubiera muerto, de forma que la reina no podía considerarse ya viuda. Así lo hizo Telémaco, pero Antínoo, uno de los pretendientes que actuaba como portavoz, contestó que la que no jugaba limpio era Penélope, que les había prometido que se decidiría cuando terminara de tejer una tela. Había descubierto que la mujer de Ulises trabajaba en ella de día, y de noche deshacía lo tejido.

Como Telémaco no consiguiera echar a aquellos parásitos que vivían a costa de las despensas reales, se hizo a la mar bajo la protección de Atenea y marchó para encontrar a su padre, vivo o muerto. La diosa, siempre bajo la apariencia de Mentor, guió la nave a la corte de *Néstor*, en la isla de Pilos, el cual había sido uno de los pocos héroes que tuvo una vuelta afortunada a casa. Pero Néstor poco pudo decirle sobre el paradero de Ulises, el único que quizá supiera algo era Menelao. Si lo deseaba, un hijo suyo le serviría de guía. Telémaco aceptó el ofrecimiento y, tras el viaje consiguiente, el rey de Esparta atendió con cariño a Telémaco y su acompañante (Atenea de momento no marchó con ellos) y le explicó la retención de Ulises por la ninfa Calipso.

Pero Ulises, gracias al barco puesto a su disposición por los feacios, llegaba por fin a Ítaca tras veinte años de ausencia (diez años de la Guerra de Troya y diez años de peregrinación a lo largo y ancho de los mares). Como Atenea extendió una niebla para que nadie pudiera reconocerle antes de haberse vengado de los pretendientes de su esposa, tampoco él reconoció que fuera su patria. Atenea le disipó la niebla para tranquilizarle. Hecho esto le disfrazó de mendigo.

La diosa le aconsejó entonces que fuera a buscar al porquerizo mayor, que siempre se había mostrado fiel. Éste le relató lo que sucedía hasta entonces en palacio y Ulises a su vez hizo lo propio con la Guerra de Troya. Atenea marchó a la corte de Menelao y, encontrando allí a Telémaco, le indicó la conveniencia de volver con rapidez a su casa, pues su madre se hallaba tan acosada por los pretendientes que estaba a punto de declararse vencida. Así lo hizo Telémaco y Atenea lo guió hasta la cabaña del porquerizo. Allí, tras muchas vacilaciones, pudieron abrazarse padre e hijo.

Ulises y Telémaco convinieron entonces en la forma de eliminar a los pretendientes. A la mañana siguiente, llegó nuestro héroe con el disfraz de mendigo a su palacio y empezó a pedir limosna entre los moscones que cortejaban a Penélope, quienes lo trataron con desprecio y tuvo que quedarse en un rincón.

Penélope, aconsejada por Atenea, se presentó ante sus pretendientes más bella que nunca y tras, ofrecerles un banquete, anunció para el día siguiente un certamen de tiro con arco, el que lo ganara sería el que obtendría su mano. Después interrogó al supuesto mendigo, ya que éste se había presentado como amigo de Ulises, y por eso la reina estaba ansiosa de saber noticias de su querido esposo. Deseó que el forastero fuera lavado y perfumado y tuviera aquella noche un lecho confortable. Ulises se negó, salvo que se lo preparara su vieja nodriza y ama *Euriclea*. Así lo hizo ella, quien pronto descubrió que aquél a quien prodigaba sus cuidados era su rey y señor Ulises, pero éste le ordenó que de momento callara para evitar que su plan fracasara.

Al día siguiente fueron colocadas las doce anillas en línea y separadas convenientemente. El que las traspasara con una flecha sería el nuevo rey de Ítaca. Fue traído el arco perteneciente a Ulises, que se hallaba colgado en la sala. Ningún pretendiente pudo ni siquiera tensarlo. Sin importarle las burlas de los presentes, Ulises solicitó probar fortuna, cosa que los pretendientes accedieron, pensando en el rotundo fracaso del mendigo. Éste, ante el asombro de todos, tensó el arco y una flecha rauda y veloz cumplió su objetivo. Entonces se despojó de sus harapos, dándose a conocer y a una orden su hijo y los criados cerraron la sala y comenzó la matanza sistemática de pretendientes. Uno por uno fueron cayendo los desalmados. De toda aquella turba de parásitos sólo quedó el rapsoda, es decir, el poeta-músico, para que pudiera cantar la historia a las generaciones venideras.

Penélope, que no quería dar crédito a sus ojos, reconoció finalmente a su tan querido esposo, al que tantas veces había llorado por muerto. Con él se fundió en un abrazo, al tiempo que marcharon al tálamo nupcial para recuperar el tiempo perdido...

En el Olimpo, la Discordia volvía a atizar el fuego para que sus compañeros no aprobaran aquel final tan feliz. Pero esta vez Atenea se mostró en toda su hermosura y sabiduría y su padre Zeus no tuvo más remedio que ordenar que, sin resentimiento, dejaran ya de perseguir a sus protegidos. Atenea, llena de alegría, partió para la casa del padre de Ulises para anunciarle la buena nueva de la vuelta de su hijo.

LEYENDAS DE AMOR

Para que al lector no le quede el regusto amargo de la masacre de Troya («ahí fue Troya» es una expresión popular que quiere significar algo que terminó violentamente o en catástrofe) ni las múltiples peripecias sufridas por el esforzado Ulises (de ellas nos ha quedado también el concepto de «odisea», aplicado a una serie de duros trabajos y aventuras sufridas individual o colectivamente; palabra derivada del otro nombre como era conocido Ulises, es decir Odiseo), aunque con un epílogo feliz, vamos a terminar con algunas leyendas de amor y estamos seguros de que lograremos así desterrar el recuerdo de tanta venganza, celos, envidias y codicias suscitadas entre los humanos y entre sus «compañeros» inmortales: los dioses. El amor lo perdona todo y lo sublima todo y ojalá, amigo lector, hayas leído con cariño esta obra.

He aquí las leyendas prometidas dedicadas *a ti* que has tenido la paciencia de aguantarme hasta el final. Si así lo has hecho ya he conseguido un éxito: suscitar en ti un amor por los mitos y leyendas de la Antigua Grecia, nuestra gran antepasada cultural.

Orfeo y Eurídice

La genealogía de Orfeo se halla llena de controversia. La mayoría de versiones le suponen hijo de *Eagro*, rey de Tracia y de la Musa *Calíope*, pero otras lo suponen del propio Apolo y de Clía. De aquél recibió la lira (o según otros de Hermes) y la perfección al añadir dos cuerdas más a las siete que ya tenía. Se dice que al tañerla y con su canto obraba verdaderos milagros. Pero además de músico fue también poeta, filósofo, teólogo y reformador de la moral y de las costumbres.

Su talento realizó maravillas en la expedición de los Argonautas y, mediante sus cantos y acordes, el navío *Argo,* inmovilizado en la playa, descendió solo hacia el mar. Con sus composiciones fijó definitivamente a las dos islas errantes que atenazaban entre ellas a los navíos y adormeció al dragón que guardaba el Vellocino de Oro. Finalmente venció a las Sirenas y permitió a los Argonautas que escaparan a sus irresistibles encantos.

Su segundo viaje fue a Egipto. De allí volvió en posesión de los principios y prácticas que le habían de dar la consideración de padre de la teología pagana. Trajo de Egipto la creencia en la trasmigración de las almas, el conocimiento de los misterios del dios egipcio Osiris y la doctrina de la purificación. Héroe pues civilizador, no guerrero, su trágico fin como consecuencia de la pérdida de su amada constituye una de las más bellas leyendas de toda la Mitología Universal. Espíritu delicado, a Orfeo le agradaba mucho la compañía de las ninfas. De todas ellas sólo una logró conmover su corazón. Se llamaba *Eurídice* y era muy hermosa. Orfeo logró vencer sus pudores de virgen y, con permiso de Zeus, los prados y los ríos sonrieron al verlos juntos y felices en un éxtasis amoroso que debía ser eterno. Desgraciadamente esto no fue así y un día que se había refugiado detrás de unas hierbas, huyendo del pastor Aristeo que quería hacerla suya, una víbora la mordió y expiró en los brazos de su amadísimo Orfeo.

El intenso dolor dio ánimos al héroe y decidió recobrar a su esposa o perecer en la empresa. Así pues, con paso seguro descendió a los Infiernos y, pulsando la lira con sus maravillosos sones, encantó a cuantos moraban en los dominios de Hades: la rueda de *Ixión* cesó de girar, *Sísifo* descansó de la fatiga de su inútil trabajo y *Tántalo* por un momento olvidó los suplicios de la sed. Compadecidos Hades y Perséfone del dolor de Orfeo, consintieron en devolverle a Eurídice, pero con la condición de no mirar hacia atrás hasta haber alcanzado el mundo de los vivos. Uno detrás del otro ascendieron la escarpada cuesta que conducía a la luz. Cuando Orfeo alcanzó la cima era tan feliz por hallarse de regreso que ya no pudo más y deseó contemplar a su amada, pero ésta todavía no había alcanzado el umbral de lo invisible, y con los brazos tendidos y un angustioso adiós... ¡hasta pronto!... se desvaneció para siempre.

Desconsolado Orfeo, rehuyó a los humanos y vagó por los bosques intentando encontrar alivio en los acordes de su lira, con los que amansaba a las fieras salvajes. Pero los dioses no podían permitir que un humano conociera los secretos del más allá y enviaron a las *Ménades*, las cuales locas de pasión por él terminaron despedazándole. De esta forma el «hasta pronto» susurrado por Eurídice se transformó en una dulce realidad, aunque fuera en el reino de las sombras.

Los ritos órficos

El mito de Orfeo se convirtió en una verdadera teología muy cargada de prácticas de iniciación y de esoterismo, incluso llega a influir en la formación del cristianismo primitivo, como lo atestigua la propia iconografía cristiana. Se creía que de su descenso a los Infiernos en busca de Eurídice, Orfeo había traído informes sobre la forma de alcanzar el país de los bienaventurados y soslayar los grandes obstáculos y trampas que aguardaban al hombre tras la muerte. Por ellos se le atribuyó una copiosa literatura que sus fieles conocían e interpretaban guiados por sus sacerdotes. También se le ha hecho fundador, con Dioniso, de los misterios de Eleusis.

Para los griegos, Orfeo fue el transmisor del arte musical y de la adivinación

Hero y Leandro

Hace mucho tiempo vivía en la antigua Grecia, en la ciudad de Sesto, junto al Peloponeso, una hermosa doncella llamada *Hero*, consagrada a Afrodita, admirada y cortejada por Apolo y Eros. Cierto día, hallándose ocupada en sus tareas de sacerdotisa en el templo de la diosa del Amor, vio al bello *Leandro*, que humildemente había acudido a llevar sus ofrendas al recinto sagrado. A partir de entonces el corazón de Hero latió sólo por Leandro y éste, que también había sido cautivado por la doncella, le confesó su amor con la alegría de saberse correspondido por Hero. Leandro tenía su casa paterna en Abidos, población situada frente a la de su amante y cuyas dos orillas formaban el Helesponto (actual estrecho de los Dardanelos, en Turquía).

Como tantas veces ha sucedido, los padres de los dos jóvenes se opusieron rotundamente al casamiento y sembraron el camino de dificultades.

Finalmente, un día advirtieron muy seriamente a sus respectivos hijos que sus entrevistas debían terminar para siempre.

Pero tan fuerte fue el amor que había surgido entre ambos, que desobedecieron las recomendaciones de sus progenitores y lo planearon todo para seguirse viendo en secreto. Por medio de una linterna colocada en la ventana al caer la noche, Hero avisaba a Leandro que se encontraba en la orilla opuesta del estrecho, de que no había ningún peligro y que el camino estaba libre para poder ir a visitarla. Todos los días, en cuanto Leandro veía brillar la luz del farol a lo lejos en la ventana de su amada, se arrojaba ansioso al Helesponto y lo cruzaba a nado para poder reunirse con su queridísima Hero.

Así gozaron de su amor los dos jóvenes durante un tiempo. Una y otra vez Leandro desafiaba la muerte en las encrespadas olas del mar, animado por la dulce recompensa que solícita le esperaba no sin cierta angustia. Pocas horas de la noche podían permanecer juntos, por miedo a que los padres de Hero les sorprendieran, y en cuanto veía rayar el alba, Leandro regresaba apesadumbrado a su casa, pero con la esperanza de que aquel corto espacio de tiempo volvería al día siguiente.

Hasta que una noche se desencadenó un fuerte vendaval que hizo apagar la lámpara por la que se guiaba Leandro. Esta circunstancia impidió su regreso, dejando la visita para cuando el tiempo amainara. El animoso joven que hacía poco había iniciado la travesía redobló sus esfuerzos, pero las embravecidas olas terminaron con su vida.

Al día siguiente al amanecer, Hero, angustiada, había acudido a la playa intentando recibir noticias de su amado, cuando una enorme ola depositó a Leandro a sus pies con el consiguiente terror de la muchacha. Hero no pudo aguantar aquella pérdida, que lo era todo para ella y decidió marchar en su busca, arrojándose a su vez a las turbulentas aguas que apenas se habían amansado.

Pigmalión y Galatea

Pigmalión reinaba en la isla de Chipre consagrado al bien de su pueblo, dedicando su tiempo libre a esculpir bellísimas obras de arte. Ni las mujeres, ni los placeres materiales le atraían, de forma que ni siquiera se había preocupado por tomar esposa para asegurar su descendencia. Sus criados y amigos sabían que trabajaba en su taller hasta altas horas de la noche y una tras otra salían de su martillo y cincel estatuas y más estatuas, de las cuales quien las contemplaba afirmaba que sólo les faltaba vida.

Cierto día Pigmalión se empeñó en crear una estatua femenina de una perfección y belleza tal como nunca había salido de sus manos. Mientras trabajaba se fue entusiasmado más y más, como si deseara insuflar su propio corazón en ella. Lentamente las formas más exquisitas de una doncella fueron haciendo su aparición. Sus labios parecían entreabrirse, esbozando las más cautivadora de las sonrisas, los ojos casi centelleaban y los dedos delicadamente torneados eran aptos para la mejor de las caricias. Cuando terminó su obra maestra, Pigmalión quedó tan cautivado que la vistió con las mejores galas, la cubrió de las más hermosas flores y de las joyas más preciadas, y terminó por darle un nombre: *Galatea*.

No satisfecho todavía, fue dando nuevos y primorosos toques a su estatua que aumentaron más y más su belleza. Finalmente, el monarca-escultor perplejo se dio cuenta de que se había enamorado perdidamente de su obra. Días después y con ocasión de las fiestas anuales de los chipriotas dedicaban a Afrodita, éstos oyeron atónitos una extraña súplica de su no menos querido, honrado y juicioso soberano:

«¡Oh bondadosa Afrodita, que otorgas vida y amor a todos los que confían en ti, concédeme la gracia de derramar tus dones sobre Galatea para que pueda adorarla como un ser humano más!»

Lleno de fe, en cuanto terminaron las ofrendas el rey corrió a su taller esperando que su ruego sería atendido y deseoso de asistir cuanto antes al prodigio. Y así fue en efecto. Un delicado rubor tiñó las mejillas de Galatea, sus maravillosos ojos iniciaron un pícaro parpadeo y su túnica inició un casi imperceptible movimiento. Lentamente, la estatua comenzó a respirar. La doncella se volvió hacia su autor con la más dulce de las sonrisas y le tendió cariñosamente la mano para que la ayudara a bajar del pedestal.

Pigmalión la acogió con inmensa ternura y le preguntó si deseaba ser la reina de Chipre, a lo que Galatea contestó: «Con ser tu esposa me conformo».

Las bodas de ambos enamorados fueron fastuosas y como invitada de honor figuró Afrodita, que adoptó forma de mortal para asistir a la ceremonia y banquete posterior, no sabiendo discernir los acompañantes cuál de las dos bellezas era superior, si la de la novia o la de la propia diosa. Lo cierto es que los chipriotas, que ya desesperaban de la soltería de su soberano, se llenaron de alegría con el matrimonio de su idolatrado monarca y ambos esposos vivieron un feliz y próspero reinado, agraciado con una gloriosa descendencia, de forma que ni en vida de Pigmalión y Galatea, ni en la de sus sucesores, nunca faltaron ofrendas en el templo de Afrodita, que desde su nacimiento sentía una predilección especial por aquella isla.

El mito de Pigmalión y Galatea ha sido repetido una y una otra vez con variantes por la literatura de todos los tiempos y países. Porque cuando se ponen los cinco sentidos en la realización de un proyecto ¿quién no termina enamorándose de su propia obra? En la época contemporánea, el inglés George Bernard Shaw (Premio Nobel de Literatura en 1925) escribió una original versión del relato, adaptándolo a nuestro presente.

Atalanta y las manzanas de oro

En la región de Beocia vivía en épocas remotas una doncella rápida como el viento. Era más veloz que las aves que cruzaban el firmamento y ganaba siempre a la carrera a los más ágiles corzos y gamos.

Como su padre deseaba sólo varones, la había abandonado recién nacida en un monte. Allí fue amamantada por una osa, hasta que un día unos cazadores se hicieron cargo de ella y la criaron. Cuando alcanzó la edad núbil, *Atalanta* se consagró a la diosa Artemis y como ésta deseó permanecer virgen, dedicada a cazar en los bosques. Sus certeras flechas terminaron con la vida de los centauros *Reco* e *Hileo*, que intentaron violarla.

Tomó parte en la cacería del monstruoso jabalí que asolaba las tierras de Calidón junto al príncipe del lugar, el malogrado héroe *Meleagro*, que deseaba obtener la mano de Atalanta. Ambos jóvenes contribuyeron decisivamente en la muerte del animal, pero cuando Meleagro iba a ofrecer a su amada como trofeo la piel del animal, sus tíos maternos se opusieron por considerar que aquella silvestre doncella de origen desconocido no merecía tal honor. Así, con gesto brusco, arrebataron la piel en el momento de la entrega. Meleagro se enfureció y disparó sus flechas contra sus tíos, a los que mató en el acto.

Al darse cuenta del mal que había provocado su cólera, Meleagro corrió hacia sus tíos inútilmente. De pronto profirió un penetrante grito y se llevó la mano al pecho. Atalanta, que lo había seguido, intentó ayudarle, pero lo único que pudo hacer horrorizada es coger su cadáver entre sus brazos.

Según la leyenda, cuando nació Meleagro, su madre Altea había tenido un sueño espantoso: se le habían aparecido las tres Moiras o Parcas que devanan el hilo de la existencia humana y le predijeron que cuando el tizón que ardía en el hogar del palacio real se hubiera consumido, su hijo moriría. Llena de temor voló hacia el hogar, tomó el tizón ardiente entre las brasas y lo apagó con agua. Después ocultó el leño en un cofre secreto y lo cerró con una llave que sólo ella poseía.

Habían transcurrido los años y cuando a Altea le comunicaron la muerte de sus dos hermanos por Meleagro, loca de dolor corrió hacia donde guardaba el misterioso cofre y lo abrió. Un resplandor iluminó prodigiosamente su interior, puesto que el tizón guardado allí desde hacía veinte años prendió milagrosamente y pocos instantes después se consumía por completo.

Cuando Altea recobró la serenidad, se dio cuenta de que loca de venganza había provocado además la muerte de su propio hijo, tal como le profetizaran en el sueño. No pudo más y decidió también quitarse la vida.

Atalanta desde entonces cobró más aversión al matrimonio y decidió incluso burlarse de los oponentes masculinos que la pretendían, organizando certámenes en los que el premio que ofrecía si lograban vencerla en la carrera era ella misma. Como esto resultaba prácticamente imposible, los jóvenes morían atravesados por una lanza disparada por la iracunda doncella.

Hasta que un día un noble y apuesto mancebo llamado *Hipómenes*, descendiente de Posidón, decidió desafiar a la veloz Atalanta. Pero conocedor de lo peligroso de la empresa acudió a Afrodita en solicitud de ayuda.

La diosa del Amor no desatendió su súplica y le entregó tres manzanas de oro cogidas del jardín de las Hespérides. «Con ellas —le dijo— y si sigues mis consejos, vencerás a la joven.»

Jamás se había visto tanto público para presenciar una carrera. El juez dio la salida en el estadio a ambos corredores y Atalanta e Hipómenes partieron veloces hacia la meta. El joven se dio enseguida cuenta de que Atalanta le sacaba una extraordinaria ventaja. Entonces arrojó con fuerza hacia su oponente una de las maravillosas manzanas. La doncella vio algo que caía cerca de ella de un aspecto muy atractivo. Frenó su carrera y recogió la manzana al tiempo que era alcanzada por Hipómenes. Redobló sus esfuerzos y de nuevo pronto se distanció de él, pero una nueva manzana volvió a caer tentadora a su lado. Nueva parada y nuevo alcance por parte de Hipómenes. Finalmente cuando Atalanta se hallaba ya a dos pasos de la meta, una tercera manzana provocó un brevísimo titubeo de la joven para recogerla. El suficiente para que Hipómenes se le adelantara victorioso hasta la meta.

Jadeante pero satisfecha, dándose cuenta de que los dioses estaban con aquel joven, le perdonó por el atrevimiento de haberla derrotado y le entregó su mano. ¡Había perdido por fin una carrera, pero había ganado un marido, bien valía la pena!

El sacrificio de Alcestes

En la ciudad de Feras, en la región de Tesalia, reinaba la preocupación y el desasosiego. Su soberano *Admeto,* monarca idolatrado por sus súbditos, se hallaban gravemente enfermo y su estado empeoraba día a día. Los mejores médicos no habían podido detener el curso de la enfermedad que inexorablemente le llevaba hasta el sepulcro. Fidelísimo servidor de Apolo, cuando Admeto se hallaba ya al borde de la muerte, el dios de la luz, que le apreciaba por encima de los demás humanos, acudió a Zeus para interceder personalmente cerca del padre de los dioses por su amigo y servidor.

Zeus acogió con cariño la súplica de Apolo, pero le dijo: «No puedo detener la rueda del Destino, Admeto puede salvarse a condición de que otro muera en su lugar contentando así a las Moiras.»

Raudo y veloz bajó Apolo del Olimpo al palacio del rey en donde encontró a los ancianos padres del monarca, sus familiares, deudos, cortesanos y generales impetrando a los dioses la curación de Admeto. Pero cuando Apolo les explicó la única condición impuesta por Zeus, todos se retiraron llenos de temor. ¡Nadie quería morir en lugar del rey! Ni los ancianos padres se prestaron al sacrificio, pues argumentaron que no se hallaban dispuestos a renunciar a los pocos años de vida que les quedaban.

Los cortesanos, familiares, servidores, guerreros, contestaron de una u otra forma y Apolo se desalentó al no haberles podido persuadir, ni aun recordándoles que un día habían jurado «morir por su rey».

Cuando más desalentado se hallaba, Apolo fue sorprendido por una mujer de arrogante prestancia, que le dijo: «Soy Alcestes, la reina, yo ocuparé el lugar de mi marido».

Consternado, el dios trató de disuadirla, esgrimiendo su juventud y el desamparo en que dejaría a sus hijos. Pero Alcestes se mantuvo firme, el amor por su esposo era más fuerte que cualquier recomendación para preservar su vida.

Lleno de pesar, Apolo lo dispuso todo para que la abnegada Alcestes ocupara el lugar de Admeto, ya casi agonizante. Pronto la reina empezó a languidecer mientras que ¡oh prodigio! el rey inició una tímida pero firme mejoría. A los pocos días la reina se hallaba ya a las puertas de la muerte. Durante la noche llegó la propia *Tánatos* con su guadaña y, tocando a Alcestes con sus fríos y huesudos dedos, le ordenó que la siguiera.

Quisieron los hados favorables que por aquel entonces Hércules se hallase por los caminos de Tesalia y hubiera pernoctado en Feras. El superhéroe preguntó por el motivo de tristeza de sus habitantes y éstos le contaron toda la historia, así como el sublime sacrificio de Alcestes. Hércules, con el visto bueno de su padre Zeus, decidió al punto arrancar de las garras de Tánatos a una mujer tan valerosa, abnegada y a la vez enamorada, y dirigióse con rapidez hacia el palacio.

Llegó justamente en el momento preciso. Cuando la Muerte se inclinó sobre la reina para tocarla, una mano firme y poderosa la apartó con violencia de su víctima. Tánatos no renunció tan fácilmente a perder su presa, pero entonces dos brazos como nunca había sentido otros iguales la hicieron poner de rodillas y casi la dejaron sin su helado aliento. Esta vez la propia Muerte sintió temor y, viendo una señal del Cielo, consiguió zafarse del poderoso abrazo que la asfixiaba (si es que esto era posible) y huyó con su guadaña a cuestas masculando maldiciones.

Eros y Psique. (Museo del Louvre, París)

Pronto Alcestes mejoró con inusitada rapidez. (Según otras versiones Hércules rescata a Alcestes de los propios Infiernos.) La alegría de los dos esposos no tuvo límites y nunca se cansaron de agradecer a Hércules el favor que les había otorgado. Generosos como eran, perdonaron a sus deudos, familiares y súbditos su cobardía y éstos trocaron ésta a partir de entonces por un cariño y respeto sin límites por sus dos soberanos, que reinaron largos años en paz y prosperidad ininterrumpidas.

Contábase también que fue la propia Perséfone la que, impresionada por la abnegación de Alcestes, la había enviado espontáneamente al mundo de los vivos. Sea como fuere, Eurípides, uno de los tres grandes trágicos de la Literatura Clásica Griega, nos dejó una de sus mejores obras dedicadas a aquella pareja modelo de amor conyugal. Solamente nos asalta una duda ¿y si la enferma hubiera sido Alceste, Admeto se hubiera sacrificado por ella? ¡Lástima que nunca podamos obtener respuesta cierta a este planteamiento!

Eros y Psique

Érase una vez un rey que tenía tres hijas de singular belleza. La menor, Psique (que en griego significa alma), era tan hermosa que llegó a ser admirada como si fuese la Afrodita encarnada. Despechada la diosa del Amor al darse cuenta de que sus templos quedaban desiertos porque la gente prefería tributar sus honores a la maravillosa Psique, envió a su hijo Eros para que en forma de horrible monstruo terminara con la infeliz. Poco después, las hermanas mayores de Psique matrimoniaron y como ésta no encontraba pretendiente, su padre consultó al Oráculo, escuchando con espanto como éste le ordenaba que vistiera a su queridísima hija con las galas nupciales y la dejara en la cima de una montaña abandonada a su suerte, porque el Destino había predestinado a la joven como goce un horrible monstruo dotado de una ferocidad extraordinaria y ante el cual temblaba el propio Zeus.

El rey, entre los gemidos y lamentos familiares, acompañó a su cándida hija, ajena al futuro que le esperaba, a la cima de la montaña que le había señalado el Oráculo y allí la dejó sola en espera de que se cumpliera su fatal destino. Sin embargo, al llegar la noche, el Céfiro la condujo a un amenísimo prado florido al lado del que se levantaba un maravilloso palacio dorado. Sirvientes invisibles acompañaron a Psique, que no podía dar crédito a sus ojos.

«¿Dónde estoy?», preguntó perpleja la dulce doncella al no distinguir a nadie ni en los jardines ni en las salas de palacio.

«Donde serás amada y tus deseos se verán satisfechos», murmuró una voz a su oído.

Y en efecto: como al conjuro de su capricho, resonaban músicas, se le ofrecían vestiduras, joyas y banquetes. Llegada la noche, acudió el misterioso esposo a ejercer los deberes conyugales. Psique, aunque creía que el ser era un monstruo como no había tenido más remedio que explicarle su padre poco antes de abandonarla, notaba una extraña dulzura, una embriaguez de los sentidos; no había en ella repulsión física hacia el misterioso ser; más bien que deforme, parecía de formas proporcionadas. Cuando el día estaba a punto de irrumpir se alejaba para no ser visto. ¿Quién era, cómo era? Psique le importunaba con súplicas y caricias para obtener respuesta, pero él nunca accedió a satisfacer su natural curiosidad.

«¿No somos felices así? —decía—. Pues no te atormentes queriendo saber quién soy, porque en el momento mismo de conocerme se destruiría nuestra felicidad.»

Pasó el tiempo y, ante la angustia de sus padres, visitaron a la joven sus hermanas y la incitaron a que matase a su marido, pues lo consideraban un monstruo, maligno entre los malignos. Psique no accedió a este consejo, solamente le picaba la curiosidad por saber quién era y sobre todo cómo era realmente. Llena de valor, una noche tomó un candil y temblorosa contempló al ser más maravilloso de la creación, que nada tenía que ver con un monstruo; se acercó embelesada hasta él para acariciarle, cuando, ¡oh fatalidad! sin querer se derramó una gota ardiente del candil que temblorosa sostenía Psique. Y Eros, pues no era otro que Eros (ya que anteriormente, al ir a cumplir lo ordenado por su divina madre, pasó lo lógico: se enamoró perdidamente de su víctima), desapareció en dirección a los espacios etéreos.

Psique se encontró de nuevo en lo alto de la roca en donde sus padres la había dejado. Los jardines y el palacio habían también desaparecido. Psique intentó suicidarse y se lanzó a las aguas de un río, pero éste la transportó dulcemente a la otra orilla. Respuesta de esta fatal intención, Psique se dedicó a recorrer el mundo en busca del amado, que había sido llamado al orden por su madre y aunque por el momento se hallaba recluido en el palacio de ésta, no por ello dejaba de proteger invisiblemente a su amada. Por otra parte, la diosa del Amor perseguía encarnizadamente a la joven y al encontrarla la vejó, la humilló y la sometió a las más espantosas pruebas, todas ellas superadas con éxito con ayuda de su queridísimo Eros.

Porque el amor hizo que pronto Eros perdonara a Psique su veleidad de desear conocerlo tal como era y, no pudiendo más, voló al Olimpo para rogar a Zeus que le permitiese vivir con su amada. Al comprobar aquel cariño tan inmenso, Zeus no tuvo más remedio que consentir. Llamó a Psique y le hizo comer la ambrosía y beber el néctar en presencia de todos los dioses, con lo que ella se convirtió así en inmortal, y con asistencia de todo el Olimpo se celebraron las bodas sagradas de Psique y Eros. Afrodita no tuvo más remedio que aceptar los hechos consumados y así de esta manera quedaron unidos para siempre el Amor y el Alma.

La Bella y la Bestia. La perfecta unión del alma y el cuerpo. Cuando el alma guía al cuerpo evitando las pasiones desenfrenadas y logrando que el ser humano se dedique a cuestiones dignas y nobles, haciendo el bien y entregándose a los demás, sucede como con el diamante, primero tosco y sin brillo, pero después el amor del artista lo pule de forma que en él se refleja la luz del Cielo.

Nuestra era de las computadoras, de la mecánica más tecnificada y del peligro de un holocausto nuclear, ha creado también sus mitos y sus héroes del cine, del deporte, de la televisión, de las finanzas, de la política o de la ciencia ficción, porque la Mitología es algo consustancial con el hombre y los griegos fueron maestros consumados de ella.

PRINCIPALES DIOSES MITOLÓGICOS CON SUS ATRIBUCIONES Y EQUIVALENCIA ROMANA

Nombre griego	Atribución	Nombre romano
CRONOS	Dios del tiempo	SATURNO
GEA	Diosa de la Tierra	TELLUS
ZEUS	Dios del Universo	JÚPITER
HERA	Diosa del Matrimonio	JUNO
ATENEA	Diosa de la Sabiduría	MINERVA
ARTEMIS O ARTEMISA	Diosa de la Caza	DIANA
APOLO	Dios de las Artes, de la luz del Sol y de la Belleza	FEBO
HERMES	Mensajero y Dios del Comercio	MERCURIO
ARES	Dios de la Guerra	MARTE
HEFESTO O HEFAÍSTOS	Dios del Fuego	VULCANO
AFRODITA	Diosa de la Belleza	VENUS
EROS	Dios del amor	CUPIDO
POSIDÓN O POSEIDÓN	Dios del Mar	NEPTUNO
HESTIA	Diosa del Fuego Sagrado	VENUS
DEMÉTER	Diosa de la Agricultura	CERES
DIONISO	Dios del Vino	BACO
ASCLEPIOS	Dios de la Medicina	ESCULAPIO
HADES	Dios de los Muertos y de los Infiernos	PLUTÓN
PERSÉFONE	Diosa de los Infiernos	PROSERPINA
HERACLES	Héroe divinizado	HÉRCULES

LAS NUEVE DIOSAS QUE PRESIDIERON LAS NUEVE ARTES DE LAS QUE ERA DIOS APOLO

Nombre	Arte	Atributos
CALÍOPE	Poesía Epica y Elocuencia	Tablillas y estirete
CLÍO	La Historia	Trompeta heroica y Clepsidra (reloj de agua para medir el tiempo)
TALÍA	La Comedia	Bastón de Hércules y máscara cómica
MELPÓMENE	La Tragedia	Máscara trágica y bastón de Hércules
TERSÍCORE	El Baile	La cítara
ERATO	Poesía Amorosa	La pequeña cítara
EUTERPE	La Música	La flauta
POLIMNIA	La Pantomina y la Armonía	El cetro
URANIA	La Atronomía	El globo celeste y el compás

GENEALOGÍA DIVINA

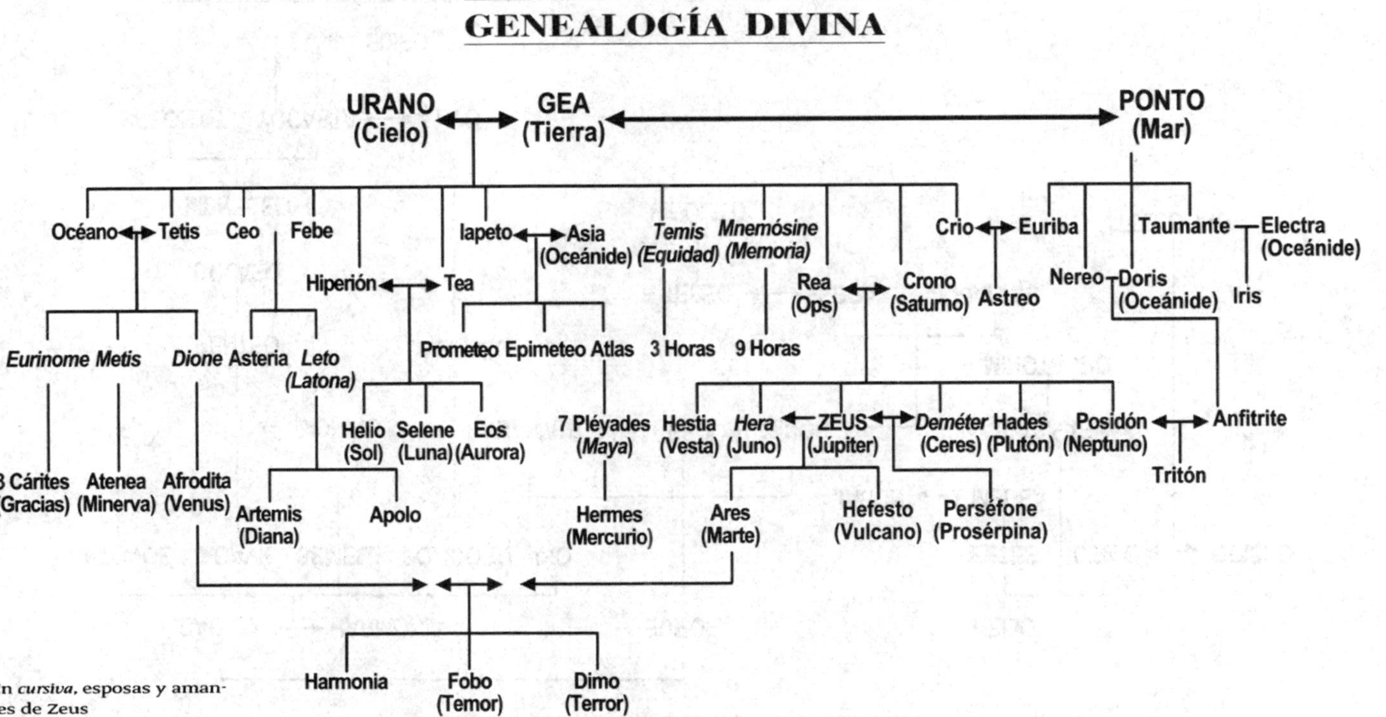

En *cursiva*, esposas y amantes de Zeus

GENEALOGÍAS HEROICAS I

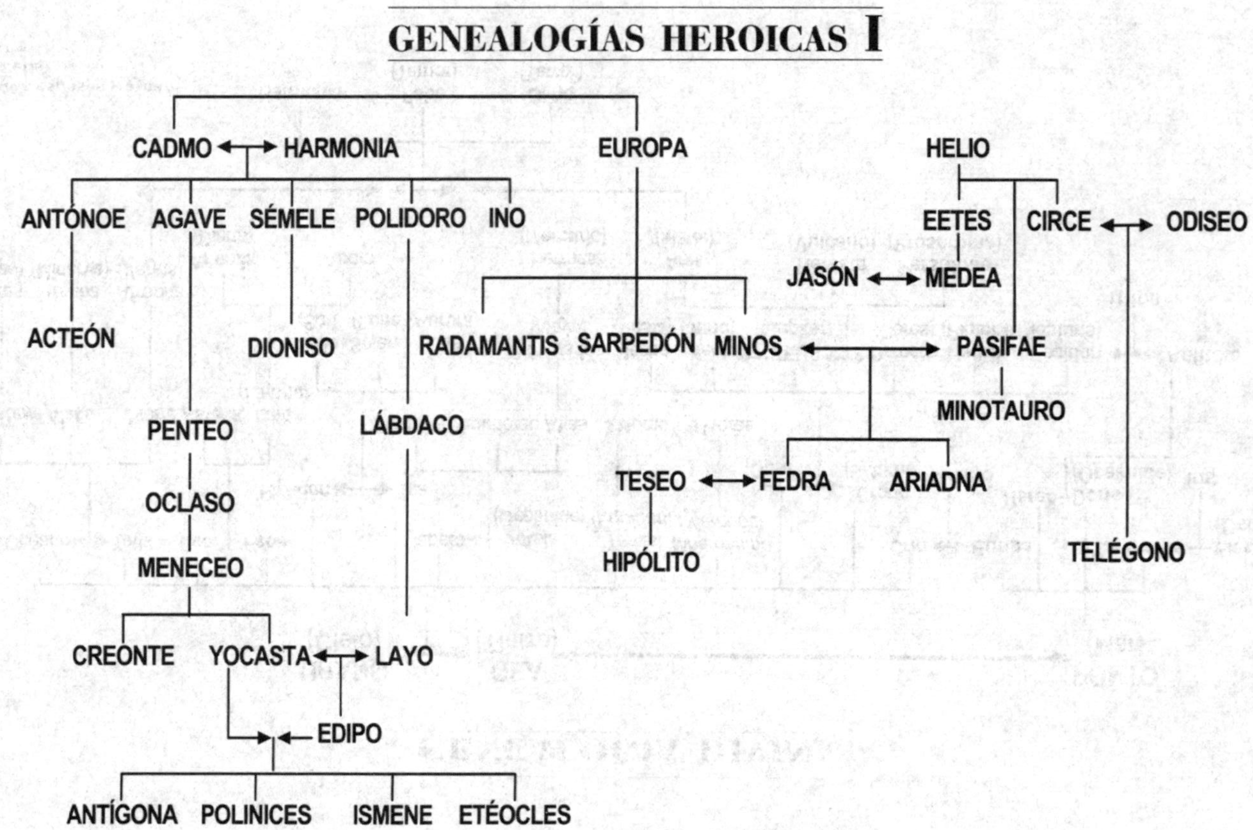

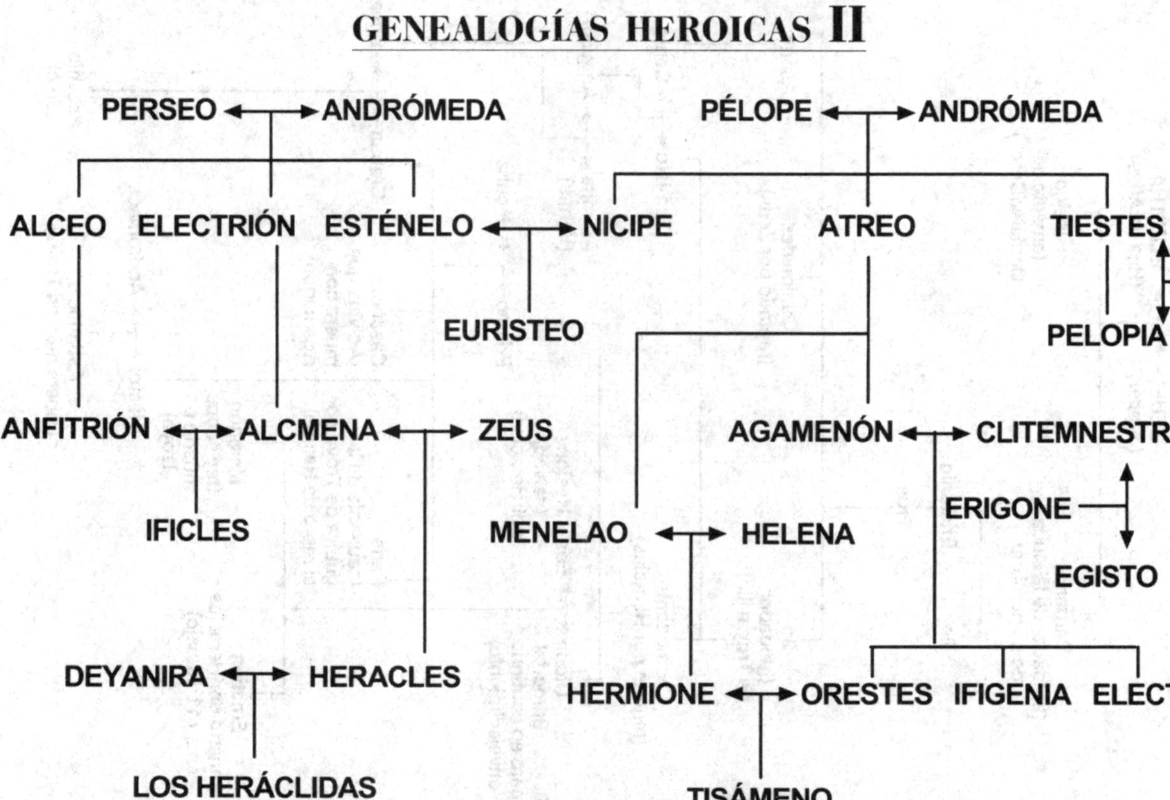
GENEALOGÍAS HEROICAS II
PERSEO
ANDRÓMEDA
PÉLOPE
ANDRÓMEDA
ALCEO
ELECTRIÓN
ESTÉNELO
NICIPE
ATREO
TIESTES
EURISTEO
PELOPIA
ANFITRIÓN
ALCMENA
ZEUS
AGAMENÓN
CLITEMNESTRA
ERIGONE
IFICLES
MENELAO
HELENA
EGISTO
DEYANIRA
HERACLES
HERMIONE
ORESTES
IFIGENIA
ELECTRA
LOS HERÁCLIDAS
TISÁMENO

GENEALOGÍAS HEROICAS III (TROYANA)

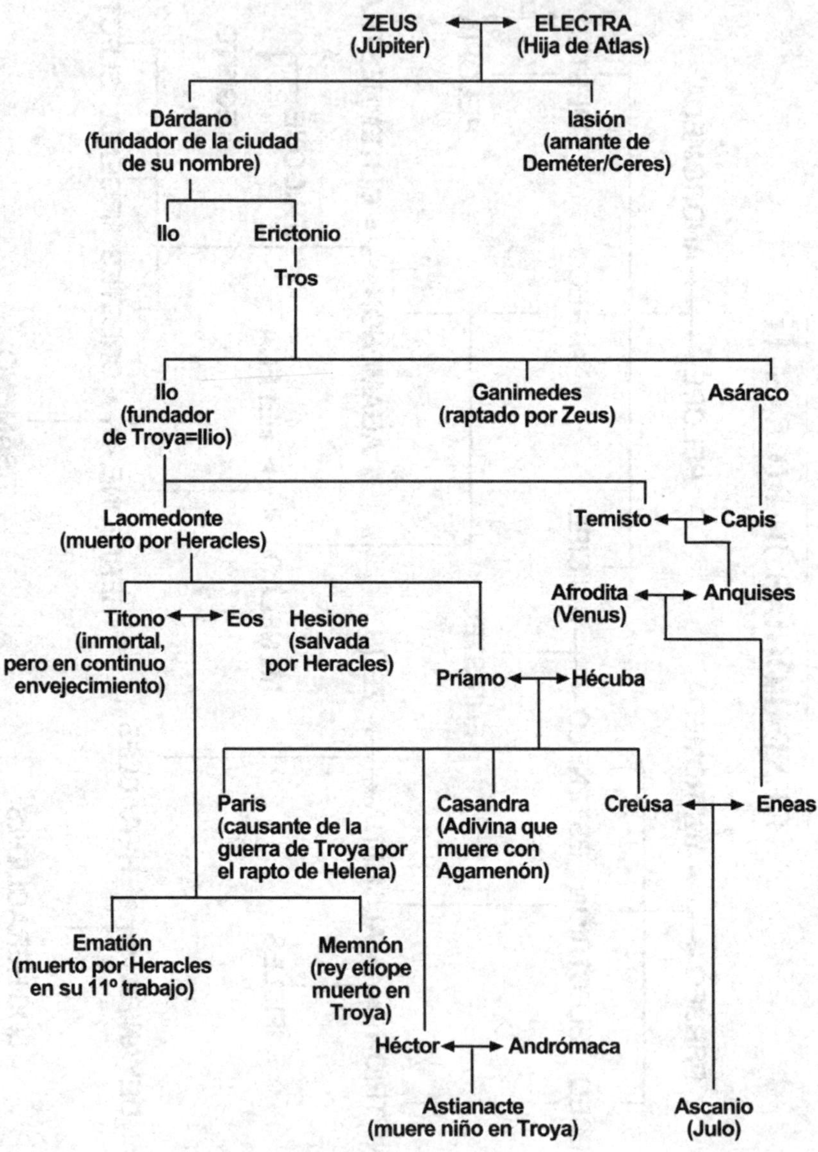

Índice

ÍNDICE

LEYENDAS HERÓICAS

LEYENDAS DE AMOR

✦OLIMPO✦

· TÍTULOS DE LA COLECCIÓN ·

1. **Mitología griega**,
Francesc Lluis Cardona

2. **Mitología romana**,
Francesc Lluis Cardona

3. **Leyenda y misterio de los aztecas**,
J. Tapia Rodríguez

4. **Mitología egipcia**,
W. Max Müller

5. **Mitos y leyendas de los mayas**,
R. R. Ayala

6. **Seres fabulosos de la mitología**,
Joseph M. Walker